企业管理情景模拟教程

主　编　朱宗乾
副主编　贾义伍

中国财经出版传媒集团
中国财政经济出版社

图书在版编目（CIP）数据

企业管理情景模拟教程／朱宗乾主编．—北京：中国财政经济出版社，2019.3
ISBN 978－7－5095－8835－2

Ⅰ.①企…　Ⅱ.①朱…　Ⅲ.①企业管理－高等学校－教材　Ⅳ.①F272

中国版本图书馆CIP数据核字（2019）第036829号

责任编辑：段　钢　　　　责任印制：刘春年
封面设计：卜建辰　　　　责任校对：徐艳丽

中国财政经济出版社 出版

URL：http：//www.cfeph.cn
E－mail：cfeph@cfemg.cn

社址：北京市海淀区阜成路甲28号　邮政编码：100142
营销中心电话：010－88191537
三河市宏图印务有限公司印刷　各地新华书店经销
787×1092毫米　16开　19.75印张　400 000字
2019年3月第1版　2019年3月河北第1次印刷
定价：39.00元
ISBN 978－7－5095－8835－2
（图书出现印装问题，本社负责调换）
本社质量投诉电话：010－88190744
打击盗版举报热线：010－88191661　QQ：2242791300

内容提要

《企业管理情景模拟教程》是一本配合《企业管理情景模拟》课程撰写的、面向经管类专业学生以期提高其管理胜任力的情景模拟实训教材。课程以典型化的汽车组装企业为管理模拟的教学背景，以情景模拟教学法为主，吸收了案例教学法、项目教学法、问题教学法及慕课、翻转课堂等优点，让学生在设置的管理情景下通过实训体验来认知企业管理，为其后续管理课程的学习和未来创新创业奠定坚实的知识、技能和素质基础。

课程以客户订单完整生命周期为主线，围绕企业建立与经营过程设置主要内容，兼顾了传统管理模式和现代信息化管理模式，通过角色变换，循环模拟，达到熟悉企业的组织结构和岗位设置，明确企业主要工作岗位职责及各部门主要业务，了解各类计划编制过程，掌握与不同部门人员沟通技巧等教学目标；要求学生掌握企业的信息流、物流、资金流的流动路径，熟悉各类管理单据的填报；培养学生的团队协作能力以及在人力资源、销售、计划、采购、库存、生产、财务等管理岗位上的基本职业技能及职业素养。

课程既为学生提供了理论与实践结合、传统与现代结合、学校与企业结合的实践教学平台，又为学生更好地理解和掌握企业信息化管理打下了基础。课程以提升学生管理胜任力为核心目标，一定程度解决了传统课堂教学中管理类专业学生存在的“理论学习”与“实际应用”相脱节的问题，为培养应用型高级管理人才提供了一种新思路。

本教程可作为高等院校经管类本科生、工程硕士、MBA 学员以及高职高专学生的实训教材，也可作为其他专业学生创新创业基础培训课程的选用教材。

序

XU

随着我国经济发展进入新常态，转型提质增效成为各行各业发展的新目标。企业竞争愈加激烈，对具有创新精神和应用能力的管理人才的需求更加迫切，而目前的教学培养方式无法满足社会对经管类专业应用人才的高标准要求。各种教学改革与教学创新活动在高校也积极开展起来了，情景模拟教学法的应用与实践就是其中一种教学改革的新探索。

对于教学研究型高校中具有工科背景的经管类专业如何提高学生的创业和就业能力，是我校重点探索的一个教学研究课题。为此，西安理工大学经济与管理学院首次将《企业管理情景模拟》实训课程纳入经管类专业的培养计划中，这是一次大胆的教学改革尝试，值得肯定。

在该课程开发过程中得到了校内外各方面的支持，尤其得到了陕西省教育厅的大力支持，该课程组开展的《面向经管类专业的企业管理情景模拟实验教学体系创新与实践》课题研究得到了陕西高等教育教学改革研究项目的重点资助。课题组负责人朱宗乾教授为课程开发付出了大量心血。

为了更好地将课程应用于经管类人才的培养过程中，编写合适的教材非常必要，也很有意义。《企业管理情景模拟》课程组经过辛勤努力终于完成了教材的编撰工作，尽管教材质量还有进一步提升的空间，但作为教学改革创新的成果值得推荐。希望通过教材的不断完善，教学质量的不断提升，期待能把我院管理人才培养工作进一步引向深入。我也衷心希望经管学院能为企业培养出更多的优秀管理人才，为中国的管理现代化作出贡献。

西安理工大学经济与管理学院院长

教授

2017年9月12日

前言

QIANYAN

经济全球化使得企业之间的竞争愈发激烈，企业管理人才的价值在竞争中得到了充分体现，成为企业制胜的关键因素，普遍被企业高度重视。如何推动教学改革以满足企业对高素质管理人才的迫切需求，成为应用型高校经管类专业开展教学改革的关键目标和重要课题。

管理人才的培养相对工程类人才而言，需要较长时间的磨炼。高校对于管理人员的传统培养过程通常是先在学校接受管理理论学习，并参与有限的实践教学，等到真正进入企业后再慢慢适应环境，积累管理经验，逐步成长。然而，对于企业而言，希望高校毕业的管理人才具有相对高的管理起点，进入企业后能尽快发挥作用。这种需求与供给之间的不协调、不匹配迫使应用型高校必须转变办学理念和思路，更加注重在人才培养过程中强化管理实践与实训，让学生有更多的管理体验，以便更好地掌握管理知识、提升管理技能和职业素质。

为顺应应用型高校人才培养理念的转变，积极探索各种教学方法的综合应用已成为教学改革的新趋势。为了适应这种变化，并能针对经管类专业学生开出跨专业的企业管理综合模拟实训课程，我们开展了一系列研究与课程开发活动。《企业管理情景模拟》课程就是在这样的背景下新开发出的一门实践性很强的实训课程。经过多年立项研究、课程开发和实训室建设，终于在2015年面向经管类专业学生开设了该课程。随后经过4年来的不断改进和完善，越来越受学生的欢迎。但与课程配套的教材问题成了进一步提高教学质量的制约因素。因课程的创新性，导致缺乏各类可供教材编写的参考资料，因此，在两次修改校内自编讲义的基础上，经过不断完善才使教材得以正式出版。

本教材基于高素质应用型管理人才的培养角度，以管理胜任力提升为衡量目标，从教学改革的全新视角出发，期望撰写出既有实用性，又有理论性的教材。努力使教材具备以下几方面的特点：

（1）系统性。为保证课程目标、内容及评价的系统性，教材围绕企业创建和订单生命周期中的各种管理决策及其业务活动，以传统管理方式和信息化管理方式为阶梯，以多个循环时段设置为辅助，形成完整系统的实训过程，使内容典型全面、过程循环有序、逻辑明确清晰、训练循序渐进。

（2）操作性。为充分体现该课程的实操性特点，教材采取多方措施，着眼于如何有利于学生课前预习与准备，课中指导与实战，课后总结与反思，对教材的可操作性提出了较高的要求。为此，在明确各阶段目标基础上，给出了详细的模拟实训流程，提出了各阶段的评价要求等，使整个实训过程形成清晰的路径。并使课程能随着有效学时供给量增减，具有课时安排弹性和学时适应性。

（3）理论性。为使课程目标明确又具有合理的理论支撑，在课程开设前与开出过程中，从目标体系、内容体系、师生参与模式、模拟空间布局到课程评价体系等方面展开了全方位的理论探讨，以相关研究成果为基础，形成了课程的理论架构，为将创新成果在同类高校推广应用，进一步扩大研究成果的辐射作用奠定了理论基础。

（4）探索性。课程的开发具有很大的理论与应用挑战性，许多问题都需要探讨和摸索。尽管在课程的开发过程中，付出了巨大的努力和辛劳，但免不了挂一漏万。作为教学改革的一次深度探索，教材可能还存在一些需要改进的地方，期盼各位老师和同学不吝提出宝贵意见，使教材质量能得到进一步提升。

教材编写过程中得到了许多人员的热心帮助和鼎力支持。他们有西安理工大学经济与管理学院院长胡海青教授，他在繁忙的教学研究工作之余抽时间给予了指导并为本书写了序；还有西安工业大学管理学院的姬浩副教授，对教材出版提了很多建议；西南石油大学的贾义伍老师，不仅在读研期间参与了课程的开发，而且也参与了教材信息化管理模拟相关章节内容的撰写。另外，还有刘庆、尚晏莹等也参与了课程的开发、研讨活动。还有闫彤、刘孝倩、耿海鹏、李军、石可、李方圆、丹瑶、毕伯煜等也为教材的完善付出了心血。中国财政经济出版社管理出版中心的段钢主任对教材出版给予多方帮助。教材撰写与修改过程中，家人也给予了全力支持。在此表示衷心的感谢！

教材编写过程中也参考了许多学者的理论观点和研究成果，教材中未一一列出，在此一并表示感谢！

目录

MULU

第一部分　方法理论篇

——课程理论基础与设计过程

第二部分　基础模拟篇

——传统管理实训过程组织

第三部分 提阶模拟篇
——传统管理与信息化管理循环实训

第四部分　实训资料篇

——延伸学习资料与表单填写举例

第五部分　总结调研篇

——课程总结与效果调查

第一部分

方法理论篇

——课程理论基础与设计过程

第一章　课程理论基础与开发初衷

第一节　情景模拟教学法介绍

一、情景模拟教学法概念与内涵

情景模拟教学法是指教师在教学过程中，为实现既定的教学目标，围绕某特定教学主题，依据教学内容要求，针对性设计高仿真情景，组织学生在该教学场景下，以角色扮演的形式，通过模拟的方式学习专业知识和技能的一种教学方法。

情景模拟教学法是一种体验式教学方法，通过其应用可将理论知识转化为直观形式，能让学生在接近现实的情景中加深对教学内容的感受，深化对课程知识的认知，提升学习兴趣，开发思维潜能，提高教学效果。

情景模拟教学法已被越来越广泛应用于应用型课程的教学之中，但目前由于理论探讨尚不够深入，其应用效果仍主要依赖于教师个人的实践经验。

二、情景模拟教学法理论依据

情景模拟教学法形成是以哲学认识论、心理学认知理论和教育学相关理论为基础发展起来的教学理论，其产生有着厚实的理论基础。

（一）认识论理论依据

1. 辩证唯物主义认识论

辩证唯物主义特别强调人对客观世界的认识是从感性上升为理性的过程。感性认识是理性认识的前提，理性认识的完成依赖于感性认识。人们往往是从感知具体的物质和现象出发，通过一系列思维活动，不断剔除被认识对象的非本质属性，最终抓住事物的本质属性，上升到理性认识的阶段。情景模拟教学法恰恰就是通过创设具体的场景，为学生的学习提供一个经过优化的、具体可感知的对象，帮助学生从建立感性认识出发，引导学生自主学习，逐步去伪存真，达到对学习目标的理性认识，从而完成相应的学习任务。

2. 现实主义认识论

现实主义认识论认为，感觉和理性思考是人类认识事物的主要途径。认识的形成需要依靠系统地观察、分析事物，以及对从观察中得出的假设进行验证的一种方法。因此，在教学方法上现实主义认识论强调必须注重发挥观察、分类、逻辑演绎等科学方法的作用。情景模拟教学正是通过提供高仿真的场景，让学生亲自感受系统的工作过程，通过观察和分析来学习和验证理论知识。

3. 实用主义认识论

实用主义认识论十分强调“经验”的价值和作用。认为“科学探究—试验—质疑—再试验”才是认识世界和获取知识的最有效途径，而最适宜的教学方法是采用团队工作和项目安排等需要共同交往和集体参与的教学方法，强调“从做中学”及“合作学习”。情景模拟教学法的特点之一就是共同参与和合作学习，学生集体在完成教师设定的工作任务的过程中，通过亲身实践进行学习。

（二）心理认知理论依据

1. 人本主义心理学

人本主义心理学认为，在一个自由、安全和富有人情味的心理环境中，人类固有的优异潜能会自动呈现出来。因此，教学活动中教师的主要作用不是传授知识和教会学生如何学习，而是创造一种能促进学生学习的心理氛围，提供必要的学习资源，让学生进行自主学习。情景模拟教学法所强调的恰恰是“以学生为本”，尊重学生在学习中的“主体地位”。强调教师是学习的设计者、指导者、控制者和评价者，教师要发挥教学的“主导地位”。

2. 教育心理学

教育心理学研究表明，处于从具体形象思维向逻辑思维发展完成阶段的高校学生，其思维发展同样需要经历由外部物质活动向内部认知心理活动转化的过程。其智力技能的形成也必须在外部动作技能的基础上才能发生与发展。皮亚杰在其认知发展理论中指出，思维从动作（活动）开始并与之密切联系，如果切断了活动与思维之间的联系，思维就不能生长。情景模拟教学法就是根据学生思维发展的一般心理规律，在高仿真的活动中训练学生的操作技能，从而促进学生的思维发展，提高教学的质量和效果。

3. “三元交互”心理理论

美国著名心理学家班杜拉在其“三元交互决定论”中认为，人的认知过程是其行为、思维和环境三者交互作用的心理活动过程，主张行为和认知的结合。情景模拟教学法正是通过对真实环境的模拟及教学过程中对学生行为的引导，把环境、行为和认知结合起来，通过三者的交互作用来实现教学目标的一种教学方法。

（三）教育学理论依据

1. 感官感知论

学者夸美纽斯认为“一切知识都是从感官的感知开始的”。他在《大教学论》中提出，教育中的认识规律应当与自然规律相一致，指出教学的严谨秩序应当以自然为借鉴，强调“直观感”是教学的第一原则。情景模拟教学法遵循了从感官开始感知知识的要求，把教学内容所提供的具体而真实的情景体现出来，从而贯彻了直观性的基本教学原则。

2. 情境认知论

情境认知论认为学习本质上是个体与群体之间的合作、互动的过程。通过学习使学生获得事实性知识的同时，更提高他们的社会化程度，使学生获得参与社会实践活动的能力，为此，应当在知识产生的特定的物理或社会情境中组织和开展学习。情境认知理论可以说是情景模拟教学法的直接理论来源。

3. 知识建构论

知识建构论认为知识是主体的经验、解释和假设而不是客观的东西，知识的意义无法通过直接传递来实现，而是由学习者自己建构起来。因此，教学就不应当是教师传递知识和学生接受其意义，而应该是教师通过创设一定环境和给予学生必要的支持，促进学生主动建构知识的意义。情景教学法完全合乎建构主义的基本教学主张。

三、情景模拟教学法基本特征

（一）教学目标以能力为重点

传统课堂教学往往注重学生的知识增长，特别是理论知识的增加，把学生当作知识容器，一味采用灌输方式。而情景模拟教学旨在创造能充分激发学生潜能的学习环境，通过将学生置身于仿真的模拟场景中，提高其应用知识的能力和职业技能。教学活动的主要目的不是知识的积累，而是知识的重构和应用能力的提高。

（二）教学活动以情景为依托

与传统教学中依托课本、黑板、挂图等开展教学活动的教学方法不同，在情景模拟教学中，教学内容要以展现情景的方式进行整合，围绕教学任务，按照现实的工作要求创设活动场景，把教学的重点和难点融入教学活动的各个环节中，使课程的知识点通过模拟的工作情景展示给学生，让学生能够在一个系统性的工作情景中自主地学习专业知识和训练职业技能。

（三）教学过程以学生为主体

情景模拟教学法从根本上改变了传统教学中教师一味灌输知识，学生被动接受知识的教学方式，而是由教师创造条件，让学生在课堂上主动地学习知识和尝试解决问题。在这种教学模式下，学生处于学习的主体地位，是教学活动的主体，而不是客体，是自主参与者，而不是被动接受者。因此，教师在创设学习情景时，不仅要考虑相关知识因素，而且要考虑学生的基本情况和具体特征。

（四）教学组织以教师为主导

尽管学生在教学中属于主体地位，但并不否认教师的主导地位。教师不仅是教学情景的设计者，而且是知识的传授者，学习的组织者、引导者、评价者。教师并不会因角色的转换而丧失其重要性，而是要承担远大于传统教学方式下更多的教学组织与评价等任务和责任。

（五）教学形式具有直观性、互动性和趣味性

情景模拟教学法把课程教学内容以情景的方式模拟呈现出来，使教学过程“戏剧化”，可以使抽象的理论转化为直观易懂的教学问题，以帮助学生更好地理解教学内容和领悟操作技能。同时，可实现教师和学生之间、角色扮演者之间及演示者与观摩者之间的“三方互动”，并通过教师对教学内容和过程的精心设计，也可使教学活动富有趣味性。

第二节　其他教学法及其应用

一、案例教学法

（一）概念

案例教学法是一种以案例为基础的教学法（case - based teaching），案例本质上是提出一种决策的两难情境，没有特定的解决之道，而教师在教学中扮演着设计者和激励者的角色，鼓励学生积极参与讨论。

（二）起源

案例教学法起源于1920年前后，由美国哈佛商学院（Harvard Business School）所倡导，所开发案例都来自商业管理的真实情境或事件，有助于学生主动参与课堂讨论。到了20世纪80年代，案例教学法才在师资培育中受到重视，尤其是1986年美国卡内基小组（Carnegie Task Force）提出《准备就绪的国家：二十一世纪的教师》的报告书中，特别推荐案例教学法在师资培育课程的价值，并将其视为一种相当有效的教学模式。国内探究案例教学法则始于20世纪90年代以后。

（三）优点

（1）能实现教学相长。教学中，教师既是教学的主导者也是学员之一，通过与学生共同探讨，不但可以发现自己对案例理解的不足，而且可以了解到大量的感性材料。

（2）可调动学员学习主动性。由于不断变换教学形式，学员注意力能够得到及时调节，有利于精神状态始终维持最佳。

（3）生动具体、直观易学。由于教学内容是具体真实的实例，采用了形象、直观、生动的形式，给人以身临其境之感，易于理解。

（4）能够集思广益。教师在课堂上不是“独唱”，而是和大家一起讨论思考，由于聚集了大家的智慧和力量，因此容易开阔思路，取得良好的教学效果。

（四）缺点

（1）案例的来源往往不能满足教学需要。编制一个好的案例，既需要花费较长的时间，也需要教师具有丰富的案例编写技能和经验。

（2）案例教学法一般需要提供较多的培训时间，而且对教师和学员素质的要求也比较高。

二、翻转课堂

（一）概念

翻转课堂（flipped classroom）教学模式是指重新调整课堂的内外时间，将学习的决定权从教师转移给学生，由学生在课堂外完成知识的学习，将课堂时间变成老师与学生之间及学生相互之间答疑解惑、运用知识等教学活动的互动时间，教师与学生共同研究解决面临的问题，从而取得良好的教学效果。

（二）起源

2000年，美国MaureenLage，Glenn Platt和Michael Treglia在论文中介绍了他们在美

国迈阿密大学讲授“经济学入门”课程时采用翻转教学的模式及获得的成效，但尚未提出翻转课堂概念。

2000 年，J. Wesley Baker 在第 11 届大学教学国际会议上发表了论文“*The classroom flip: using web course management tools to become the guide by theside*”。

2007 年，美国科罗拉多州 Woodland Park High School 的化学老师 Jonathan Bergmann 和 Aaron Sams 在课堂中采用“翻转课堂式”的教学模式，并推动这个模式在美国中小学教育中使用。

随着互联网的发展和普及，翻转课堂逐渐在美国流行了起来。

在国内也曾有过类似的教学方法，典型的案例如 1998 年山东杜郎口中学提出的杜郎口教学模式，但它与当前的翻转课堂不同，学生并不使用微视频和在线做题，而使用导学案、课本和习题册。

（三）优点

（1）教学视频短小精悍，有利于学生自主学习。大多数视频都只有几分钟时间，较长的视频也只有十几分钟。每个视频都针对一个特定问题，视频的长度控制在学生注意力能比较集中的时间段内，符合学生的身心发展特征。通过网络发布的视频，具有暂停、回放等多种功能，有利于学生的自主学习。

（2）教学信息清晰明确，不会分散学生的注意力。教学视频让学生感到亲近，就像坐在同一张桌子前一起学习，这就是翻转课堂教学视频与传统教学录像的不同之处，不会因录像中出现教师的形象或其他各种物品摆设，而分散学生的注意力。

（3）重新建构学习流程，促进学生知识吸收内化。翻转课堂对学生的学习过程进行了重构。“信息传递”是学生在课前进行的，老师不仅提供视频，还可以提供在线辅导；“吸收内化”是在课堂上通过互动来完成的，教师能够提前了解学生的学习困难，在课堂上给予针对性辅导，学生之间的相互交流也有助于实现知识的吸收与内化。

（4）学习成果检测快捷，便于复习和巩固知识。对学生观看教学视频后的学习效果，可以通过视频后面的小测验及时进行检测，做出判断。如果发现学习效果不好，学生就可以反复观看视频，也便于学习之后的内容复习和知识巩固。

（四）缺点

（1）翻转课堂将学习的掌控权给了学生，但如果学生不擅于提问或者学习主动性不强，就将直接影响翻转课堂的学习效果。

（2）对老师的职业素质要求会更高，如果仍习惯于传统教育模式，教师则很难在短时间内完成自身的转变。

三、MOOC（慕课）

（一）概念

慕课（Massive Open Online Course，MOOC），即大规模开放在线课程的简称，是“互联网+教育”的产物，是一种在线课程的开发模式。其核心是优质教育资源全球免费共享，现代教育与信息技术的深度融合。它是覆盖教学全过程的新型教育革命，是外部社会压力和学校自身需求共同作用的结果。

（二）起源

2008年由加拿大爱德华王子岛大学网络传播与创新主任 Dave Cormier 同国家人文教育技术应用研究院高级研究员 Bryan Alexander 联合提出的概念，将“大规模、开放、在线”作为该课程的标志与核心理念；同年，加拿大人 George Siemens 和 Stephen Downes 设计了一门名叫《连通注意与连通知识》课程，有25位来自曼尼托巴大学的付费学生，还有2300多位来自世界各地的免费学生在线参与了这门课程的学习。

自2008年起，一大批教育工作者，包括来自玛丽华盛顿大学的 Jim Groom 教授以及纽约城市大学约克学院的 Michael Branson Smith 教授都采用了这种课程结构，并成功主办了大规模网络开放课程。

2011年秋，来自世界各地的160000人注册了斯坦福大学 Sebastian Thrun 和 Peter Norvig 联合开出的一门《人工智能导论》的免费课程。

2012年被《纽约时报》评为“慕课元年”。多个慕课教育平台建成，Coursera（目前规模最大）、edX（哈佛和麻省理工学院共同出资组建）和 Udacity（以计算机类课程为主）是其中最主要的三大平台，且这三大平台都已经进驻中国。

MOOC课程在中国同样受到了很大关注。根据 Coursera 的数据显示，2013年 Coursera 上注册的中国用户共有13万人，而在2014年达到了65万人，增长幅度远超过其他国家。国内慕课平台建设也进展很快。如海峡两岸的五所交通大学（台湾交大、上海交大、北京交大、西安交大和西南交大）共同组建了 Ewant 慕课平台；北京慕课科技中心建成了慕课网；北大、清华等国内高校陆续推出了面向全球学习者免费开放的慕课课程；教育部也推出了“爱课程”慕课平台。目前为止上线慕课数量已达5000门，学习人数突破7000万人次，我国已变成慕课参与人数最多的国家，但教学质量还有待提高。

（三）优点

（1）慕课的开放性特点使课程的受众面变广。任何人都可以参与学习，没有国籍、校别、种族、学历的歧视。除了在学历或学分上有要求外，大多数慕课课程都是免费的，学习者只需要拥有一台连接了互联网的电脑即可学习。

（2）课程结构完整，学习资源丰富。除了视频资源外，还提供相应的文字材料、在线作业、在线答疑、单元测验、期中测试、期末考试等，为学生提供了丰富的学习服务。慕课课程一般以周为单位推进，每推进一个单元，学习者都会获得相应的学习资料、测试内容等。

（3）学习者参与性强，提升了学习效果。在具备上网条件的前提下，任何人可以不限时间、不限地点学习自己感兴趣的课程。学习者还可以在交互性社区里与其他同学进行交流讨论，慕课学习者在学完课程后还可以获得相应的学分或证书，慕课变成了一种全新的学习模式。

（4）可根据个体差异，随时调整学习计划。慕课课程学习及学习效果检验都是通过网络完成的，在学习过程中，可以根据个体差异，随时调整学习计划，改变学习进程，相比传统授课方式有了更大的灵活性。

（四）缺点

（1）慕课要求学生有较强的学习主动性和较高的自觉性，否则很容易半途而废。目前为止，慕课全部课程完成率相对较低，仅不足10%的学员能坚持学完课程。

（2）同时在线学习的人数太多，老师也不可能对所有学生提出的问题进行反馈。因缺乏师生互动，可能影响学生学习的积极性和持续性。

（3）慕课有时因过于追求形式，会将本来连贯的知识分割成小片段，破坏了知识的连贯性和逻辑性。另外，为照顾各个层次的学习者，会将比较难的知识表面化、肤浅化，想对问题深入研究的学生很难真正从中获益。

（4）课堂教学中人与人之间愉快地交流及相互聆听，老师上课时的激情与临场发挥所产生的教学效果，慕课中往往没有，不利于情感价值观的养成。

（5）慕课主要通过网络方式进行学习，老师只是把知识通过电脑呈现给学生，不完全适合分布式认知和高阶思维能力培养。

（6）慕课程式化的教学模板，模式单一，设计简单，既没有分类、分层的教学目标分析，也没有针对多种学员对象的需求区分，难以适应高等教育众多学科和不同类别课程的要求。

四、情境教学法

（一）概念

情境教学法是指在教学过程中，教师有目的地引入或创设具有一定情绪色彩的、生动具体的场景，激起学生的学习情绪，把认知活动和情感活动结合起来的一种教学模式。

（二）起源

情境教学法是由英国应用语言学家在20世纪30~60年代提出并发展形成的。

（三）优点

（1）形象逼真。情境并不是实体的复现，而是简化的模拟，其能获得与实体相似的形象，所以给学生以真实感。

（2）情深意长。情境教学是以生动形象的场景，激起学生学习的情绪和感情体验，通过教师的语言，把情感寓于教学内容中，能促进学生更深刻地理解和掌握内容。

（3）知、情、意、行融为一体。情境教学为了创设一定的教学情境，就要运用生活显示情境、实物演示情境、音乐渲染情境、直观再现情境、角色扮演情境、语言描绘情境等方法，把学生引入一定的情境和一组情境之中，使他们产生一定的内心感受和情绪体验，能把知、情、意、行融成一个整体。

（四）缺点

（1）过于重视语言形式，忽视交际能力的培养。

（2）过分强调整体结构，忽视语言分析、讲解和训练。

（3）情境设计常常是虚构的，情境中的话语不能满足学生语言交际的实际需要。

五、项目教学法

（一）概念

项目教学法是在老师的指导下，通过实施一个相对独立的项目而进行的教学活动，其中信息的收集、方案的设计、项目实施及最终评价，由学生自己负责。其目的是在课堂教学中把理论与实践教学有机地结合起来，充分发掘学生的创造潜能，提高学生解决实际问题的综合能力。

（二）起源

项目教学法萌芽于欧洲的劳动教育思想，最早的雏形是18世纪欧洲的工读教育和19世纪美国的合作教育，经过发展，到20世纪中后期逐渐趋于完善，并成为一种重要的理论思潮。项目教育模式是建立在工业社会、信息社会基础上的现代教育的一种形式，是以为社会培养实用型人才为直接目的的一种人才培养模式。

20世纪90年代以来，世界各国的课程改革都把学习方式的转变视为重要内容。欧美诸国纷纷倡导“主题探究”与“设计学习”活动。日本在新课程体系中专设“综合学习时间”。我国当前课程改革强调学习方式的转变，设置研究性学习，改变学生单纯、被动地接受教师知识传输的学习方式，为学生提供将所学知识加以综合应用的机会。

2003年7月德国联邦职教所制定以行动为导向的项目教学法，把整个学习过程分解为一个个具体的工程或事件，设计出一个个项目教学方案，不仅传授给学生理论知识和操作技能，更重要的是培养他们的职业能力。

（三）优点

（1）目标指向的多重性。对学生而言，通过转变学习方式，在主动积极的学习环境中，激发好奇心和创造力，培养分析和解决实际问题的能力；对教师而言，通过转变教育观念和教学方式，从单纯的知识传递者变为学生学习的促进者、组织者和指导者；对学校而言，通过建立全新的课程理念，完善办学思想，提升办学目标。

（2）培训周期短，见效快。项目教学法通常是在一个短时期内、较有限的空间范围内进行的，并且教学效果可测评性好。

（3）教学过程可控性好。项目教学法由学生与教师共同参与，学生的活动由教师全程指导，有利于学生集中精力练习技能。

（4）注重理论与实践相结合。要完成一个项目，必然涉及如何做的问题，这就要求学生从原理开始入手，结合原理分析，理论与实际结合完成项目。

（四）缺点

（1）项目教学法对教师的素质和实践经验会提出更高的要求。

（2）项目教学法对学生学习的主动性和创造性也会提出更高的要求。

（3）学校现有的课时安排和教学资源提供往往会不同程度地限制项目教学的开展。

六、问题教学法

（一）概念

问题教学法就是把教材的知识点以问题的形式呈现在学生的面前，让学生在寻求、探索解决问题的思维活动中，掌握知识、发展智力、培养技能，进而培养学生自己发现问题、解决问题能力的一种教学方法。

（二）起源

古希腊哲学家苏格拉底认为人的头脑中存在着各种知识，教师的作用就在于启发学生把这些知识发掘出来。

19 世纪美国教育家杜威基于“通过解决问题进行学习”思想，创立了“五步教学法”，即“困难—问题—假设—验证—结论”，这被普遍认为是“问题教学法”的来源。1918 年美国教育家克伯屈在此基础上创立了“设计教学法”，通过学生之间、师生之间心平气和的讨论，然后做出结论。20 世纪 50 年代美国教育家布鲁纳继承和发展了杜威等人的教育理论，倡导“发现教学法”，通过教师提出需要解决或研究的问题，创设问题的情景，教师带领和指导学生进行探索和发现。

20 世纪 60 年代中期，苏联教育家马赫穆托夫、列尔耐尔和马丘什金等人倡导问题教学，学生由教师引导，去寻求有根据的解决新问题的办法和过程。

1996 年，美国国家科学院推出的《国家科学教育标准》明确指出“科学探究是科学教育的核心，学校教育要把科学探究作为获取知识和认识世界的一种方法”，突出了学生主动探究学习在整个教育中的地位和作用。

中国古代教育家孔子十分重视从问题出发调动学生学习的积极性，“不愤不启，不悱不发，举一隅不以三隅反，则不复也”。这就是从问题出发，让学生产生浓厚的探究欲望，只有当学生进入积极思维状态时，教师才适时诱导，即“开其意”“达其辞”。

孟子也强调在教学中要依靠学生自求自得。明代教育家王守仁推崇孟子的“自求自得”思想，强调要引导学生“各得其心”，学贵于自得，提倡怀疑，不盲目迷信，强调学生的主动性情感体验，认为自得才能左右逢源。

由此看来，不论是国内还是国外，问题教学法都是对古人思想的继承和发展，随着教育制度和体系的不断完善，问题教学法在逐渐成熟。

（三）优点

（1）强调学生以主动学习为主，而不像传统教学以教师为主。

（2）它是以案例为先导、以问题为基础、以学生为主体、以教师为主导的启发式教育。

（3）为学生营造出了轻松、良好的学习氛围，能够畅所欲言，主动表达观点。

（4）可使有关学科和课程的问题尽可能暴露，通过不断解答问题，加深对理论的理解。

（四）缺点

（1）会对教师的知识结构、教学思维、协调能力提出更高要求，也需要教师为此付出更多努力和精力，否则教学质量无法保证。

（2）不易保证学生的学习条件。如缺乏高质量教材、缺乏足够数量的教师、课时提供不足、要求大班上课等。

（3）因与传统课程评价方式不同，目前体制下如何评价问题教学法的效果尚有很大难度。

综上所述，每种教学法均有自己的优点和缺点。《企业管理情景模拟》课程就是以情景模拟教学法为主，充分吸收各种教学法优点后形成的混合教学模式。这里既有案例教学法的影子，也融入了翻转课堂和慕课等的一些重要特点，同时也强调问题导向、项目任务引导、探究式学习等方式。力求将不同教学法的优势融入课程教学中，通过设置生动的模拟情景和情境，能让学生在创设的良好环境中愉快学习。

第三节　课程开发初衷与缘由

企业管理理论主要来源于企业管理实践，有丰富的实践基础，其一旦上升到理论层面就具有高度的抽象性特征。这对很少有机会参与企业管理实践活动的经管类学生而言，由于缺乏实际管理经验，对企业各类管理理论和业务活动的学习与理解就变得格外困难。因此，为了提升经管类专业学生的实践意识和学习效果，必须在重视理论教学的同时，强化实践教学环节。情景模拟教学作为一种重要的教学形式，不仅让学生对所学的理论能进行直感体验，更重要的是通过一些综合创新型管理模拟活动能让学生将理论知识有效转化为管理应用能力和创新能力。

目前，针对经管类专业，许多高校已逐步引入了软件模拟实验教学方式和沙盘模拟实验教学方式。许多高校在这方面也开展了深入的研究和应用，取得了较好的成绩，积累了一定的经验。值得肯定的是这些实验教学方式的确能在经管类专业教学中发挥各自不同的作用，但应用中也发现其存在着一定的局限性：（1）学生往往对实验模拟过程中各类信息、物料、资金等数据的来源缺乏真实感，无法在一定的管理情景中理解各类管理信息之间的关系；（2）实验场景缺乏现场感，学生很难从实验模拟过程中直接体会到企业管理活动的真实感受；（3）管理学科及专业的细分，割裂了各职能管理业务之间的固有联系，学生对企业的整体经营过程缺乏系统理解。这些局限都导致在短时间内，不能让缺乏企业管理实践的学生全面系统地理解和掌握企业管理的各类业务流程及其相互关系，不能让学生直观而生动地感受到企业管理各职能的精髓所在，不易达到提高学生分析和解决管理问题的能力。

面对前述问题，将情景模拟教学法引入经管类专业教学中，就能将企业及其业务活动“搬进”实验室，让学生开展“实战型”的、有针对性的情景模拟教学。情景模拟教学能让学生身临其境，设身处地地分析、思考各类管理问题，运用所学的理论知识在高度仿真的情景中了解和认识企业管理中的各类问题，有利于实现管理类专业教学中理论与实践的有效结合。

近年来，许多教育工作者对情景模拟教学法进行了多个方面的探讨。情景模拟教学法以其趣味性、体验性、理论与实际紧密结合的特点，在高校经管类专业的实践教学中得到了一定程度的应用。例如，常伟（2007）、张旭东（2008）、黄宇驰（2010）、钟华（2012）、区晶莹（2013）、殷延海（2014）等人尝试将情景模拟教学法引入MPA绩效管理、人力资源管理、商务沟通、博弈论、模拟听证会、物流管理等课程的教学中，研究主要针对企业管理的部分职能及其业务进行了情景模拟教学探索，但尚未涉及对企业管理的全面性情景模拟教学体系的研究。吴金椿（2011）研究认为通过构建企业运作情景模拟系统平台，提高生产运作管理的仿真程度，能有效解决目前管理学实验存在的实感性不足、实验过程不易监控等问题。随后吴金椿（2013）又针对基于信息流的实验教学的直观性不足，提出了基于实物流的企业运作情景模拟教学设想，分析了该教学体系的优势和实施的可能性。

前述学者对情景模拟教学法的相关研究，为今后进一步研究和推广应用提供了重要思路。但分析发现前期应用还存在以下问题：（1）以往对情景模拟教学体系的研究主要侧重于对企业管理的某些环节或局部职能的情景模拟教学应用，缺乏以企业整体管理过程为模拟对象，对其完整的管理业务和职能进行情景模拟的教学体系探索，对学生全面了解企业管理业务过程尚缺乏支持；（2）以往对情景模拟教学方式研究还处于对情景模拟教学体系构建基本思路及其优势等展开讨论，缺乏对情景模拟教学体系具体构建和实施过程的深入研究。

因此，围绕前述问题，通过多年的探索和实践，开发出了以企业管理为对象，面向经管类专业的《企业管理情景模拟》实训课程。第二章将结合课程教学体系介绍课程的开发过程。主要围绕目标、内容、流程、参与模式、空间布局、道具设计和教学评价等方面进行教学研究与课程体系创新设计。

本章小结

在了解了情景模拟教学法概念及其内涵后，通过认识论、心理认知论和教育学理论等多个视角分析说明了情景模拟教学法的理论依据，坚定了应用该方法开发《企业管理情景模拟》课程的信心。进一步通过情景模拟教学法五个基本特征的归纳，表明了该方法非常符合当前高校教学课程改革“以学生为主体，以教师为主导”的大趋势。

同时，通过对案例教学法、翻转课堂、慕课、情境教学法、项目教学法及问题教学法等应用特点分析，突出了本课程以情景模拟教学法为主，积极融合启发式、翻转式、探究式、参与式、项目驱动式等混合教学模式，构成线上线下相结合的教学模式的新思路，表明了《企业管理情景模拟》课程开发是基于问题导向、改革导向、创新创业教育导向的初衷和缘由。

思维拓展与阶段测评

1. 什么是情景模拟教学法？其理论基础是否牢靠？其有何特点？

2. 该课程哪些方面吸收了翻转课堂的优点？

3. 项目教学法和问题教学法是如何在课程中体现的？

4. 课程强调以情景模拟教学法为主，积极吸收慕课、翻转课堂等教学法优点，形成了混合教学模式，这样做的优势在哪里？

5. 课程如何体现“学生为主体，教师为主导”这一特点的？

6. 课程特别强调将体验式教学、探究式教学、问题导向式教学、项目引导式教学融入课程设计之中，对此你如何理解？

7. 管理理论的抽象性和学生管理实践的极度贫乏是否是《企业管理情景模拟》这类实训课程开发的主要原因？

8. 你认为应采取何种方式培养管理类专业学生的创新创业能力？

第二章　课程设计思路与开发过程

第一节　课程总体设计思路与框架

一、课程总体设计思路

课程总体设计将涉及课程目标体系设计、课程内容体系设计、课程流程优化设计、师生参与模式设计、课程空间布局与道具设计以及课程评价体系设计七个部分，各部分之间的关系和整体设计思路如图 2－1 所示。

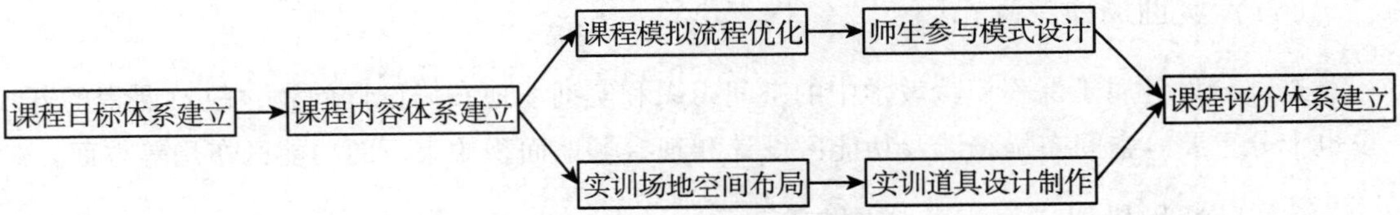

图 2－1　课程的设计体系

（一）课程目标体系建立

该部分关系到课程的目标定位，是其他部分设计的基础。这里提出了管理胜任力综合目标概念，用以表达课程设计的总体目标，该目标被设计为三层，由知识层、技能层和素质层构成，用以表示管理胜任力不仅基于必要的管理知识积累，而且特别强调各种技能与全面素质要求。有关目标的详细内容将在其后具体建立和界定。

（二）课程内容体系建立

该部分属于课程的重要构成部分，是课程目标能否实现的重要保证。一方面要结合企业管理涉及的重要内容，另一方面也要考虑相关内容的可模拟性。内容选择的基本原则就是所选择的内容既要属于企业管理范畴，又要符合情景模拟的对象特点，同时更要考虑课程目标的达成需要，三者结合作为确定课程内容体系的基本原则。同时，考虑到存在两种基本管理模式：一种是传统管理模式，另一种是现代信息化管理模式。因此，课程模拟内容的选择也必须将两种管理模式结合进去，全面考虑。

（三）课程模拟流程优化

当课程目标和主要内容确定之后，课程教学在时间上将如何组织就成为设计的核心工作，属于课程模拟流程的优化设计问题。对此考虑到课程目标就是让每位学生都要有一定机会了解不同管理岗位的职责和工作内容，故变换角色后适当的重复一些模拟内容是完全必要的。依据课程目标体系的要求，模拟的完整流程将被设计为三个目标梯度时段，即初阶传统管理模拟、中阶传统循环管理模拟和高阶信息化管理模拟三个串行的时段。每个时段又由四个阶段组成，每个阶段由大约10项任务构成，每项任务将由多个具体活动串联组成。任务模块是模拟中的基本计划单位。课程的流程设计和优化将在随后专门介绍。

（四）师生参与模式设计

为充分体现“学生为主体，教师为主导”的教学特点，在本课程设计中，贯穿了情景模拟教学法的特征，并融合了多种教学方法中学生主体性的教学特点，对课程中师生的角色和作用定位进行了充分的讨论。随后将对师生的各种参与模式展开详细分析设计，以凸显本课程利用混合型教学方法的创新应用特点。

（五）实训场地空间布局

这部分设计属于课程模拟教学中的空间组织和实训场地布局设计问题，故对课程的开设也十分重要。空间布局将涉及功能区设计和现有场地面积约束下的功能区布局等方面。

（六）课程模拟道具设计与制作

情景模拟道具设计包括模拟情景环境设计、模拟产品与工艺设计、角色标牌设计、各类管理职能模拟表单设计等多个方面，道具设计的数量和质量将影响到课程的质量和实训效果，是需要花费大量心血的地方，具体设计将在随后展开详细讨论。

（七）课程评价体系设计

一个良好的课程评价体系设计，不仅可用于评价课程的教学效果，而且有利于评价学生的学习效果，也是学生成绩合理给出的基础，还具有调动学生学习积极性的作用，因此，设计合适的课程绩效评价方案，具有十分重要的现实意义。该课程采用了动态全程评价方式进行评价体系设计，具体评价体系的设计过程将在其后专门介绍。

二、课程层次结构框架设计

基于上述课程总体设计思路，提出了课程设计的层次框架如图2-2所示。课程由“一套目标”“两种模式”“三层梯度”“四个阶段”“十项任务”基本框架构成。框架中始终贯穿着“任务由多活动展开”“学生多角色并行”“教师组全程指导”的模拟教学特点。

<table>
<tr><td rowspan="11">课程结构层次</td><td rowspan="3">一套目标</td><td colspan="6" rowspan="3">提升管理胜任力</td><td colspan="6">素质层</td></tr>
<tr><td colspan="6">技能层</td></tr>
<tr><td colspan="6">知识层</td></tr>
<tr><td>两种模式</td><td colspan="8">传统管理模式</td><td colspan="4">信息化管理模式</td></tr>
<tr><td rowspan="2">三层梯度</td><td colspan="4">手工基础模拟</td><td colspan="4">手工循环模拟</td><td colspan="4">信息化循环模拟</td></tr>
<tr><td colspan="4">初阶</td><td colspan="4">中阶</td><td colspan="4">高阶</td></tr>
<tr><td rowspan="2">四个阶段</td><td>1</td><td>2</td><td>3</td><td>4</td><td>1</td><td>2</td><td>3</td><td>4</td><td>1</td><td>2</td><td>3</td><td>4</td></tr>
<tr><td>公司初创与文化建设</td><td>订单获取与计划编制</td><td>物料采购与库存管理</td><td>生产组织与交货结算</td><td>公司初创与文化建设</td><td>订单获取与计划编制</td><td>物料采购与库存管理</td><td>生产组织与交货结算</td><td>订单获取与计划编制</td><td>采购管理与库存管理</td><td>生产组织与过程控制</td><td>销售业务与应收管理</td></tr>
<tr><td rowspan="3">十项任务</td><td colspan="12">每个阶段</td></tr>
<tr><td>前置</td><td colspan="5">核心任务群</td><td colspan="4">后置任务群</td></tr>
<tr><td>本阶段模拟内容介绍</td><td>阶段核心模拟任务1</td><td>阶段核心模拟任务2</td><td>阶段核心模拟任务3</td><td>阶段核心模拟任务4</td><td>阶段核心模拟任务5</td><td>总结反思与教师点评</td><td>管理表单提交与审核</td><td>下阶段模拟内容介绍</td><td>绩效公布与现场整理</td></tr>
<tr><td rowspan="11">课程特征</td><td rowspan="2">任务多活动展开</td><td colspan="12">每项任务</td></tr>
<tr><td>活动1</td><td>活动2</td><td>活动3</td><td>活动4</td><td>活动5</td><td>……</td><td>活动n</td></tr>
<tr><td rowspan="7">学生多角色并行</td><td colspan="12">企业CEO</td></tr>
<tr><td colspan="12">人力资源主管</td></tr>
<tr><td colspan="12">销售主管</td></tr>
<tr><td colspan="12">生产主管</td></tr>
<tr><td colspan="12">采购主管</td></tr>
<tr><td colspan="12">……</td></tr>
<tr><td colspan="12">会计员</td></tr>
<tr><td rowspan="2">教师组全程指导</td><td colspan="12">全程指导</td></tr>
<tr><td colspan="3">规划</td><td colspan="3">组织</td><td colspan="3">控制</td><td colspan="3">评价</td></tr>
</table>

图2-2　课程设计的层次框架

“一套目标”就是管理胜任力提升目标。该目标将被分解为三个层次，即“知识层、技能层和素质层”，以该目标为导向，围绕目标将展开其他层次的相关设计活动。

“两种模式”是指当前企业典型的两种管理模式，传统管理模式下的实训有利于学生深刻理解管理的实质，通过两种模式的对比也可以增进学生对信息化管理先进性的理解。

“三层梯度”反映了模拟教学的一种理念，循序渐进、逐步提升的教学思想，同时也是适应不同学时安排的一种实施策略。当学时紧张时可以通过控制循环次数来匹配，而学时充足时也可通过增加循环，使学生得到更多的角色训练。

“四个阶段”属于一个模拟循环的组成部分，这样设置主要是为了满足学分制学时单位要求。在传统管理模拟方式下，一个阶段设置为 4 个学时，信息化管理模拟方式下一个阶段设置为 2 个学时。这也体现了信息化方式下工作效率的大幅提升。

“十项任务”是为了配合情景模拟教学法的应用特点专门设计的一个阶段内的任务结构范式。十项任务中包含前置任务、核心任务和后置任务，其中前置和后置任务是每个阶段都会出现的共性任务，符合情景模拟教学法前讲、中做、后总结反思的教学特征。而核心任务在不同模拟阶段是完全不同的。这样设计，就是为了便于在循环模拟阶段可以通过置换部分核心任务，达到提高该阶段模拟难度和挑战性的目的。

每项模拟任务又由数量不等的多个模拟活动构成。在每个模拟循环过程设置了多样化的模拟角色（大约 20 个，也可以适当增加或减少），学生可以竞聘其中某一个角色完成一个循环的完整模拟，进入下一个循环时要求重新竞聘角色，这样就可以获得不同管理角色的训练。而教师组在整个模拟过程中一直处于全程指导的状态，包括课前规划与准备、过程组织与控制、课中课后评价等活动。

第二节　课程目标体系设计

企业管理情景模拟课程是以经管类专业学生为教学对象，利用情景模拟教学法，围绕企业管理职能和业务活动，以产品订单生命周期为主线，分阶段、任务和活动，利用角色扮演的形式，在设置的情景中开展管理业务模拟的实训教学课程。通过对企业管理活动的情景模拟，让学生将课堂上掌握的管理理论知识转化为应用中的实践能力，对学生的管理认知、应用技能和研究能力进行全面培养，以满足社会对企业管理类人才的知识、技能和素质全面提升的需求。

一、管理胜任力概念提出

20 世纪 70 年代，McClelland 首先提出了胜任力的概念。Boyatzis（1982）则认为胜任力是指动机、特质、技能、自我形象或社会角色或其他所使用的知识实体等。本书根据企业管理情景模拟课程培养目标界定的需要，采用了管理胜任力的概念，认为管理胜任力是从事管理职业的人员应具备的相关知识、技能和素质的总和。基于对企业中管理人才需求的调查，以及通过对就业市场管理人才能力需求的了解，将管理胜任力归纳为素质、技能和知识三个层面。以管理胜任力培养为目标，将其作为企业管理情景模拟课程内容体系建立的出发点和落脚点。

二、基于管理胜任力的课程目标建立

在对管理胜任力概念内涵分析基础上，结合课程特点和目标要求，提出管理胜任力应包含如下五项基本素质、九大基础技能和九类管理知识。

（1）管理素质主要包含管理人员应当拥有的先进管理理念、辩证决策思维、变革创新精神、强大人格魅力、坚韧意志品质等方面的内在成功修养。

管理素质的养成需要在教学模拟中设计适当的教学内容和模拟流程，通过不断灌输、训练、感悟、培养与锤炼才能逐渐养成。

（2）管理技能分职业技能和共同技能。其中，职业技能包括管理人员必须具有的战略决策能力、战术计划能力、实务操作能力、信息搜集能力、组织沟通能力、协调控制能力构成的六种职业能力；共同技能包含由书面表达能力、口头表达能力与行动执行能力构成的所有应用人才必备的三种基本能力。

管理技能需要在课程模拟中借助于合适的教学内容和模拟流程不断训练、强化与提升。

（3）管理知识涵盖了经济法知识、营销管理知识、生产管理知识、采购管理知识、库存管理知识、财务管理知识、质量管理知识、信息化管理知识、其他相关知识等。

管理知识需要在模拟实训中配合适当的教学内容和模拟流程持续扩充与知识重构。

其中，素质、技能与知识三者之间有如下关系：管理知识借助不断应用与重构可将其转化为管理技能，而管理知识和技能在持续反复的模拟训练下将内化为管理职业素质。

第三节　课程内容体系设计

一、《企业管理情景模拟》课程教学内容构建思路

按照企业管理流程、课程学时安排、模拟目标需要和内容构建原则，提出了内容构

建的基本思路："一、一、三、六"框架，即"一套目标""一条主线""三个层次""六项职能"。

"一套目标"指模拟内容构建要紧紧围绕提升管理胜任力的三层目标体系展开设计，所有内容与流程确定均以目标能否达成为取舍标准；"一条主线"指以企业产品订单完成过程为主线，完整反映企业的运作过程，除企业建立与文化建设阶段外，其余阶段由体现一个订单完整生命周期的一系列模拟活动构成，其中包括产品订单获取、生产计划编制、物料采购管理、物料库存管理、生产过程控制和交货结算过程；"三个层次"指企业管理模拟活动，涉及企业的决策层、计划层、业务层，三个管理层次可以通过不同层次管理岗位的角色活动来体现；"六种职能"指整个管理模拟活动涵盖了典型制造型企业的人事、销售、生产、采购、库存和财务六个主要管理业务部门。

按照"一、一、三、六"框架选择并确定教学内容，能够使课程分阶段、按流程有序进行。这里给出了企业管理情景模拟课程教学内容构建思路（见图 2－3），其将成为课程模拟内容构建的重要依据。

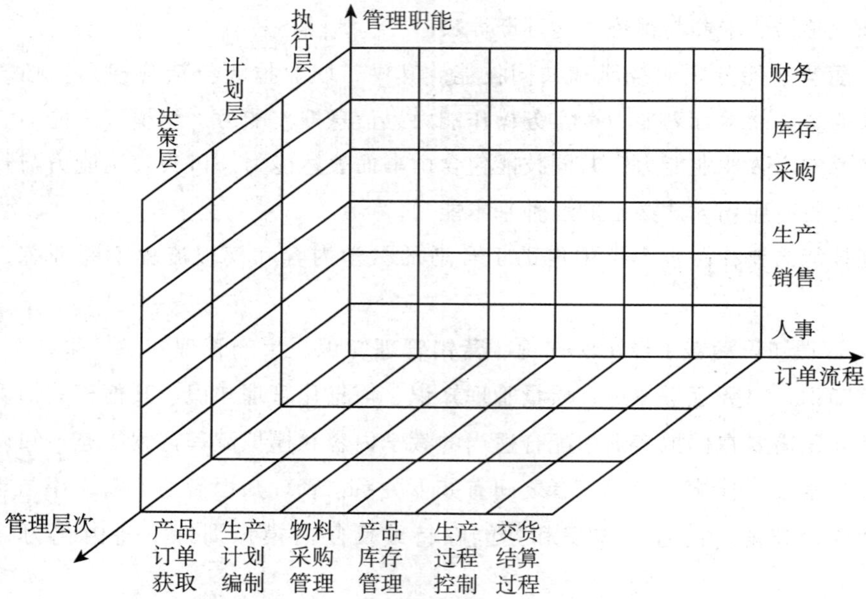

图 2－3　企业管理情景模拟课程教学内容的构建思路

二、《企业管理情景模拟》课程教学内容设计

为保证模拟内容构建的合理性，教学团队在反复研讨基础上，做了如下工作：

（1）根据图 2－3 构建思路，穷举了主要管理任务或活动作为待选任务。

（2）对于所有待选任务利用预先建立的几项评价指标（如对目标贡献度、任务可模拟性等）进行反复筛选，从待选任务中选择出既对目标贡献度较大又适合模拟的具体任务，作为实训课程的模拟内容。最终筛选结果由企业建立与文化建设、产品订单获取、生产计划编制、物料采购管理、物料库存管理、生产过程控制和交货结算过程等七项大类活动构成，进一步将其归纳成企业初创与文化建设、订单获取与计划编制、物料采购与库存管理、生产控制与交货结算四个模拟阶段，每个阶段的模拟内容与管理胜任力之间的对应关系如表 2－1 所示，各个阶段可对应获得不同的管理知识、技能和素质。通过四阶段循环模拟，使学生达到提升管理胜任力的基本目标，以满足企业对未来的高级管理人才的培养需求。

表 2－1　　管理胜任力评价目标与情景模拟内容间的对应关系

管理胜任力			企业初创与文化建设	订单获取与计划编制	物料采购与库存管理	生产控制与交货结算
管理知识		经济法知识	√	√	√	√
		营销管理知识		√		√
		生产管理知识		√	√	√
		采购管理知识			√	
		库存管理知识		√	√	√
		财务管理知识		√	√	√
		质量管理知识			√	√
		信息化管理知识		√	√	√
		其他相关知识	√	√	√	√
管理技能	职业技能	战略决策能力	√	√		
		战术计划能力		√	√	
		实务操作能力	√	√	√	√
		信息搜集能力	√	√	√	√
		组织沟通能力	√	√	√	√
		协调控制能力	√	√	√	√
	共同技能	书面表达能力	√	√	√	√
		口头表达能力	√	√	√	√
		行动执行能力	√	√	√	√

续表

管理胜任力		企业初创与文化建设	订单获取与计划编制	物料采购与库存管理	生产控制与交货结算
管理素质	先进管理理念	√	√	√	√
	辩证决策思维	√	√	√	√
	变革创新精神	√	√	√	√
	强大人格魅力	√	√	√	√
	坚韧意志品质	√	√	√	√

（3）对模拟阶段任务的实现过程进行反复研讨，在征求部分企业管理者意见基础上进行了详细设计。最终设计结果如图 2－4 所示。

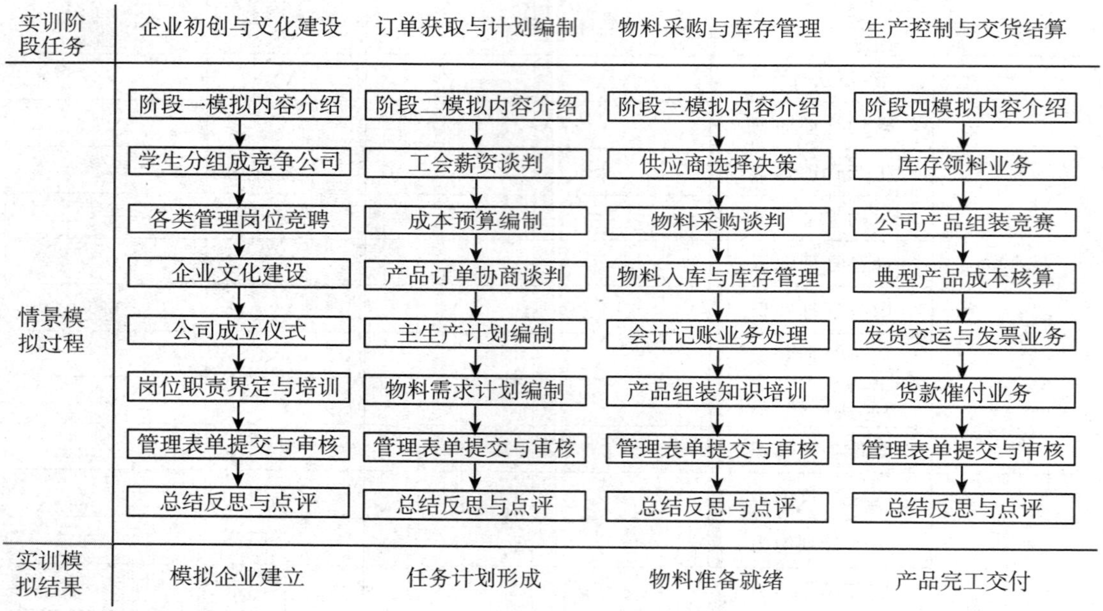

图 2－4　企业管理情景模拟课程教学的内容框架

在企业管理情景模拟课程教学中，每个阶段都包含其相对独立的实训任务、过程和结果，而各阶段之间又保持着企业管理的内在逻辑和流程，形成环环相扣的模拟过程。

阶段一：企业初创与文化建设情景模拟实训。将学生分组，每组分别扮演不同企业。首先，在企业内部分别展开 CEO、部门主管竞聘及一线业务人员的聘用；其次，CEO 主持召开全体员工会议，讨论确定公司名称、标志及广告语等；最后，企业召开全体员工会议，明确各部门职责分工以及各岗位的责、权、利并建立员工档案。

阶段二：订单获取与计划编制情景模拟实训。财务部以薪资谈判结果为依据，编制成本计划；销售部收集产品信息，与客户进行销售洽谈以获取订单，签订销售合同；人力资源部、生产部、采购部、仓储部、质检部、财务部等部门为销售部门签订合同提供所需要的信息；销售部将客户需求信息提供给生产部，由生产部门制订主生产计划和物料需求计划。

阶段三：物料采购与库存管理情景模拟实训。采购部通过与各供应商洽谈选择最优供应商并与之签订采购合同，并实时跟踪所采购的物料；生产部门在产品正式组装前组织生产工人进行生产技能培训；人力资源部处理相关培训工作；质检部检验送达的采购物料；仓储部办理检验合格货品入库手续；财务部支付货款，并处理入库账务。

阶段四：生产控制与交货结算情景模拟实训。生产部按领料计划进行领料，仓储部按工序发放物料；工人在流水线上完成产品的生产组装，各工序工人组装的半成品及时检验，并填写生产日报表，产品组装完成后及时入库；人力资源部统计工人工时；财务部处理账务；仓储部为检验合格的产成品办理入库手续；销售部在生产完工成品缴库之后，分别通知仓储部及客户发货、接货，并通知财务部开具“销售发票”。仓储部将产品出库，并随“销售发票”一起交给客户；财务部回收货款并进行典型产品成本核算与分析；销售部开展客户回访工作。

第四节　教学流程优化设计

鉴于模拟过程中学生对知识的理解与技能的掌握需要有一个循序渐进的模拟过程，故将模拟过程设计成一个多循环、多阶段与多任务的实现过程，模拟流程的优化设计需要分层展开。

一、第一层：课程模拟总流程设计

在反复研讨基础上，课程总流程设计结果如图 2－5 所示。其中，每个阶段模拟时间均设置为 4 课时，完成一轮循环需要 16 课时，实训过程中可通过多轮模拟训练，以提供学生选择不同模拟角色，加深学生对管理知识的理解和管理技能与素质的提升。

二、第二层：各阶段模拟流程设计

各阶段模拟流程设计结果如图 2－6 所示。各阶段大致由 10 个基本任务构成，且贯穿了如下三项基本教学活动：准备、执行、反思与评价。

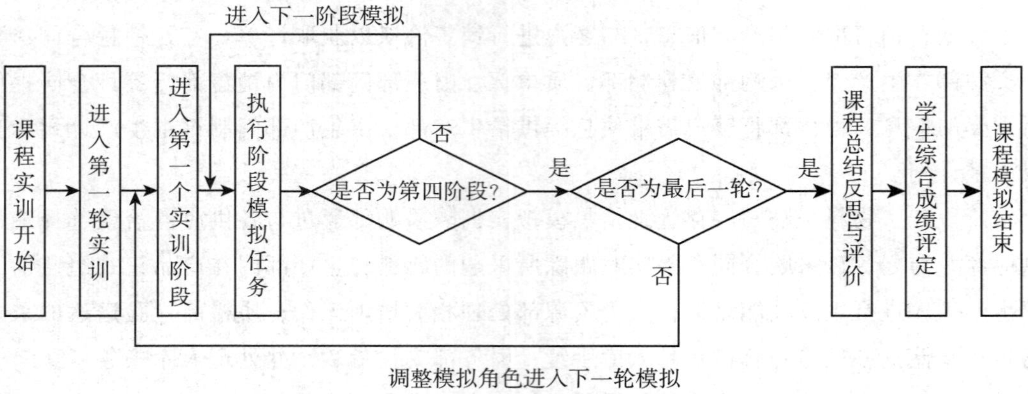

图 2-5 课程模拟的总流程

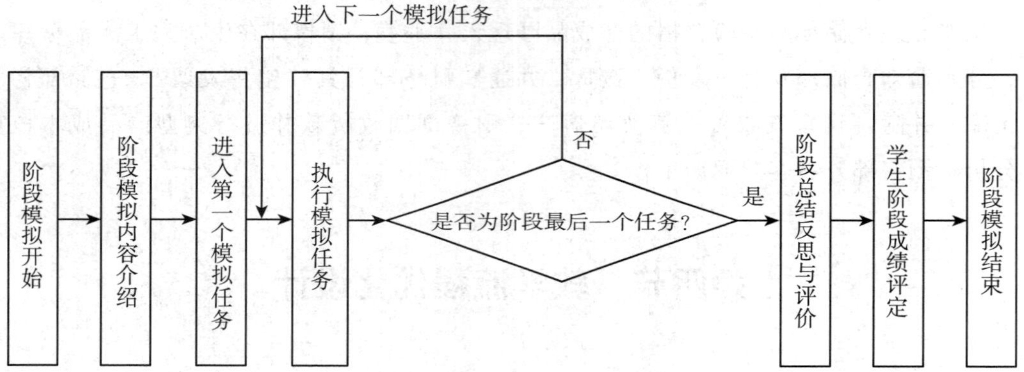

图 2-6 各阶段的模拟流程

（1）准备阶段。实训开始前在学生预习基础上，老师针对实训内容进行介绍及实训任务分配。

（2）执行阶段。在实训过程中，学生在设计的情景中按任务和角色的要求展开管理业务模拟。

（3）反思与评价阶段。先由角色代表发言总结实训中的优点和失误，并提出改善建议；由教师对学生表现进行点评，指出模拟中的亮点与不足，供学生下一轮实训改善，借此不断提高学生管理能力与素质。

三、第三层：单项模拟任务流程设计

每个模拟阶段由一系列任务组成，每个模拟任务又由一系列活动组成。下面以管理岗位竞聘模拟任务为例，介绍其流程设计，其设计结果如图 2-7 所示。该任务具体执行过程分为 CEO 竞聘、各主管竞聘和职员招聘三步进行。其他单项模拟任务流程设计与此形式类似，只是由不同模拟活动组成而已。

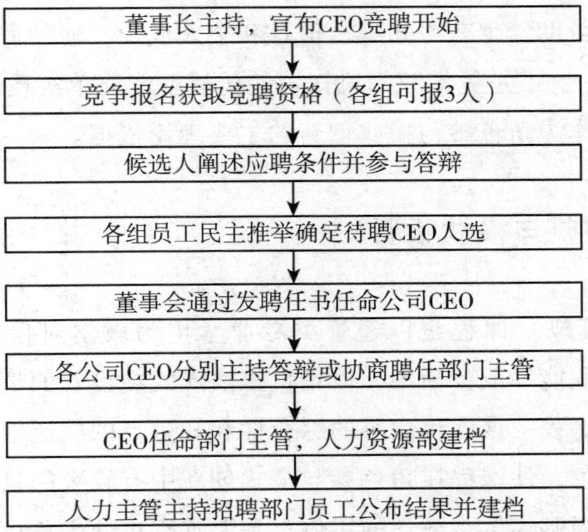

图 2－7　单项模拟任务流程（以管理岗位竞聘为例）

第五节　师生角色与参与模式设计

一、角色参与模式设计理论基础

角色参与模式是指在情景模拟教学中，以学生为教学主体，以教师为教学主导，通过设计各种独立的师生情景互动教学任务形式，让学生借助角色扮演，增强其角色责任意识，激发角色认知能力和自主构建知识能力，同时，又能使教师在模拟教学中为学生提供有效指导的一种相对独立的教学参与形式。

角色参与模式的创新设计是需要以相关教学理论为基础的。建构主义理论较好地说明了人类学习过程的认知规律，其主要观点为：知识不是通过教师传授得到的，而是学习者在一定情景下，利用必要的学习资料，获取其他人的帮助，通过意义建构的方式获得。它强调学生是认知的主体，是学习的主动构建者，而不是被动接受者和被灌输的对象，同时，也不能忽视教师的作用，教师是知识意义建构的帮助者和促进者。

布鲁纳的发现法教学理论同样为本书提供了理论指导。发现法的实质是在教师的启发引导下，让学生按照自己观察和思考事物的特殊方式去认知事物、理解学科的基本结构；让学生借助教材或教师所提供的有关材料去探索或“发现”得出的结论及规律性知识，并发掘他们“发现学习”的能力。

同样，人本主义心理学理论强调人的因素和教学过程的重心是“学会学习”。在教学中，至关重要的是帮助学生获得知识、信息和个人成长，使他们有能力更加建设性地应对“现实世界”，而这不是凭借教师对知识的传授就能简单实现的。

上述有关理论将作为角色参与模式创新的主要理论依据。

二、师生角色参与模式设计

《企业管理情景模拟》课程是以经管类专业学生为教学对象，利用情景模拟教学法，围绕企业各管理职能和业务活动，以角色扮演形式在设置的情景中开展管理业务模拟的一门实训型教学课程。该课程内容的综合性和知识点的广泛性，以及客观存在的诸多可模拟的管理者角色，使课程在角色参与模式创新中有较大的发挥余地。

情景模拟教学法强调学生是教学的主体，是课堂真正的主角；教师的核心作用在于凸显学生在模拟中的主体性，并根据学生的具体需求提供相应的支持和帮助。依据前述教学理论，在多年教学研究与教学实践经验总结基础上，结合师生在情景模拟教学中所起的不同重要作用以及互动关系类别，将角色参与模式划分为三个大类：学生主体参与模式、教师主导参与模式、师生互动参与模式。通过对三种参与模式的进一步细化，形成了师生角色参与模式创新体系图（见图2-8）。

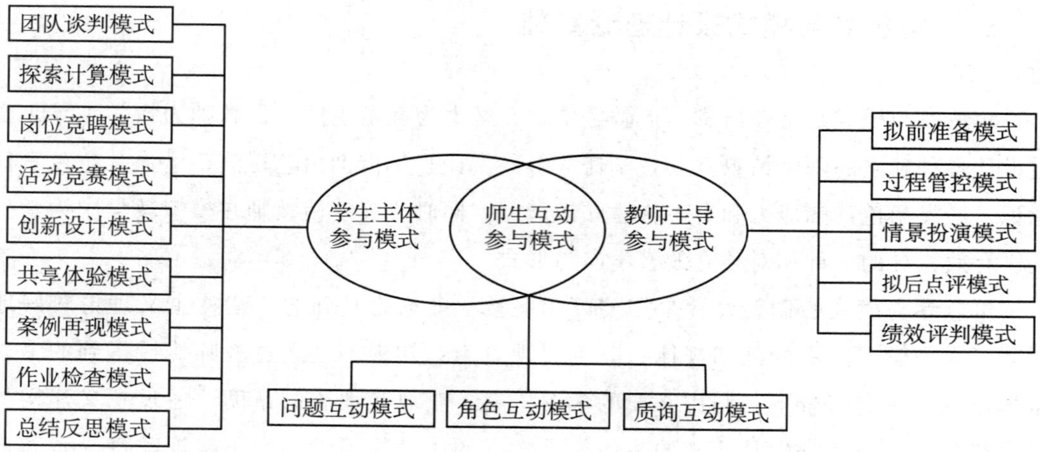

图2-8　企业管理情景模拟课程角色参与模式创新体系

针对提出的各类参与模式，进一步对其内涵进行了系统性界定和描述，并结合课程给出各参与模式对应的典型模拟活动，结果如表2-2、表2-3和表2-4所示。

表 2－2　　以学生为主体的角色参与模式分类

参与模式	模式内涵	典型模拟活动
团队谈判模式	针对给定的相应情景和谈判主题，由指定角色团队准备相关资料，制订预设方案，以谈判方式模拟某种管理任务实现过程，并力图达到预先设定的谈判目标。该参与模式有利于增强学生对谈判类管理任务的体验和感悟	销售订单洽谈；采购合同谈判
探索计算模式	针对提供的数据与信息，由特定角色依据给定的某项任务目标，倡导学生利用已有知识和多途径获取信息，自行设计计算方法，探讨并尝试得出正确答案。该参与模式有利于提升相关管理角色的任务预算与核算能力	采购资金预算；产品成本核算
岗位竞聘模式	针对设定的待聘管理岗位，鼓励学生在弄清岗位职责基础上，积极主动参与竞聘，模拟过程要求角色充分阐述自己的优势与条件，在竞争中获得岗位任职。该参与模式可帮助角色体味竞聘岗位的职责并强化岗位责任心	CEO 竞聘；部门主管竞聘
活动竞赛模式	针对设定的情景和竞赛活动主题，让相关角色按一定规则，以活动完成速度或任务完成质量为优胜判断标准，展开竞争性比赛。该参与模式可强化学生对管理活动中蕴含的计划、组织、控制等管理基本职能的深刻体验	产品组装竞赛；员工培训比赛
创新设计模式	针对模拟创新活动目标和设定的情景，在给定评价原则的基础上，鼓励学生角色团队充分讨论，集思广益，发挥成员的主观能动性与创新性，通过反复优化完成设计方案。该参与模式有利于培养学生的管理创新思维	公司 Logo 设计；公司宣传语设计
共享体验模式	针对部分学生的演示性模拟活动，要求其他学生观察整个模拟过程，记录同组成员或竞争对手在模拟中的亮点或不足，共同体味管理活动的技能和经验。该参与模式有利于学生以“旁观者”身份反思、共享知识和经验	谈判表演观评；岗位竞聘观评
案例再现模式	针对教学内容与相关知识点的模拟需要，结合企业的真实管理案例，要求学生依据此案例场景、人物角色、存在问题等，通过角色表演的形式，将案例再现。该参与模式有利于学生分析探讨案例的实践价值和经验教训	物料分解案例；管理决策案例
作业检查模式	针对课程目标和教学内容要求，选择一些适合以作业形式完成的具体的管理任务，布置给相关管理角色，要求在规定时间内完成并提交，以事先设计的标准答案进行检查。该参与模式有利于训练学生管理实务执行技能	采购计划编制；领料单填写
总结反思模式	针对模拟过程中各角色的所得与所失，在模拟任务结束后，提供给学生一个总结反思的机会，学生围绕自己所模拟任务的执行情况，反思存在的问题与不足。该参与模式可提供学生从失败与教训中获得管理经验的机会	CEO 总结反思；主管总结反思

表 2－3　　以教师为主导的角色参与模式分类

参与模式	模式内涵	典型主导活动
拟前准备模式	依据教学目标和课程进度要求，教师需提前做好教学模拟的场景、道具、指导书等准备，在模拟前讲清本次模拟的目的、目标、流程、要求等事宜，界定清楚本次情景模拟的背景、任务及价值，确保模拟教学的效果	模拟道具准备；模拟流程讲述
过程管控模式	当模拟过程中出现偏离主题的现象或需要控制模拟时间时，教师组应主动引导，适当地给予信息提示，将学生关注重点拉回预设主题，控制模拟教学向预先设定的目标和要求回归，确保情景模拟过程得到有效控制	模拟时间控制；模拟主题纠偏
情景扮演模式	教师组成员可根据情景模拟需要，扮演模拟中的一些外部角色（如供应商、客户等），使其成为模拟情景的有机构成部分，同时，利用教师的知识和经验，使模拟情景动态化，提高学生面对不同情景时的管理应变能力	产品用户扮演；供应商扮演
拟后点评模式	针对教学模拟中的一些典型、共性问题，教师组从正反两方面进行点评，通过对模拟中的要点、重点、亮点及争议点进行评价，激发学生的思考，启发学生对问题的认知和把握，让学生系统地获得相关管理知识和经验	典型问题点评；角色亮点点评
绩效评判模式	教师组为客观评价模拟效果与学生成绩，分别以学生团队和学生个人为对象，利用点评、竞赛、打分、抢分等方式，针对团队角色和个人角色的求知态度、准备程度、参与深度、实训效果等做出评价，作为成绩评定的基础	教师评价打分；模拟成绩公布

表 2－4　　师生互动参与模式分类

参与模式	模式内涵	典型互动场景
问题互动模式	当每次模拟任务结束后，教师组针对模拟中隐含的重要知识点或某些典型场景，设计相应的思维拓展问题，让学生以必答或抢答的方式解答。通过师生问题互动，让学生开拓思维，整合知识，提出方案，达到能力的提升	教师预先设问；学生必答、抢答
角色互动模式	为了增加模拟教学的难度和动态性，由教师扮演一定的外部角色，使其成为学生的对手角色，通过教师模拟出有挑战性的问题和有难度的条件，创造出有一定变化的场景，锻炼学生应对各种困难的能力和管理应变能力	教师扮演用户；学生扮演销售员
质询互动模式	主要由学生根据在模拟中所产生的困惑疑问，主动向教师提出自己遇到的问题，教师组则结合理论分析作出合理的解答，师生之间通过面对面的问题互动沟通，来解决学生在模拟教学过程中遇到的各种典型的管理难题	学生质询问题；教师答疑解惑

三、各类参与模式中的师生角色定位

教师与学生是情景模拟教学的参与主体，他们的相互关系影响着情景模拟教学的开展及其效果。传统教学方式中大部分高校教师往往偏重于理论灌输、知识传授和疑难解答，而在情景模拟教学中师生角色的定位和作用都发生了深刻的变化。学生从听、写、记、答的被动地位转变为参与课堂、扮演角色、展示自我的主动局面，在课堂中传递更多的信息；教师则不要求过多干涉学生的实践操作，但在拟前设计、课程进度、角色扮演及最终评价等方面都起到了关键作用，相当于整个教学过程的总导演，学生们则充当演员。在不同参与模式中，师生均扮演着不同的角色，有其相应的角色定位。为此，结合课程实践，探讨了各类角色参与模式与师生角色定位的关系，研究结果如表2－5、表2－6和表2－7所示。

表2－5　　学生角色参与模式与师生角色定位关系

学生主体参与模式	角色定位	
	学生角色	教师角色
团队谈判模式	业务谈判者	观察评价者
探索计算模式	业务核算者	结果核查者
岗位竞聘模式	岗位应聘者	竞聘评价者
活动竞赛模式	活动参与者	活动评判者
创新设计模式	创新设计者	创意评价者
共享体验模式	观察体味者	观点评价者
案例再现模式	案例表演者	表演评价者
作业检查模式	作业执行者	作业检查者
总结反思模式	总结反思者	总结评价者

表2－6　　教师角色参与模式与师生角色定位关系

教师主导参与模式	角色定位	
	教师角色	学生角色
拟前准备模式	信息提供者	信息接收者
过程管控模式	过程指导者	接受指导者
情景扮演模式	情景扮演者	模拟参与者
拟后点评模式	拟后点评者	反思总结者
绩效评判模式	绩效评判者	接受评价者

表 2－7　　师生互动参与模式与师生角色定位关系

师生互动参与模式	角色定位	
	教师角色	学生角色
问题互动模式	问题设计者	问题解答者
角色互动模式	情景扮演者	角色模拟者
质询互动模式	答疑解惑者	问题质询者

第六节　实训空间与道具设计

一、基于管理胜任力的模拟现场空间设计

企业管理情景模拟教学采用分组对抗方式进行，在岗位分析基础上设计了销售部、采购部、生产部、财务部、仓储部、质检部、人力资源部等管理部门。该课程以某一家汽车组装公司为情景模拟背景，设计了情景模拟场景。其结果如图 2－9、图 2－10、图 2－11 所示：

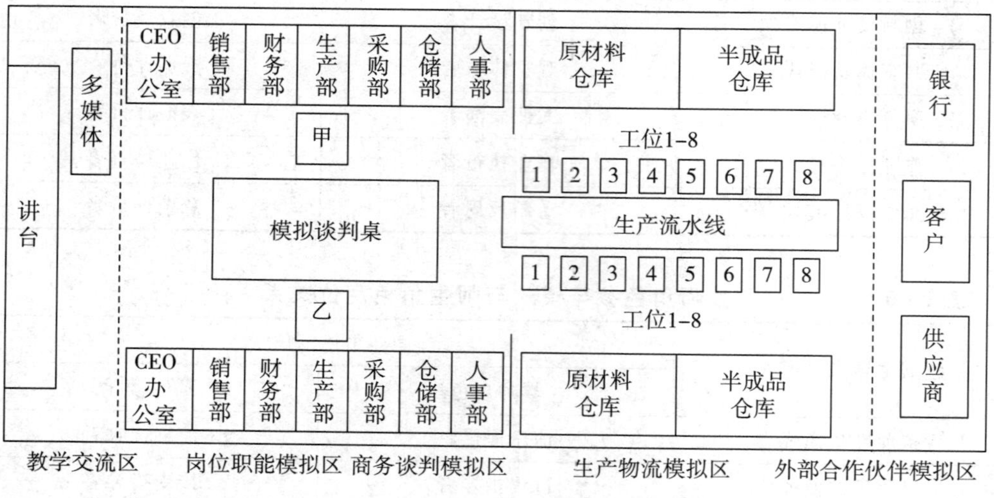

图 2－9　情景模拟场景平面布局

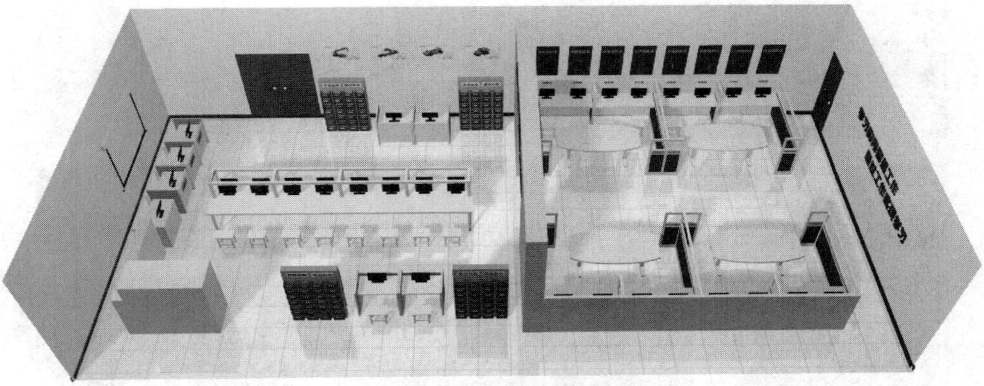

图 2－10　情景模拟场景三维图

图 2－11　情景模拟教学现场

二、企业管理情景模拟道具设计

模拟道具有使模拟过程直观化与形象化的重要作用，其设计对提高教学过程的情景仿真性也十分关键。在反复研讨和教学实践基础上，根据道具本身承载的功能不同将模拟道具划分为九类，即模拟产品、办公设施、生产流水线及物料库存设施、工艺文件、企业图章、角色标牌、业务单据、部门管理流程挂图及其他辅助道具，分别对其进行了系统设计、制作、引进和购买，部分教学模拟道具如图 2－12 所示。

图 2－12　情景模拟教学用道具（部分）

第七节　教学过程性评价体系设计

一、教学评价体系构建

整个评价体系由三部分组成：个体任务完成绩效评价、团队任务完成绩效评价与学生课程综合成绩评价。在每个评价部分都重点从知识、技能和素质三个方面全面考察提升的管理胜任力，并将管理胜任力作为教学评价体系设计的目标依据。图 2－13 为基于管理胜任力的教学评价体系构建示意图。

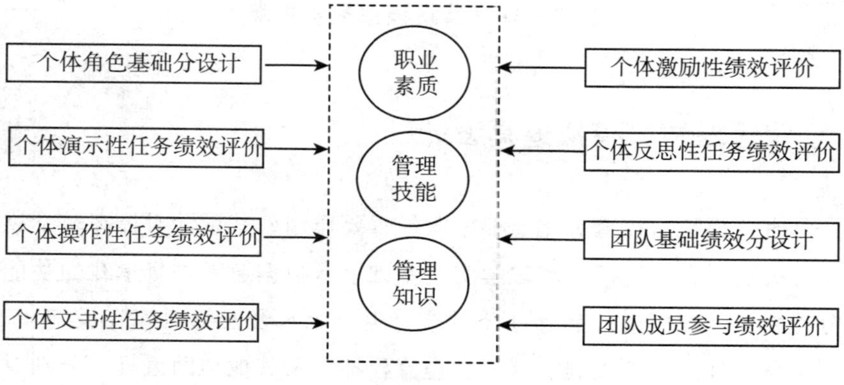

图 2－13　企业管理情景模拟教学评价

二、个体任务完成绩效评价设计

为了充分实现评价目标和贯彻评价原则，按照角色的重要性和各类岗位、任务的差异性，将个体任务完成绩效评价按以下6个模块分别展开设计。

（一）个体角色基础分设计

依据每个管理角色的重要性、贡献度、角色任务难度及竞争导向原则，预先设计了各类管理角色的基础绩效标准分，通过差异化设计和事先公布，供学生在角色竞争时参考，所有管理角色都须通过竞争获取，获得该角色就对应获得了该角色的基础绩效分，该规则建立主要为达到鼓励学生主动、积极、量力参与重要管理角色，获得角色体验机会。通过基础分设置引导和鼓励学生参与重要管理角色竞争，以培养竞争意识与竞争能力等，进而提升学生的管理胜任力。

（二）激励性绩效评价设计

在贯彻竞争原则、公平原则、酬勤原则下，由每个竞争团队依据在每个项目实训中成员的投入程度、努力效果等指标综合评定出的先进管理者和先进员工各1名，并给予相应个体预先确定的绩效分以资奖励，主要用于培养学生的团队意识和奉献精神，倡导竭尽所能为团队多做贡献，通过提升学生的职业素质进而提升学生的胜任力。

（三）个体演示性任务绩效评价设计

主要针对演示性模拟活动设计的一种通用评价方法，如薪资谈判、订单获取谈判、物料采购谈判等任务，依据事先设计的任务目标达成度评价标准，由教师组考核，进行教学评价，重点考核管理技能层面的对应能力训练的质量状况，进而提升学生的管理胜任力。

（四）个体操作性任务绩效评价

主要针对非演示性角色任务，如成本计划编制、生产计划编制及管理单据填写等操作性任务，通过考核任务完成结果与标准结果的接近度，重点考核一些管理技能层面的相应技能训练的质量状态，进而提升学生的管理胜任力。

（五）个体反思性任务绩效评价

这是针对模拟课程的重要的总结反思教学环节而设计的，其包含代表竞争团队的指定型反思及个体机会争取型反思两种不同方式。主要考核总结、反思的深度，涉及知识应用、技能训练和素质养成等层面；指定性总结、反思任务完成绩效既影响个体绩效，也同等影响团队绩效；而个体机会争取总结、反思绩效只影响个体绩效。该评价机制设置，主要强调竞争参与，为保证公平可给不同团队同等机会让成员自主争取，能否获得绩效分则取决于反思程度是否符合要求，由教师组评判，以此提升学生的管理胜任力。

（六）个体文书撰写任务绩效评价

对于需要以预习报告、实验报告、调查报告等书面方式完成的任务，依据预习报告、实验报告、调查报告完成的质量等级标准由教师组予以评价，主要考察相关文书撰写能力。通过此环节可将课外布置的课前预习、复习思考、效果调查类任务也纳入评价体系中，从而从不同方面提升学生的管理胜任力。

三、团队任务完成绩效评价设计

（一）团队基础绩效分设计

按照竞争公平原则，绩效激励原则设计团队基础绩效分为60分，以此为起点通过团队在模拟过程中竞争获取更多的团队绩效。通过该设计主要为强化团队竞争机制，为模拟实训增添了竞争动力。

（二）团队成员集体参与绩效评价设计

通过团队成员共同协力获得的绩效分，计入团队绩效分中，如企业Logo设计、员工业务培训、产品组装竞赛等任务的高质量完成。

（三）个体任务完成绩效影响团队绩效的机制设计

在前述个体任务完成绩效评价中已规定对团队绩效产生影响的部分（如个体演示性任务绩效、个体操作性任务绩效、个体反思性任务绩效和个体文书撰写任务绩效），均以同等程度计入团队的绩效分中。通过该评价机制设计主要为体现企业管理的整体性，在评价中要充分体现每个个体的工作质量都会影响到企业的绩效，而企业的绩效又会影响到员工的自身利益。

四、学生课程综合成绩评价模型建立

团队任务完成综合绩效反映了团队各个成员对团队做出了多少集体贡献；而个体任

务完成综合绩效反映了团队内各个个体在模拟的各个环节的努力与竞争的成果大小，故将团队任务完成综合绩效和个人任务完成综合绩效以一定的权重转换成个人的实训综合成绩具有较高的评价合理性。

（一）团队任务完成综合绩效计算

$$XTS = XJ + \sum_{i=1}^{4}(XT_i + XS_i + XC_i + XF_i + XR_i) \quad (2-1)$$

其中，XTS 代表团队综合绩效，XJ 代表团队基础分，XT_i 代表团队成员集体参与绩效，XS_i 代表团队演示性绩效，XC_i 代表团队操作性绩效，XF_i 代表反思性任务绩效，XR_i 代表团队文书撰写绩效。

（二）个体任务完成综合绩效计算

$$TS = J + \sum_{i=1}^{4}(T_i + S_i + C_i + F_i + R_i) \quad (2-2)$$

其中，TS 代表个体综合绩效，J 代表个体角色基础分，T_i 代表个体投入绩效，S_i 代表个体演示绩效，C_i 代表个体操作绩效，F_i 代表个体反思绩效，R_i 代表个体文书撰写绩效。

（三）学生课程综合成绩评价

按照成绩评定的设计机制和基本规则，可按以下评价模型计算：

$$SJ = TS * W1 + XTS * W2 \quad (2-3)$$

其中，SJ 代表学生课程综合成绩，TS 代表个体任务完成综合绩效，XTS 代表团队任务完成综合绩效，W1 代表个体任务完成综合绩效占个人课程综合成绩的权重，W2 代表团体任务完成综合绩效占个人课程综合成绩的权重。权重 W1、W2 可根据实训中团队任务完成综合绩效与个体任务完成综合绩效相对重要性的认定而确定，但需满足：

$$W1 + W2 = 1 \quad (2-4)$$

在学生课程综合成绩评定中，既体现了竞争团队任务完成绩效，又反映了学生个体任务完成绩效；既注重了实训结果的评价，又兼顾了学生在实训过程中的个人表现。而且过程评价可以实时公布，学生成绩又与个人努力和团队绩效直接相关，体现了公正、公平、公开原则，很好地实现了设计目标和优化理念，属于一次创新性教学评价探索。

第八节　课程开发过程说明

课程开发从启动到完成前后已经历10余年了，整个开发过程大致可以划分为如下三个阶段。

一、尝试性管理实验开发阶段

这一阶段属于课程教学改革的较早时期，为配合理论教学，管理实验教学开始兴起。通过开发或引进教学软件，在软件环境下开展实验教学。当时作者兼职负责经管学院管理实验中心的规划与建设工作，就积极参与到管理课程的实验引进与开发中。经过实验课程的开发和应用，促使管理类课程教学不再是单纯的理论讲授，还配合有适当的应用实践操作，对教学水平提升起到了推动作用。实验课程大部分是以信息化软件为手段进行相应的应用模拟，当时围绕ERP课程教学软件开发出来ERP模拟实验课等，作为ERP课程的组成部分。同期，还开出了证券模拟实验、会计模拟实验、审计模拟实验、国际贸易模拟实验等课程。实验课程的开发和应用对提高课程的教学水平打下了扎实的基础，一方面使课程理论概念更易于理解，更具有实操性；另一方面，也强化了学生的信息化应用能力，对提升管理信息化应用技能起到了重要作用。

尽管当时开发出了ERP实验课程相应模拟内容，并结合企业资源计划ERP理论教学应用到了教学实际，但在实验的应用过程中发现，实际效果往往由于对一些实验数据的来源缺乏管理中的真实感受而受到影响。由于大部分学生缺乏对实际管理业务及流程的直接了解，无形中增添了信息化模拟的难度，也降低了实验的效果。加之专业之间和课程之间的有机联系被割裂，结果造成实验效果与设想目标尚有差距，感到信息化实验手段固然先进，但如果对管理的本质和基础认识不足，实验效果也会大打折扣。对此，必须进一步提出解决办法。

二、沙盘模拟引进和应用阶段

这一阶段以引进和开展独立的《ERP沙盘模拟》课程教学为标志，各个学校纷纷引进沙盘模拟教学手段，以企业经营中的资金管理流为主线，独立开设选修课程，从企业经营层面展开企业管理相关模拟。由于该类课程改变了学生的参与方式，体现了学生主体性特点，教学效果令学生与老师都比较满意，到目前为止，学生都非常喜欢这种新的教学模式。但随着教学改革深入开展，也发现了新的问题。这种课程虽然有自己的特点，但表现更多的是从资金流或者价值流角度观察、管理企业的经营活动，缺乏从物流细节理解管理的本质，即使从信息流管理的角度看，也不能全面反映管理的实质，存在一定的模拟抽象性，对企业管理核心管理业务也反映得不够全面、精细，有待改进。

这些实验、实训探索，坚定了寻求解决问题的信心。我们决定要开发出既能贴近管理实际又能满足物流、资金流和信息流“三流合一”的跨专业综合性企业管理实训课程，将企业管理能搬到学校实验室内，通过开展手工与信息化两种模拟实训，让学生对企业管理有一个相对全面深入又切合实际的理解，为后期管理课程学习和未来创新创业打下扎实的管理知识、技能和素质基础。

三、理论探讨与应用提升阶段

鉴于前期的实验开发和应用还存在许多不足，如何进一步开发出新的实训教学课程就摆在了面前。为此，我们充分分析了学生的知识构成特点和社会实践经历，发现管理类专业本科学生基本都直接来源于高中，即使部分往届高中毕业学生也基本上把精力全部用于复习，参与社会实践与企业实践的人员几乎没有，基本上对企业及其管理知之甚少。以此为基础学习管理课程，由于管理理论本身的抽象性又加上自身缺乏管理实践基础，因此对管理理论的理解上变得难度很大，往往事倍功半。再加上管理专业和课程划分更加精细化，无形割裂了专业或课程之间的有机联系，因此完全有必要开发出一门跨专业的实训课程，解决企业管理的基础实践训练问题。

在学校和省教育厅多项教学改革项目立项支持下，首先，构建了企业管理情景模拟课程的基本体系，并建立了相关实训室，完成了实训环境建设和实训场地布局。其次，经过多年反复研讨和开发，汲取原有教学改革尝试的经验教训，注意充分吸收情景模拟教学法、案例教学法、慕课、翻转课堂等多种教学方法的特点后，为强化课程实训的直观性、体验性，将其引进课程教学之中，先行在《企业资源计划 ERP》和《生产计划与控制》等课程中尝试使用。经过反复创新与完善，终于于四年前正式开设了独立的《企业管理情景模拟》课程。虽然课程还有待进一步完善，但开设的效果很好，十分受学生欢迎。很多学生认为这是“一门比较接地气的管理实训课程”，也“充分体现了学生为主体，教师为主导”的教学特点，“是一门很有挑战性也很有趣味性的课程”。

通过四年多的开发应用，课程也逐步趋于成熟，在逐步完善过程中也结合课程实际进行了多方面的理论探讨，从课程目标到内容体系再到模拟流程以及评价体系等方面进行大胆的探索，发表了多篇教学研究论文，从理论上也进行了多角度的探索和创新。

经过前前后后十多年的努力，在许多老师和学生支持与帮助下，终于有了今天的结果，随着自编实训讲义的几届应用和不断完善，通过进一步整理后正式出版，也算课程开发向前又迈进了一步。

本章小结

本章在充分说明了课程总体设计思路和提出了设计框架的基础上，详细设计了课程的目标体系、内容体系、评价体系，以及设计和优化了课程三层模拟流程、师生多种典型参与模式，并完成了课程的实训空间设计与各类道具设计。这七个方面的创新性设计构成了新课程完整的课程教学结构体系。

通过详细论证和描述课程的设计过程，一方面这样做将有利于该课程推广应用，另一方面也很好地阐述了课程开发过程中的部分理论研究成果。总体而言，课程目标设计特别是管理胜任力的提出既符合企业对高素质管理人才的需求现状，也呼应了高等教育改革对管理人才培养目标的新定位；教学内容选择既考虑了企业管理包含的内容，也考虑了任务的可模拟性，更注重管理胜任力提升的需要。在师生参与模式方面的系统研究，对同类课程的开发完善有一定的参考价值；教学流程的三层结构有一定的创新性，也是本课程的特色之一；采用的动态全程评价体系设计也不同于传统课程教学评价方式，这对激发学生学习热情，提高团队竞争意识，提升交流性学习效果均有重要作用。

思维拓展与阶段测评

1. 开发《企业管理情景模拟》课程有何现实意义？
2. 《企业管理情景模拟》课程对你未来的就业与创业有何助益？
3. 管理胜任力的概念你是否认同？课程目标由“6－9－9”构成是否合理？
4. 课程内容的选择有无合理性？你建议哪些内容还可以考虑加入课程中？
5. 整个课程由三层流程构成是否符合情景模拟教学法要求？
6. 你认同本课程总结的师生参与模式与角色定位吗？
7. 创新的教学评价体系不同于传统考试方式，你认同吗？理由是什么？
8. 你认为该课程确实能提升自身的管理胜任力吗？

第二部分

基础模拟篇

——传统管理实训过程组织

企业管理情景模拟课程是以经管类专业学生为教学对象，以提升其管理胜任力为目标，利用情景模拟教学法，围绕企业管理职能和业务活动，以产品订单生命周期为主线，分阶段、任务和活动，利用角色扮演的形式，在设置的情景中开展管理业务模拟的实训教学课程。通过模拟，让学生将掌握的管理理论知识转化为应用中的实践能力，对学生的管理认知、应用技能和研究能力进行全面培养，以满足社会对企业管理类人才的知识、技能和素质提升的需求。

该课程由多次模拟循环构成，每个循环又由 4 个模拟阶段组成，每个模拟阶段则包含约 10 项基本任务模块。之所以这样安排，是因为能给学生提供多次角色互换机会，使学生获得不同的管理角色体验。为使多个模拟循环既有内容继承性，又有训练的阶梯性，下一轮循环在保持上一轮基本实训内容不变的情况下，对一些训练内容和要求做了适当调整和升级，希望通过循环实训模拟，使学生体验到企业管理知识的丰富性，建立起创新意识、用户意识、计划意识、质量意识、成本意识和管理职业意识。同时，努力提升管理决策能力、战术计划能力、组织协调能力、管理沟通能力、业务操作能力以及文书撰写能力等，全面提升管理类各专业学生管理胜任力，为后续课程学习及毕业后就业、创业打下扎实的管理知识、技能和素质基础。

鉴于模拟中学生对知识的理解与技能的掌握需要有一个循序渐进的实训过程来实现，故将模拟实训过程设计成一个多循环、多阶段与多任务的实现过程。其中，每个阶段模拟时间均设置为 4 课时，完成一轮循环需要 16 课时，可通过多轮模拟训练，可以提供学生选择不同模拟角色的机会，加深学生对管理知识的理解，促进学生对管理职业技能与管理职业素质的提升。

每个模拟阶段有 10 项基本任务，可归为三类基本教学活动：①准备性教学活动；②执行性教学活动；③反思与评价活动。

本部分将围绕四个模拟阶段的教学内容及教学流程展开详细介绍。

第三章　模拟阶段一：公司初创与文化建设

模拟阶段一重点模拟一个典型化的汽车组装企业成立过程中涉及的重要内容，这里选取了几个既适合模拟又很重要的任务作为模拟对象，展开相应的情景模拟。

第一节　阶段一模拟背景与实训目标

一、模拟背景介绍

有两个产品类似的新型汽车组装企业都正在筹建之中，两家公司显然是未来市场上直接的竞争对手，两家公司的筹建工作均进展顺利，产品设计已经完成，零件主要由现有市场供应，产品根据用户需求在已建成的装配流水线上组装即可。目前两家企业名称尚未确定，组织机构也未建立，企业形象标识 Logo 也待设计，特别是企业宣传语也未提出，这些均与企业未来文化建设息息相关。董事会已分别确定了两组候选人员（大约各 20 位），有待通过进一步分工落实管理岗位，组织机构已做了前期设计，结果如图 3 - 1 所示。董事会希望采用竞聘上岗的办法确定合适人选，并要求各管理岗位尽快熟悉岗位的主要职责。待组织机构确定后，再组织实施其他相关工作。时间紧迫，要求将企业文化建设与后述工作结合，使企业文化明确化、清晰化，并能始终贯穿到其后的管理工作中去。

二、教学目标说明

目标 1：明确企业组织结构、管理岗位设置及其主要管理职责；

目标 2：理解企业文化概念、作用及其内容构成相关知识；

目标 3：针对性培养创新意识、竞争意识、角色意识和管理职业素养；

目标 4：重点提高管理决策能力、文化设计创新能力、基础业务操作能力。

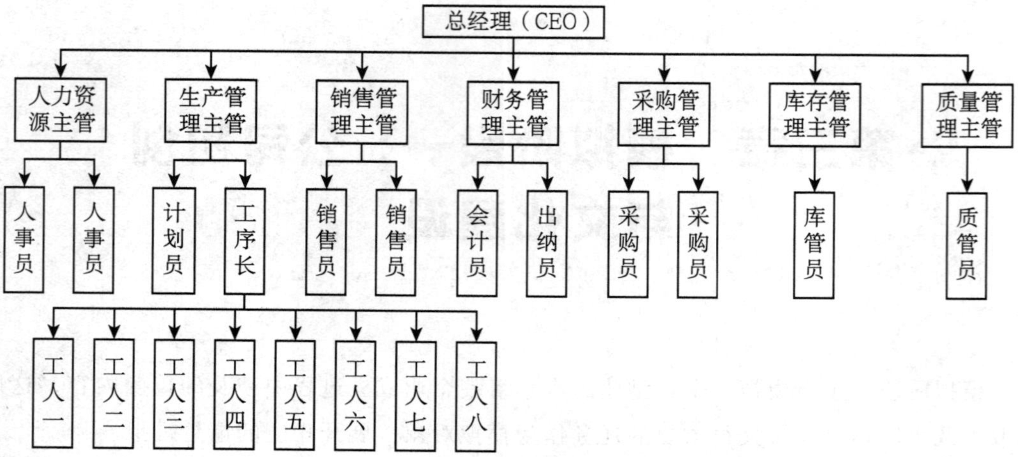

图 3-1　X 汽车组装企业组织机构设置

注：工人 i 将担当流水线上第 i 工序的工作。

第二节　阶段一实训流程与教学要求

一、模拟教学流程

模拟阶段一共分为 10 个基本任务逐一进行，其模拟教学流程如图 3-2 所示。

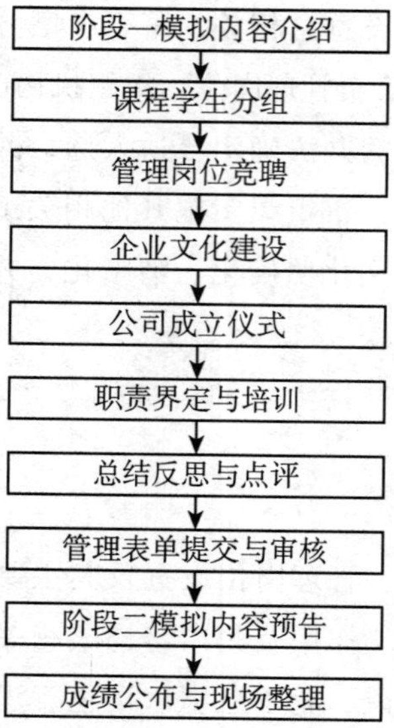

图 3-2　阶段一模拟流程

二、教学准备与要求

（一）模拟准备

1. 学生

首先，阅读教材相关内容及所给参考资料，对课程目标、内容做初步了解；其次，自行查阅相关资料，充分做好课程模拟前各项准备。

2. 教师

做好本阶段情景模拟教学道具准备。需要准备的教学道具如表 3－1 所示。

表 3－1　阶段一情景模拟教学道具准备清单

序号	道具名称	需求数量	用　途	单位
1	移动音箱	1	放大声音	个
2	无线话筒	4	交流沟通	个
3	电池	8	话筒电源	组
4	CEO 任命书	1	CEO 任命	个
5	主管任命书	7	各职能主管任命	个
6	角色胸牌	40	角色确认	件
7	谈判桌	1	模拟谈判用	张
8	PPT 课件	1	模拟内容介绍	次
9	汽车—产品	2	了解模拟产品	辆
10	工艺文件	2	理解产品工艺	册
11	物料文件	2	了解产品构成	套
12	汽车—零件	89	采购、组装用	组
13	部门标牌	14	标识管理部门	个

（二）教学要求

1. 竞争意识培养

为了培养学生竞争意识，所有管理角色均要通过一定形式的竞争获得，特别是中高级管理角色。为激励学生努力竞争，争取担当重要管理角色，根据角色重要程度分配给角色一定的权利及职位基础绩效分。同时，为反映团队成员共同努力程度，也给定了团队基础绩效分（见表 3－2）。通过团队成员共同努力，不断增加团队绩效分，以体现团队合作精神，并利用团队绩效分影响团队内个人成绩的关联机制，鼓励每个成员努力为团队多做贡献。

表 3－2　　管理职责对应基础绩效分

序号	管理职位	基础绩效分
1	总经理（CEO）	85
2	副总兼人力资源主管	80
3	生产主管、销售主管、财务主管	75
4	采购主管、质量主管、库管主管、工序长	70
5	计划员、销售员、采购员、会计员、人事员	65
6	出纳员、库管员、生产线工人（兼）	60
7	每个竞争团队（公司）	60

2. 学习能力培养

模拟过程中涉及的知识比较广泛，需要通过各种途径学习与获取，特别强调课前预习与知识准备。

3. 角色意识培养

要求学生在模拟中的言行举止、着装均要符合角色定位，并努力向角色要求靠拢。

第三节　阶段一实训教学过程组织

阶段一模拟实训内容将被划分为如下 10 个基本任务单元来完成。

一、任务 1：模拟任务介绍

（1）内容： 由主讲教师介绍本阶段主要模拟目的和任务。主要围绕公司初创时所面临的组织建立与文化建设等几项基础任务展开模拟教学。在介绍中要说清第一阶段模拟目的、目标、背景、内容、流程、要求及教学评价规则、时间安排、注意事项等相关内容。

（2）讲授方式： 利用多媒体 PPT 课件讲授。

（3）限时： 25 分钟（含第一次点名）。

二、任务 2：课程学生分组

（1）内容： 由教师组将全部学生按学号均匀划分为两个大组，分别作为两个相互竞争的汽车组装公司的待聘人员，随后公布分组名单。

（2）要求：尽量按专业类别对等、均匀配置各组人员。

（3）限时：5 分钟。

三、任务3：管理岗位竞聘上岗

（1）内容：按预先设计的企业组织机构（如图 3－1 所示，含 CEO、各部门主管、各部门员工），以竞聘方式聘用各类管理人员。

（2）流程：管理岗位竞聘流程如图 3－3 所示，通过竞聘方式公平确定在第一模拟循环内每个学生的课程模拟角色。注意在第二模拟循环开始时，学生的模拟角色将按规则要求打乱重新竞聘，即不同模拟循环角色不能重复。

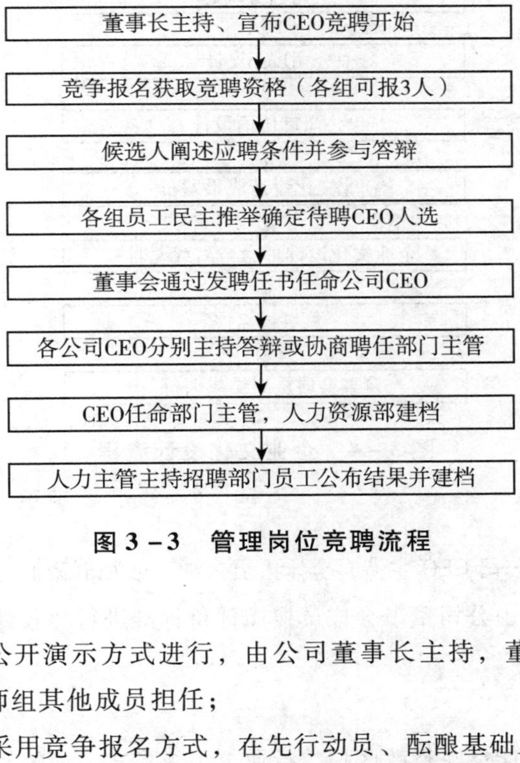

图 3－3　管理岗位竞聘流程

（3）说明：

①CEO 竞聘采用公开演示方式进行，由公司董事长主持，董事长可由主讲教师担任，董事会成员由教师组其他成员担任；

②CEO 报名资格采用竞争报名方式，在先行动员、酝酿基础上，按报名先后顺序确定前三位，如报名超过 3 位且无法确定先后，则各问一个问题后，由学生采取票选方式确定三位候选人；

③各部门主管与员工聘任分别在两竞争公司内部进行，程序可参照 CEO 聘任流程，具体候选人员可采取自荐与推荐方式确认，通过竞聘或协商方式确定，既要高度重视评聘质量，也要特别注意时限控制要求；

④人力资源部要对最终聘任的各级管理人员建立人事档案。

（4）限时：50分钟。

四、任务4：企业文化建设

（1）内容：分别在公司CEO主持下给公司起名，设计公司Logo，设计公司宣传语/广告语，设计结果公布，由两位CEO分别代表两个公司阐述设计理念及寓意，由董事会成员对设计方案优劣进行点评并打分。

（2）流程：企业文化建设流程图如图3－4所示。

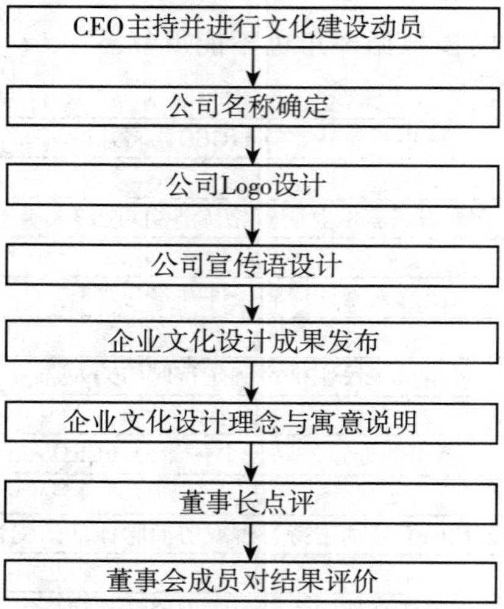

图3－4　企业文化设计流程

（3）说明：

①企业文化建设由公司CEO主持，全体人员参加，鼓励群策群力，强调发扬团队精神；

②设计结果公布后由公司董事会成员按照评价标准进行比较评价。

（4）限时：40分钟。

（5）评价：

①公司起名规范，能反映行政区划、行业、组织形式，简短易记、朗朗上口，感觉新颖；（1分）

如：“西安　浪潮海风　软件　股份有限公司”

行政区划　字号　行业　组织形式

②公司标识图案清晰，寓意符合公司产品特点，能体现企业文化内涵；（1分）

③宣传语词语简短，寓意深刻，朗朗上口，符合企业文化。（1分）

五、任务5：公司成立仪式

（1）内容：在董事长主持下，A、B 公司分别进行。首先，由 CEO 致辞；其次，由人力资源主管宣布各部门主管任命，由 CEO 给各部门主管挂岗位胸牌，发任命书；最后，由 CEO 带领公司全体员工大声朗读公司宣传语/广告语。

（2）流程：公司成立仪式流程如图 3－5 所示。

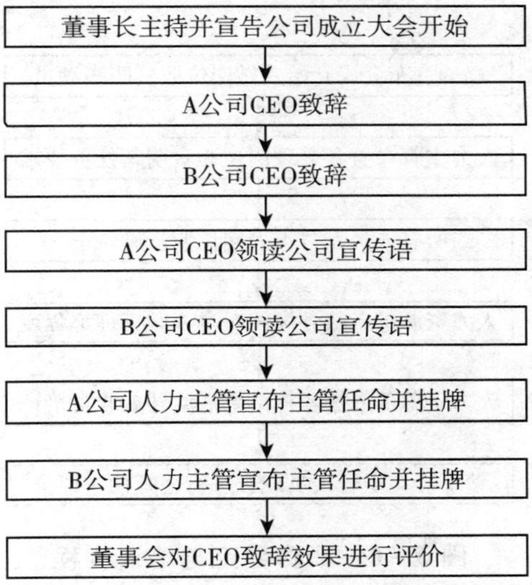

图 3－5　公司成立大会流程

（3）说明：

①公司 CEO 致辞既要代表公司体现公司成立的喜悦、祝贺之情，也要表达对公司业务业绩的展望、期望之意，同时，还要表露本人管理好企业的决心、意志，每人致辞 2～3 分钟。希望事前认真对待，充分准备；

②人力资源主管宣布任命要庄严、神圣，挂牌过程要严肃庄重；

③CEO 领读公司宣传语要表现出一定的气势。

（4）限时：15 分钟。

（5）评价：

①致辞要有鼓动性，富有激情，公司与个人得 1 分；

②致辞要有逻辑性，符合身份要求，公司与个人得 1 分；

③致辞要言简意赅，表达流畅，公司与个人得 1 分；

④人力资源主管宣布任命过程中如果出现氛围不够庄重，扣公司 1 分；

⑤CEO 领读公司宣传语时如果未能体现出公司的团结合作气势，扣公司 1 分。

六、任务6：职责界定与辅导

（1）内容： 由 CEO 主持召开管理职责明晰研讨会议，界定各岗位职责，提出学习措施，并检查各管理角色的业务职责掌握程度，人力资源部门适当进行新岗位工作职责辅导，督促各类管理人员理解、掌握各自职责，最后由企业董事会抽查活动效果。

（2）流程： 职责界定与辅导流程如图 3－6 所示。

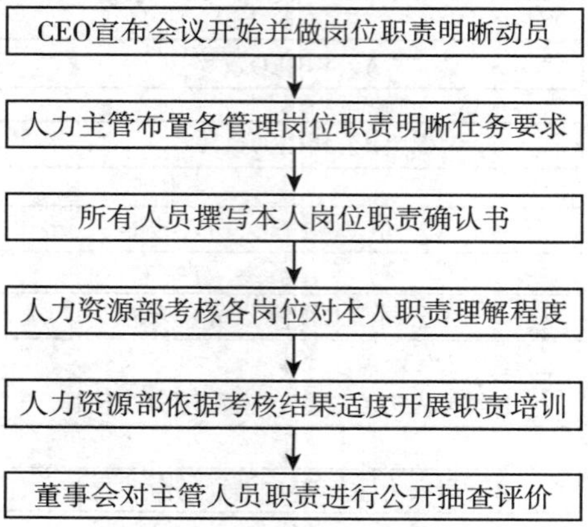

图 3－6　职责界定与培训流程

（3）说明：

①在公司 CEO 主持下，围绕各级各部门管理人员职责权限，进行研讨和界定，要高度重视管理职责的界定与理解工作，并以书面形式完成岗位职责确认书；

②人力资源主管要提出一套管理办法（要求自行设计），检查员工对职责的理解程度，并根据调查情况适当组织内部认知辅导；

③CEO 要切实督促整个研讨过程，利用激励手段（各阶段有两位奖励指标）强化效果，防止研讨会走形式。

（4）限时： 45 分钟。

（5）评价：

①活动结束时，由董事会成员（由教师组扮演）随机抽查各公司两位主管，让其谈谈对承担角色职责的认识。如果回答符合职责要求，个人和团队各得 1 分；如果与要求相差较远，个人与团队各扣 1 分。

②对其他人员每个公司有两名主动争取表达的机会，如果回答符合要求，个人可获绩效分 1 分；如果明显与职责要求差距较大，则扣个人 1 分。

七、任务7：总结反思和点评

（1）内容：首先指定A、B两家公司CEO、人力资源主管对阶段一模拟效果进行总结反思；其次，允许其他人员主动争取总结与反思机会（每公司不超过两名）；最后，主讲教师对阶段一模拟效果进行全面点评。

（2）说明：

①总结可以从两个方面进行，经验总结和教训汲取，尤其要发现管理模拟过程中的不足与缺陷；

②总结要结合角色身份谈最有感触内容，做到有理有据，切中要害，有说服力。

（3）限时：30分钟。

（4）要求：

①总结经验一定要有比竞争对手公司更突出的亮点；

②重点鼓励总结失误和不足，特别是指出模拟中可大幅改进的问题；

③总结反思要情真意切，抓住要害，逻辑清楚，内容充实，切忌无病呻吟。

（5）评价：

①对于指定的总结反思人员，若总结反思有价值、有见地、有新意，则个人和团队各得1个绩效分；总结反思既无见地也无新意者，不得分；但如果总结反思中出现严重概念错误，则扣团队和个人1分。

②对于主动争取而获得总结反思机会者，总结反思有见解或新意，个人可获得1个绩效分；若总结反思无新意，则不得分（目的是鼓励学生主动交流心得）。

八、任务8：管理表单提交与审核

（1）内容：提交人事档案相关表单，提交文化建设相关文档，审查表单质量，公布表单审核结果。

（2）限时：10分钟。

（3）评价：

①与表单填写标准格式要求做比较，给出评价结论；

②所提交表单和文档要严格按照要求认真填写与严格审核，不允许出现差错，每出现一处差错，同时扣相关人员与团队绩效分1分，以5分为限。

九、任务9：阶段二模拟内容预告

（1）内容：由主讲教师提前告知下一阶段模拟基本内容，对需要提前准备的工作，提醒学生尽量利用课外时间做好模拟前的各项准备。

（2）教学方式：利用多媒体 PPT 课件讲授。

（3）限时：5 分钟。

十、任务 10：成绩公布与现场整理

（1）内容：除模拟过程实时动态公布个人与公司的绩效分外，模拟结束前，正式公布阶段成绩，比较两家公司绩效分的变化，鼓励团队及个人在下一阶段更努力投入，争取获得更好的绩效；同时，下课前，按 5S 现场管理原则要求，整理模拟现场设备、道具、教学文件等，要求凳子归位，行礼下课。

（2）要求：

①主动将 5S 现场管理原则贯彻于模拟现场整理活动中；

②下课前，凳子归位，师生行礼。

（3）标准：严格按 5S 管理现场，各团队整理效果将作为团队绩效的一个评价点，符合要求者团队可获绩效分 1 分；不符合要求者团队绩效分扣 1 分。

第四节 阶段一实训过程控制及注意事项

一、模拟过程控制

本阶段模拟过程控制如表 3－3 所示，每项任务都预设了控制的时间范围。

表 3－3 阶段一模拟过程控制

序号	模拟任务	主持人	给定时间	评价方式
1	阶段一模拟内容介绍	主讲教师	25 分	—
2	课程学生分组	教师组	5 分	—
3	管理岗位竞聘	董事长、CEO	50 分	—
4	企业文化建设	CEO	40 分	举牌打分
5	课间休息	—	10 分	—
6	公司成立仪式	CEO、人力主管	15 分	举牌打分
7	职责界定与辅导	CEO、人力主管	45 分	举牌打分
8	总结反思与点评	主讲教师	30 分	举牌打分
9	管理表单提交与审核	教师组	10 分	教师组审核
10	阶段二模拟内容简介	主讲教师	5 分	—
11	模拟现场整理	主讲教师	5 分	教师组检查

二、模拟注意事项

（一）教师注意事项

（1）模拟开始时，教师要有鼓动性，要将学生竞争意识调动起来，让学生能积极、主动投入角色竞聘中。同时，注意在竞聘过程中保护学生的积极性尽量不要受到挫伤。

（2）要充分发挥学生学习的主观能动性，让学生创造性地参与模拟过程各种活动。

（3）注意利用激励机制，用各种合理手段（如评优）调动和保持学生积极性的发挥。

（4）在总结反思环节，教师要以鼓励为主，在肯定学生表现的基础上指明其努力方向。

（二）学生注意事项

（1）不仅鼓励学生要提前准备，课外投入时间预习教材、准备模拟知识，而且鼓励学生在模拟中要充分提高时间利用效率，学会任务计划与安排，也要提倡有余力时相互支持，相互帮助。

（2）强调学生总结与反思的重要性，建议学生可以围绕关键模拟任务的得失进行总结和反思；可以结合自己的角色体验谈模拟得失；可以结合管理理论和教学理论，举一反三，设身处地地总结反思。

本章小结

本章提供了基础模拟实训时段中的模拟阶段一的相关内容。这对初次接触到企业管理情景模拟的学生而言，起到了实训指导书的作用。通过对模拟阶段一的模拟背景与实训目标的介绍，使学生明确了该阶段的模拟教学活动是在怎样的背景下开展的，并要达到什么样的实训目标。同时，给出了可操作的模拟流程和教学要求，让学生整体熟悉了实训的基本任务和模拟过程，特别是了解该阶段核心模拟任务，包括建立公司机构、聘任各级管理人员、开展文化建设、举行成立仪式和制定岗位职责等公司创建相关活动，这为有针对性地做好课前准备工作给出了努力方向。本章还特别强调了学生竞争意识、参与意识的调动与培养。通过进一步详细了解每个任务包含的主要活动及其组织过程，可以使该阶段的模拟活动能有序、可控地展开。

思维拓展与阶段测评

1. 什么是企业文化？企业文化包含哪些层次的内容？

2. 企业不同职能部门的主要管理职责是什么？如何充分地理解管理职责？

3. 如何培养自己的管理意识、创新意识？

4. 如何提升自己的计划、组织、协调和控制等管理能力？

5. 如果在 CEO 竞聘投票时随意举手，你明白其可能的后果吗？如果是真实企业你如何理解其后果？

6. 鼓励学生建立竞争意识，你认为这对你将来就业或创业有重要作用吗？

7. 如果经管类专业学生缺乏竞争意识，就能满足未来的职场要求吗？

表 3－4　　第一阶段实训绩效评价记录表

记录日期：______年____月____日　　公司名称：______________________

个人姓名：__________　角色：__________　　竞争公司：______________________

绩效项目	分值区间	本公司绩效分	竞争方绩效分	本人绩效	本公司绩效贡献者	备注
公司基础分	—	60	60	—	—	—
公司起名	0～1			—	—	—
Logo 设计	0～1			—	—	—
宣传语设计	0～1			—	—	—
CEO 致辞	0～3				—	
角色任命过程	(－1)～0			—	—	
宣传语宣布过程	(－1)～0			—	—	—
岗位职责说明	(－2)～2					
争取职责说明	0～2	—	—			
指定总结反思	(－2)～2					
争取总结反思	0～2	—	—			
管理单据审核	(－5)～0					
现场整理活动	(－1)～0					
合　　计	—					

表 3－5　　　　　阶段____个人学习与教师教学评价表

姓名：__________　学号：__________　扮演角色：__________　时间：______年____月____日

评价对象	评价结论
自我学习绩效评价	1. 你认为本模拟阶段自己已达成哪些学习目标？请简要归纳。
	2. 你认为本模拟阶段应用到的主要知识点有哪些？你掌握程度如何？
	3. 你认为本模拟阶段自己哪些方面的技能和素质有所提升？理由是什么？
对课程和老师评价	1. 本阶段教学目标、内容选择、过程组织、绩效评价等方面有无存在问题？
	2. 本阶段模拟中最有价值的地方表现在哪里？
	3. 为使本阶段模拟教学效果更好，你有何改善建议？

表 3-6 阶段____个人学习小结

姓名：__________ 学号：__________ 扮演角色：__________ 时间：______年____月____日

模拟阶段一表单附录

表 3 – 7　　　　模拟表单和实训预案附录清单

序号	编号	名　称	表间关系（练习用）
1	J1 – 1	中高层管理者档案表（第一次）	
2	J1 – 1（2）	中高层管理者档案表（第二次）	
3	J1 – 2	公司员工档案表（第一次）	
4	J1 – 2（2）	公司员工档案表（第二次）	
5	J1 – 3	企业文化设计结果（第一次）	
6	J1 – 3（2）	企业文化设计结果（第二次）	
7	J1 – 4	岗位职责设计书（第一次）	
8	J1 – 4（2）	岗位职责设计书（第二次）	
9	J1 – 5	模拟阶段一优秀员工嘉奖	

J1 – 1（1）　　　　公司中高层管理者档案表（第一次）

公司名称：________________　　　　填写日期：______年____月____日

员工代号	姓名	性别	部门	职务	上级主管	到职日	联系方式

制单：________　　　　　　审核：________

J1－1（2）　　公司中高层管理者档案表（第二次）

公司名称：________________　　填写日期：______年____月____日

员工代号	姓名	性别	部门	职务	上级主管	到职日	联系方式

制单：________　　审核：________

注：员工代号以学号代替，到职日以模拟当天为准，联系方式为本人真实电话。

J1－2（1）　　公司员工档案表（第一次）

公司名称：________________　　填写日期：______年____月____日

员工代号	姓名	性别	部门	职务	上级主管	到职日	联系方式

制单：________　　审核：________

注：员工代号以学号代替，到职日以模拟当天为准，联系方式为本人真实电话。

J1－2（2）　　公司员工档案表（第二次）

公司名称：________________　　填写日期：______年____月____日

员工代号	姓名	性别	部门	职务	上级主管	到职日	联系方式

制单：________　　审核：________

注：员工代号以学号代替，到职日以模拟当天为准，联系方式为本人真实电话。

J1－3（1）　　　　**企业文化设计结果（第一次）**

公司名称：________________公司

名称寓意：________________

____

公司标志：（下框绘制）

标志寓意：________________

____

____

____

____

____

____

____

____

广告语：________________

____

____

广告语寓意：________________

____

____

____

____

____

____

____

____

J1－3（2）　　企业文化设计结果（第二次）

公司名称：________________________公司

名称寓意：____

____

公司标志：（下框绘制）

标志寓意：____

____

____

____

____

____

____

____

____

广告语：____

____

____

广告语寓意：____

____

____

____

____

____

____

____

____

J1－4（1）　岗位职责设计书（第一次）

公司名称：________________　角色职位：________________

职责设计：________________

设 计 人：________________　审 核 人：________________

设计时间：______年____月____日　审核时间：______年____月____日

J1－4（2） **岗位职责设计书（第二次）**

公司名称：________________　角色职位：________________

职责设计：________________

设 计 人：________________　审 核 人：________________

设计时间：____年____月____日　审核时间：____年____月____日

J1－5 模拟阶段一优秀员工嘉奖

____________________公司：

为激励本公司员工努力工作，为公司发展做出积极贡献，特准许公司每阶段推荐1名优秀员工，特别是默默奉献的一线员工，请总经理主持，以民主方式做好推荐工作，表彰先进，鞭策落后，充分调动员工的工作积极性。

董事长：祝成功

______年____月____日

附：

推荐的优秀员工是：

姓名：____________________ 岗位：____________________

推荐理由：____

____

____

____

总经理：____________

______年____月____日

第四章　模拟阶段二：订单获取与计划编制

第一节　阶段二模拟背景与实训目标

一、模拟背景介绍

公司成立2年后的年初某天，纽约分公司工会提出了增加工资10%的要求，理由是一方面物价上涨5%，生活成本增加；另一方面企业生产率提高3%，工人要求享受劳动成果。同时考虑到公司以往曾制定过每年有2%的工资增长目标，故工会负责人扬言如果公司不答应提出的工资增长条件，就要举行10天罢工，由此可能给公司造成100万美元直接损失。公司董事会考虑到目前全球经济形势整体情况不好，公司成本预计有5%的上升，经营压力很大，希望公司上下团结一心挺过去，甚至希望管理人员带头减薪1成，与公司共渡难关。如何协商解决这一危机，需要危机公关。资薪谈判结果势必影响公司今年的成本计划预算，进一步影响公司价格政策，公司一些人认为原材料涨价要反映到产品价格之中，原价格15万元无法满足公司要求，建议涨价。但考虑到竞争对手价格涨幅在3%以内，我方客户又大部分属于老客户，如何解决价格问题？今年产品销售比往年形势更加严峻，订单获取需要与客户加强协商，希望通过合同建立共赢关系；等销售预测与订单数据明确后，需要通过主生产计划加以落实，进一步通过物料需求计划的编制协调企业采购等业务活动。

二、教学目标说明

目标1：深刻理解企业产品成本概念及其构成，工资含义与作用；

目标2：掌握成本计划、主生产计划与物料需求计划编制方法；

目标3：重点培养成本意识、客户意识、质量意识和计划意识；

目标4：重点提升沟通能力、谈判能力、预算能力和计划能力。

第二节　阶段二实训流程与教学要求

一、模拟教学流程

模拟阶段二共分为 10 个基本任务逐一进行，其模拟教学流程如图 4 – 1 所示。

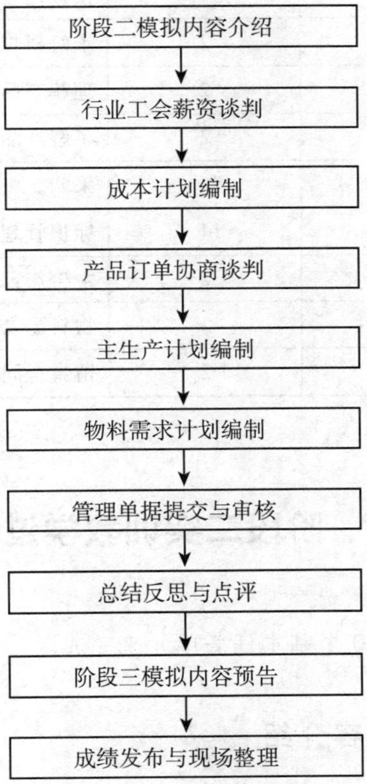

图 4 – 1　阶段二模拟流程

二、教学准备与要求

（1）学生：首先阅读教材相关内容及所给参考资料，围绕订单获取、生产计划安排等管理业务模拟要求，对课程第二阶段模拟目标、内容做初步了解；同时，自行查阅相关资料，充分做好课程模拟前预习及相关知识积累等各项准备工作。

（2）教师：做好本阶段教学道具准备工作，需准备的道具如表 4 – 1 所示。

表 4-1　　阶段二情景模拟教学道具准备清单

序号	道具名称	需求数量	用　途	单位
1	移动音箱	1	放大声音	个
2	无线话筒	4	交流沟通	个
3	电池	8	话筒电源	组
4	角色胸牌	40	角色确认	件
5	谈判桌	1	模拟谈判使用	张
6	PPT 课件	1	模拟内容介绍	次
7	汽车一产品	2	了解模拟产品	辆
8	工艺文件	2	理解产品工艺	册
9	物料文件	2	了解产品构成	套
10	汽车一零件	89	采购、组装用	组
11	部门标牌	14	标识管理部门	个
12	主生产计划编制文件	2	主生产计划编制用	组
13	物料需求计划编制文件	2	物料需求计划编制	组
14	合同文本	2	销售合同签订用	本

第三节　阶段二实训教学过程组织

该阶段模拟实训由如下 10 个基本任务单元来完成。

一、任务 1：模拟内容介绍

（1）内容：由主讲教师介绍第二阶段主要模拟任务。主要围绕订单与生产计划等管理业务讲述如何展开本阶段模拟，包括模拟目的、目标、背景、内容、流程、要求及评价规则、时间安排、注意事项等相关内容。

（2）讲授方式：利用多媒体 PPT 课件讲授。

（3）限时：20 分钟。

二、任务 2：行业工会薪资谈判

（1）内容：年初工会代表与企业进行资薪谈判，要求增加 10% 工资，企业考虑到长远发展利益和目前经济不振的巨大压力，希望不增或微增工资 2%，派人力资源主管与助理前往工会谈判，双方目标差距较大，如何取得双赢效果？双方需要用充分理由说服对方。谈判前双方都需要做好准备，在保持友好协商前提下，各方要以理服人。工会代表由教师组成员扮演。

（2）流程： 行业工会薪资谈判由以下基本流程构成，如图 4－2 所示。

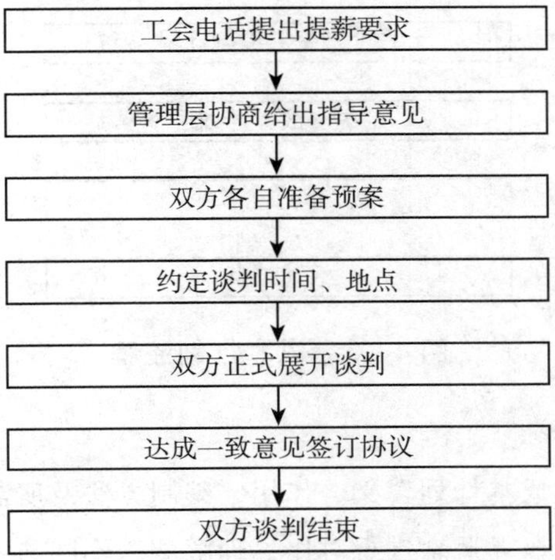

图 4－2　工会资薪谈判流程

（3）提示：

①紧紧围绕工资的概念、工资的作用、工资的本质、工资的构成等方面知识，寻找各类数据和理由来阐述你的目标和理由，以理服人；

②要充分利用各种谈判技巧，注意倾听对方意见，抓住对方核心要求，有条理表达自己的观点；

③谈判过程言行要符合角色身份和体现职业素养。

（4）评价：

①哪方更接近目标得 1 分。

②说理充分得 1 分；说服力不强不得分。

③言行很好地显示了职业素质得 1 分；言行不符角色身份不得分。

（5）限时： 40 分钟。

三、任务 3：成本预算编制

（1）内容： 按照资薪谈判结果和其他相关部门的关联数据，由财务主管与助理负责收集数据并编制成本计划，作为订单获取的谈判依据。

（2）流程：各企业成本编制流程如图 4－3 所示。

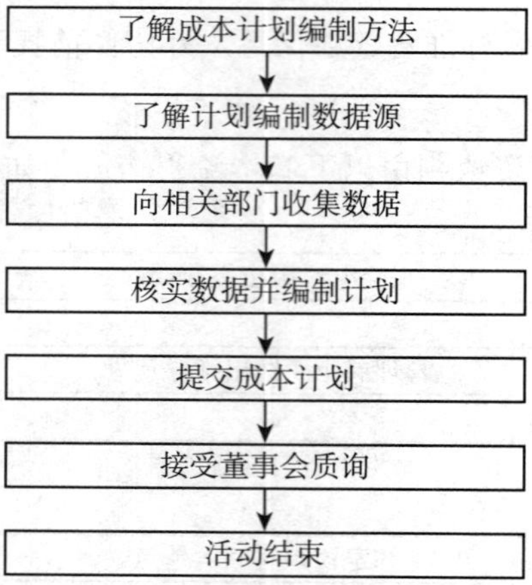

图 4－3　成本计划流程

（3）提示：

①通过各种途径了解成本计划含义、作用、编制方法及所需数据；

②与成本控制与成本核算概念进行对比，理解概念不同与差异；

③将围绕成本概念接受董事会成员（由教师组扮演）的质询。

（4）评价：

①审核成本计划准确性，每出现 1 处错误扣 1 分，以 5 分为限。

②质询包括两种形式：

第一，指定财务人员接受质询，每答对一个问题公司与个人各得 1 分，答案有错误公司与个人各扣 1 分，每公司以两人为限；

第二，其他人员参与抢答问题，答对个人可得 1 分，答错不扣分，每公司以两人为限。

（5）限时：20 分钟。

四、任务 4：产品订单协商谈判

（1）内容：由销售主管及助手负责客户订单的获取和市场需求预测。在客户电话提出订货需求后，围绕供货合同展开谈判。事前必须做好销售预案，通过了解生产能力等相关信息，为谈判做好准备。公司由于原材料涨价，希望产品价格提升 3%，而客户因是老客户，不希望涨价。为此，如何说服客户，接受公司价格条件？

（2）流程：产品订单协商谈判流程如图 4－4 所示。

图 4－4　产品订货协商谈判流程

(3) 提示：

①销售人员言行要体现“用户至上”理念，注意职业素养；

②谈判要有充分准备，注意获取各种信息，做好预案；

③可以提前在成本预算期间准备，使方案更充实一些。

(4) 评价：

①预案准备充分，公司个人各得 1 分，不充分 0 分，无预案扣 1 分；

②谈判目标达成，公司与个人各得 1 分，未达成不得分；

③谈判中说理充分，参与者均有机会表达观点得 1 分，否则 0 分；

④言行符合角色身份，体现了个人良好修养得 1 分，否则不得分。

(5) 限时：40 分钟。

五、任务 5：主生产计划编制

(1) 内容：由生产主管与助手按照提供的数据，编制主生产计划。

(2) 流程：主生产计划编制流程如图 4－5 所示。

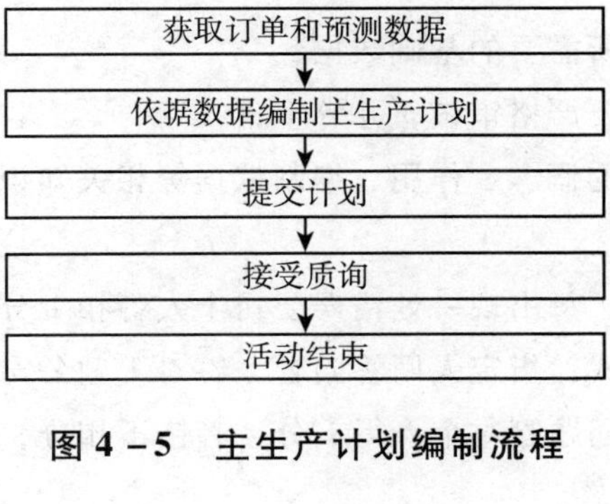

图 4－5　主生产计划编制流程

（3）提示：

①当预测数据大于订单数据时，以预测数据为需求数据；

②考虑已有多期市场需求数据，如何预测计划期需求量？

③弄清主生产计划概念，及其与年度计划、生产大纲的关系。

（4）评价：

①计划期需求预测准确，公司与个人各得1分；

②会处理预测与订单数据关系，公司与个人各得1分；

③计划编制出现缺陷，每核查出1处扣1分，以5分为限。

（5）限时：25分钟。

六、任务6：物料需求计划编制

（1）内容：由生产主管与助手按照已编制的主生产计划。根据提示要求，编制物料需求计划，作为领料和组装生产的依据。

（2）流程：物料需求计划编制流程如图4－6所示。

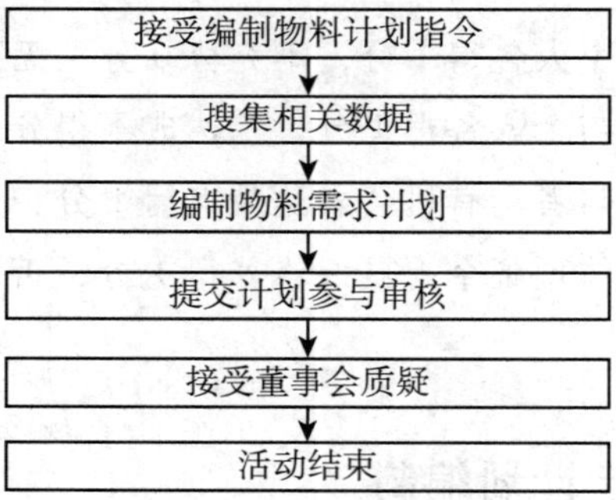

图4－6　物料需求计划编制流程

（3）提示：

①严格按指令执行；

②注意搜集计划编制所需要的基础数据；

③对编制的计划主管要严格审核，并签字；

④弄清物料需求计划的概念、作用、编制依据等相关知识。

（4）评价：

①编制的计划要准确，每出现一处错误公司个人各扣1分，以5分为限。

②回答质疑有两种方式：指定人回答问题，答对1题公司与个人各得1分；答错各扣1分，两人为限；抢答问题答对个人得1分，答错不扣分，两人为限。

（5）限时：35分钟。

七、任务7：总结反思和点评

（1）内容：首先，指定A公司销售主管和财务主管，B公司生产主管和人力资源主管对阶段二模拟效果进行总结反思；其次，允许其他人员主动争取总结反思机会（每公司不超过两名）；最后，主讲教师对阶段二模拟效果进行全面点评。

（2）说明：

①总结可以从两个方面进行，经验总结和教训汲取，尤其要发现管理模拟过程中的不足与缺陷；

②总结要结合角色身份谈最有感触的内容，有理有据，切中要害，有说服力。

（3）限时：30分钟。

（4）要求：

①总结经验一定要有比竞争对手公司更突出的亮点；

②重点鼓励总结失误和不足，特别是指出模拟中可大幅改进的问题；

③总结反思要情真意切，抓住要害，逻辑清楚，内容充实，切忌无病呻吟。

（5）评价：

①对于指定的总结反思人员，若总结反思有价值、有见地、有新意，则个人和团队同时得1个绩效分；总结反思没有见地或无新意者不得分；如果总结反思中出现严重概念错误，同时扣团队和个人1个绩效分。

②对于主动争取获得总结反思机会者，若总结反思有价值，个人可获得1个绩效分；若总结反思无新意，不得分。

八、任务8：管理表单提交与审核

（1）内容：提交薪资谈判相关表单，提交成本计划相关文档，提交商务合同文档，提交主生产计划、物料需求计划编制相关表单，审查表单质量，公布表单审核结果。

（2）限时：10分钟。

（3）评价：

①与表单填写标准格式要求做比较，给出评价结论；

②所提交表单和文档要严格按照要求认真填写与严格审核，不允许出现差错，每出现一处差错，同时扣相关人员与团队绩效分各1分，以5分为限。

九、任务9：阶段三模拟内容预告

（1）内容：由主讲教师提前告知第三阶段模拟基本内容，对需要提前准备的工作，提醒学生尽量利用课外时间做好模拟前的各项准备。

（2）教学方式：利用多媒体 PPT 课件讲授。

（3）限时：5 分钟。

十、任务10：成绩公布与现场整理

（1）内容：除模拟过程实时动态公布个体与团体的绩效分外，第二模拟阶段结束时，通过正式发布阶段成绩，鼓励团体及个体在下一阶段更努力投入，争取获得更好的绩效；同时，下课前，按 5S 现场管理原则要求，整理模拟现场设备、道具、教学文件等，要求凳子归位、行礼下课。

（2）要求：

①主动将 5S 现场管理原则贯彻于模拟现场整理活动中；

②下课前，凳子归位，行礼。

（3）评价：严格按 5S 管理现场，各团队整理效果将作为团队绩效的一个评价点，符合要求者团队可获绩效分 1 分；不符合要求者团队绩效分减 1 分。

（4）限时：5 分钟。

第四节　阶段二实训过程控制与注意事项

一、实训过程控制

本阶段模拟过程控制如表 4－2 所示，每项任务都预设了控制的时间范围。

表 4－2　　阶段二模拟过程控制表

序号	模拟任务	主持人	给定时间	评价方式
1	阶段二模拟内容介绍	主讲教师	20 分	—
2	行业工会薪资谈判	教师组	40 分	举牌打分
3	成本预算编制	财会主管	20 分	举牌打分
4	产品订单协商谈判	教师组	40 分	举牌打分
5	课间休息	—	10 分	—
6	主生产计划编制	生产主管	25 分	举牌打分
7	物料需求计划编制	生产主管	35 分	举牌打分
8	总结反思与点评	主讲教师	30 分	举牌打分
9	管理表单提交与审核	教师组	10 分	教师组审核
10	阶段二模拟内容简介	主讲教师	5 分	—
11	模拟现场整理	主讲教师	5 分	教师组检查

二、模拟注意事项

（一）教师

（1）该模拟阶段谈判类参与模式增多，要求老师一定提醒学生做预案准备，不打无准备之仗；

（2）第二阶段计划类参与模式增多，要求学生通过各种途径理解相应管理方法，认真仔细计划，并检查最终结果是否正确；

（3）注意利用激励机制，用各种合理手段调动和保持学生积极发言的势态；

（4）在总结和评价等环节，教师要以鼓励为主，在肯定学生表现基础上指出努力方向。

（二）学生

（1）不仅鼓励学生要提前准备，课外投入时间预习教材、准备模拟知识，而且鼓励学生在模拟中要充分提高时间利用效率，学会任务计划与安排，也要提倡有余力时相互支持，相互帮助。

（2）强调学生总结与反思的重要性。建议学生可以围绕关键模拟任务的得失进行总结和反思，也可以结合自己的角色体验谈模拟得失，还可以结合管理理论和教学理论，举一反三，设身处地地总结反思。

本章小结

本章提供了基础模拟实训时段中的模拟阶段二的相关内容。对学生而言，通过对模拟阶段二的模拟背景与实训目标的了解，可明确阶段二的模拟教学活动背景以及要达到的具体实训目标。同时，给出了可操作的模拟流程和教学要求，让学生整体熟悉该阶段实训的基本任务和模拟过程，给出了本阶段核心模拟任务，包括薪资协商、成本预算编制、订单协商谈判、主生产计划编制和物料需求计划编制等公司销售与计划管理相关活动。通过进一步详细了解每个任务包含的主要活动及其模拟组织控制过程，可以让该阶段的模拟活动有序展开。

思维拓展与阶段测评

1. 成本计划是什么？它与成本控制和成本核算有何异同？各自作用是什么？

2. 主生产计划与物料需求计划有何区别？编制计划时应注意什么？
3. 如何培养自己的计划编制能力和数据意识？
4. 如何提升自己的谈判能力、沟通与表达能力？
5. 如何做好总结与反思？如何从失败与教训中成长？
6. 鼓励学生提高沟通能力，你认为这对你将来就业或创业有重要作用吗？
7. 管理人员如果缺乏用户意识，将来能适应管理职场要求吗？

表 4-3　　第二阶段实训绩效评价记录

记录日期：______年____月____日　　公司名称：________________

个人姓名：________　角色：________　　竞争公司：________________

绩效项目	分值区间	本公司绩效分	竞争方绩效分	本人绩效	本公司绩效贡献者	备注
公司累计绩效分	—			—	—	—
薪资谈判接近目标	0~1					
薪资谈判说理充分	0~1					
谈判显示职业素养	0~1					
成本计划指定质询	（-2）-2（2人）					
成本计划争取质询	0~2（2人）	—	—			
销售谈判目标达成	0~1					
谈判过程说理充分	0~1					
谈判显示职业素养	0~1					
生产计划指定质询	（-2）-2（2人）					
生产计划争取质询	0~2（2人）	—	—			
物需计划指定质询	（-2）-2（2人）					
物需计划争取质询	0~2（2人）	—	—			
指定人员反思得分	（-2）-2					
争取人员反思得分	0~2	—	—			
管理单据审核扣分	（-5）-0					
合　　计	—					

表 4-4　　阶段____个人学习与教师教学评价

姓名：__________ 学号：__________ 扮演角色：__________ 时间：______年____月____日

评价对象	评价结论
自我学习绩效评价	1. 你认为本模拟阶段自己已达成哪些学习目标？请简要归纳。
	2. 你认为本模拟阶段应用到的主要知识点有哪些？你掌握程度如何？
	3. 你认为本模拟阶段自己哪些方面的技能和素质有所提升？理由是什么？
对课程和老师评价	1. 本阶段教学目标、内容选择、过程组织、绩效评价等方面有无存在问题？
	2. 本阶段模拟中最有价值的地方表现在哪里？
	3. 为使本阶段模拟教学效果更好，你有何改善建议？

表 4-5　　　　阶段____个人学习小结

姓名：__________　学号：__________　扮演角色：__________　时间：_____年____月____日

模拟阶段二表单附录

表 4－6　　模拟表单和实训预案附录清单

序号	编号	名　称	表间关系（练习用）
1	J2－1	购销合同	
2	J2－2	销售方谈判预案设计	
3	J2－3	购买方谈判预案设计	
4	J2－4	企业方薪资谈判预案设计	
5	J2－5	工会方薪资谈判预案设计	
6	J2－6	F3 跑车成本预算表	
7	J2－7	模拟阶段二优秀员工嘉奖	
8	J2－8	物料库存盘点表	
9	J2－9	员工薪资标准	
10	J2－10	员工工资预算	
11	J2－11	工序__1－8__物料清单	
12	J2－12	历史物料采购价格信息	
13	J2－13	报价单	
14	J2－14	客户档案表	
15	J2－15	受订单	
16	J2－16	主生产计划	
17	J2－17	物料清单	
18	J2－18	物料库存表	
19	J2－19	物料需求计划	
20	J2－20	制令单	
21	J2－21	采购计划	
22	J2－22	阶段二表单填写备忘录	

J2－1

购销合同

一、根据《经济合同法》有关条例的规定，经双方协商同意后签订此合同，双方签字后即生法律效力。

二、供方：________________

需方：西安红光汽车贸易公司

三、签订日期：____年____月____日

四、供给的产品：

品名	商标及规格	数量	单位	单价	金额
合计					

五、验收方法

1. 甲方在验收中，如果发现产品的品种、型号、规格和质量不合规定，应一面妥为保管，一面在3天内向乙方提出书面异议；甲方怠于通知或者自标的物收到之日起过3天未书面通知乙方的，视为产品合乎规定或符合甲方要求。

2. 乙方在接到甲方书面异议后，应在10天内（另有规定或当事人另行商定期限者除外）负责处理，否则，即视为默认甲方提出的异议和处理意见。

六、乙方的违约责任

1. 乙方所交产品品种、型号、规格、质量不符合规定的，由乙方负责包换，并承担调换或退货而支付的实际费用。

2. 产品错发到货地点或接货人的，乙方除应负责运交合同规定的到货地点或接货人外，还应承担甲方因此多支付的实际费用和逾期交货的违约金。

七、甲方的违约责任

1. 甲方自提产品未按乙方通知的日期或合同规定的日期提货的，向乙方偿付逾期提货的违约金，按____元/日计算，并且定金不予退还。

2. 甲方违反合同规定拒绝接货的，应当承担由此给乙方造成的全部损失（包括直接损失和间接损失）和运输部门的罚款等，并且定金不予退还。

3. 甲方延期付款的，按总货款的0.5%日向乙方支付违约金。

4. 甲方擅自解除合同的，应按本合同货款总值的20%向乙方支付违约金。

八、其他

1. 本合同如发生纠纷，当事人双方应当及时协商解决，协商不成时，由合同签订地人民法院管辖。

2. 违约一方或对合同争议承担主要责任的一方，还应承担对方因诉讼活动而产生的律师代理费、鉴定（检验）费和其他相关费用。

九、本合同正本一式二份，甲乙双方各执一份，传真件也具有同等法律效力。

甲方：________________　　乙方：________________

____年____月____日　　____年____月____日

J2－2

销售方谈判预案设计

1. 有利因素分析：

____

____

____

____

____

____

2. 不利因素分析：

____

____

____

____

____

____

3. 谈判目标制定：

____

____

____

____

____

____

4. 目标实施策略：

____

____

____

____

____

____

____

谈 判 者：__________、__________、__________

制定日期：______年____月____日

J2－3　　购买方谈判预案设计

1. 有利因素分析：

2. 不利因素分析：

3. 谈判目标制定：

4. 目标实施策略：

谈 判 者：__________、__________、__________

制定日期：______年____月____日

J2－4　企业方薪资谈判预案设计

1. 对方需求与理由分析：

____
____
____
____
____
____

2. 企业条件与困难分析：

____
____
____
____
____
____

3. 协商目标制定及理由：

____
____
____
____
____
____

4. 目标实施设想与困难准备：

____
____
____
____
____
____
____

设 计 者：__________、__________、__________

设计公司：____________________

制定日期：______年____月____日

J2－5 工会方薪资谈判预案设计

1. 涨薪需求与理由分析：

____

____

____

____

____

____

2. 企业条件与困难分析：

____

____

____

____

____

____

3. 协商目标制定及理由：

____

____

____

____

____

____

4. 目标实施设想与困难准备：

____

____

____

____

____

____

____

设 计 者：__________、__________、__________

设计公司：__________________

制定日期：______年____月____日

J2－6　　F3 跑车成本预算表

一、直接材料				
品号	品名（单位/件）	使用量（件）	单价（元/件）	金额（元）
YL0001	单孔绿色小方柱			
YL0002	两孔绿色按钮			
YL0003	三孔直角绿色板			
YL0004	单孔绿色小方块			
YL0005	两孔绿色长方块			
YL0006	三孔绿色长方块			
YL0007	绿色小方板			
YL0008	四孔梯形绿色按钮			
YL0009	两孔梯形绿色按钮			
YL0010	右梯形绿色四孔板			
YL0011	左梯形绿色四孔板			
YL0012	单孔梯形绿色按钮			
YL0013	八孔绿色长方板			
YL0014	双排八孔绿色板			
YL0015	6 厘米绿色长方板			
YL0016	双排 16 孔绿色板			
YL0017	四排 24 孔绿色板			
YL0018	褐色带孔柱状按钮			
YL0019	白色弧形按钮			
YL0020	小型白色方板			
YL0021	中型白色长方板			
YL0022	大型白色长方板			
YL0023	三孔白色长方板			
YL0024	两孔褐色长方体			
YL0025	单孔褐色方形按钮			
YL0026	两孔褐色长方体			
YL0027	六孔褐色长方体			
YL0028	四孔白色方形按钮			
YL0029	八孔侧面黑色按钮			
YL0030	单孔黑色轴托			
YL0031	两孔黑色门托			

续表

一、直接材料				
品号	品名（单位/件）	使用量（件）	单价（元/件）	金额（元）
YL0032	四孔黑色长方体			
YL0033	双排八孔黑色体			
YL0034	双排八孔红色按钮			
YL0035	两孔红色按钮			
YL0036	单孔银灰色立柱			
YL0037	两孔银灰色车轴			
YL0038	四孔银灰色按钮			
YL0039	弧形银灰色车盖			
YL0040	银灰色车圈			
YL0041	单孔银灰色按钮			
YL0042	两孔银灰色按钮			
YL0043	四孔银灰色长方体			
YL0044	六孔银灰色长方体			
YL0045	黑色车胎			
YL0046	黑色条状挡风板			
YL0047	银灰色方板			
YL0048	三角银灰色按钮			
YL0049	单孔梯形银灰色按钮			
YL0050	银灰色方向盘			
YL0051	单孔透明按钮			
YL0052	两孔透明按钮			
YL0053	三角透明按钮			
YL0054	两孔米黄色按钮			
YL0055	米黄色长方板			
YL0056	米黄色螺帽			
YL0057	红色透明小方块			
YL0058	黄色长方板			
YL0059	橙色透明三角按钮			
YL0060	橙色透明螺帽			
YL0061	铁灰色螺帽			
YL0062	单孔铁灰色轴托			
YL0063	八孔银灰色长方体			

续表

一、直接材料				
品号	品名（单位/件）	使用量（件）	单价（元/件）	金额（元）
YL0064	24 孔银灰色长方体			
YL0065	12 孔铁灰色长方体			
YL0066	48 孔银灰色长方体			
YL0067	32 孔银灰色长方体			
YL0068	透明玻璃挡风板			
YL0069	24 孔铁灰色长方体			
合计	—	—	—	
二、直接人工				
工序	工　　人	工时数（小时）	工时费（元/时）	金额（元）
1		10	8	
2		10	8	
3		10	8	
4		10	9	
5		10	9	
6		10	9	
7		10	10	
8		10	10	
合计	—	—	—	
三、制造费用				
序号	项　　目	度数	单价（元/吨或度）	金额（元）
	水费			
	电费			
	办公费用	—		
	固定资产折旧	—		
合计	—	—	—	
四、产品成本				
合计				

预算人：__________　　　　　　审核人：__________

注：此表由财务部门填写。

背景材料：预计每月车间办公费用为1500元，该月办公费由10辆F3产品均摊；本企业车间固定资产为加工机器设备等，价值25万元，折旧年限为10年，按照直线法计提折旧，及每月计入制造费用的折旧费用=固定资产原值/(折旧年限×12)；水费为4元/吨，预计每生产10辆F3跑车将消耗150吨水；电费为1.5元/度，预计每生产10辆F3跑车将消耗4000度电。

思考题：

1. 何为成本预算？何为成本核算？二者有何区别？
2. 成本的主要构成要素是什么？
3. 你是如何预算成本的？F3成本是多少？

J2-7　　模拟阶段二优秀员工嘉奖

____________公司：

为激励本公司员工努力工作，为公司发展做出积极贡献，特准许公司每阶段推荐1名优秀员工，特别是默默奉献的一线员工，请总经理主持，以民主方式做好推荐工作，表彰先进，鞭策落后，充分调动员工的工作积极性。

董事长：祝成功

____年____月____日

附：

推荐的优秀员工是：

姓名：____________　　岗位：____________

推荐理由：________________________________

____

____

____

总经理：____________

____年____月____日

J2－8

物料库存盘点表

序号	代号	名　　称	仓库	单位	当前库存	盘点数量	盘亏盘盈
1	YL0001	单孔绿色小方柱	原材料库	件	0		
2	YL0002	两孔绿色按钮	原材料库	件	1		
3	YL0003	三孔直角绿色板	原材料库	件	1		
4	YL0004	单孔绿色小方块	原材料库	件	0		
5	YL0005	两孔绿色长方块	原材料库	件	0		
6	YL0006	三孔绿色长方块	原材料库	件	0		
7	YL0007	绿色小方板	原材料库	件	0		
8	YL0008	四孔梯形绿色按钮	原材料库	件	0		
9	YL0009	两孔梯形绿色按钮	原材料库	件	0		
10	YL0010	右梯形绿色四孔板	原材料库	件	1		
11	YL0011	左梯形绿色四孔板	原材料库	件	1		
12	YL0012	单孔梯形绿色按钮	原材料库	件	0		
13	YL0013	八孔绿色长方板	原材料库	件	0		
14	YL0014	双排八孔绿色板	原材料库	件	0		
15	YL0015	6 厘米绿色长方板	原材料库	件	0		
16	YL0016	双排 16 孔绿色板	原材料库	件	1		
17	YL0017	四排 24 孔绿色板	原材料库	件	0		
18	YL0018	褐色带孔柱状按钮	原材料库	件	0		
19	YL0019	白色弧形按钮	原材料库	件	1		
20	YL0020	小型白色方板	原材料库	件	0		
21	YL0021	中型白色长方板	原材料库	件	0		
22	YL0022	大型白色长方板	原材料库	件	2		
23	YL0023	三孔白色长方板	原材料库	件	0		

制单人：＿＿＿＿＿＿＿＿　　　　　　　审核人：＿＿＿＿＿＿＿＿

注：该表由库管员制表，库管主管审核。

J2－8　　　　　　物料库存盘点表（续表1）

序号	代号	物料名称	放置仓库	单位	当前库存	盘点数量	盘亏盘盈
24	YL0024	两孔褐色长方体	原材料库	件	1		
25	YL0025	单孔褐色方形按钮	原材料库	件	0		
26	YL0026	两孔褐色长方体	原材料库	件	0		
27	YL0027	六孔褐色长方体	原材料库	件	0		
28	YL0028	四孔白色方形按钮	原材料库	件	2		
29	YL0029	八孔侧面黑色按钮	原材料库	件	1		
30	YL0030	单孔黑色轴托	原材料库	件	0		
31	YL0031	两孔黑色门托	原材料库	件	1		
32	YL0032	四孔黑色长方体	原材料库	件	0		
33	YL0033	双排八孔黑色体	原材料库	件	1		
34	YL0034	双排八孔红色按钮	原材料库	件	1		
35	YL0035	两孔红色按钮	原材料库	件	0		
36	YL0036	单孔银灰色立柱	原材料库	件	0		
37	YL0037	两孔银灰色车轴	原材料库	件	1		
38	YL0038	四孔银灰色按钮	原材料库	件	1		
39	YL0039	弧形银灰色车盖	原材料库	件	1		
40	YL0040	银灰色车圈	原材料库	件	2		
41	YL0041	单孔银灰色按钮	原材料库	件	0		
42	YL0042	两孔银灰色按钮	原材料库	件	0		
43	YL0043	四孔银灰色长方体	原材料库	件	0		
44	YL0044	六孔银灰色长方体	原材料库	件	1		
45	YL0045	黑色车胎	原材料库	件	2		
46	YL0046	黑色条状挡风板	原材料库	件	0		

制单人：________________　　　　　　审核人：________________

J2－8　　物料库存盘点表（续表2）

序号	代号	名　称	仓库	单位	当前库存	盘点数量	盘亏盘盈
47	YL0047	银灰色方板	原材料库	件	1		
48	YL0048	三角银灰色按钮	原材料库	件	0		
49	YL0049	单孔梯形银灰色按钮	原材料库	件	1		
50	YL0050	银灰色方向盘	原材料库	件	1		
51	YL0051	单孔透明按钮	原材料库	件	0		
52	YL0052	两孔透明按钮	原材料库	件	0		
53	YL0053	三角透明按钮	原材料库	件	0		
54	YL0054	两孔米黄色按钮	原材料库	件	0		
55	YL0055	米黄色长方板	原材料库	件	0		
56	YL0056	米黄色螺帽	原材料库	件	0		
57	YL0057	红色透明小方块	原材料库	件	0		
58	YL0058	黄色长方板	原材料库	件	0		
59	YL0059	橙色透明三角按钮	原材料库	件	0		
60	YL0060	橙色透明螺帽	原材料库	件	0		
61	YL0061	铁灰色螺帽	原材料库	件	0		
62	YL0062	单孔铁灰色轴托	原材料库	件	0		
63	YL0063	八孔银灰色长方体	原材料库	件	1		
64	YL0064	24 孔银灰色长方体	原材料库	件	0		
65	YL0065	12 孔铁灰色长方体	原材料库	件	0		
66	YL0066	48 孔银灰色长方体	原材料库	件	1		
67	YL0067	32 孔银灰色长方体	原材料库	件	1		
68	YL0068	透明玻璃挡风板	原材料库	件	1		
69	YL0069	24 孔铁灰色长方体	原材料库	件	1		
70	PCH01	F3 赛车	成品库	辆	0		

制单人：________________　　　　审核人：________________

J2－9 员工薪资标准

公司名称：________ 编　　号：________

制定部门：________ 制定日期：________

序号	岗位类型	计薪方式		金额（元）
		按月	按日	

制单人：________ 审核人：________

J2－10 员工工资预算

公司名称：________ 编　　号：________

制定部门：________ 制定日期：________

序号	岗位类型	计薪方式		预计工时	人数	薪资标准	金额（元）
		按月	按日				

制单人：________ 审核人：________

J2－11　　工序__1__物料清单　　整理人：______

序号	代号	物料名称	单位	用量	单价	金额（元）
金额总计						

J2－11　　工序__2__物料清单　　整理人：______

序号	代号	物料名称	单位	用量	单价	金额（元）
金额总计						

J2－11　　工序 3 物料清单　　整理人：

序号	代号	物料名称	单位	用量	单价	金额（元）
金额总计						

J2－11　　工序 4 物料清单　　整理人：

序号	代号	物料名称	单位	用量	单价	金额（元）
金额总计						

J2－11　　　　工序　5　物料清单　　　　整理人：________

序号	代号	物料名称	单位	用量	单价	金额（元）
金额总计						

J2－11　　　　工序　6　物料清单　　　　整理人：________

序号	代号	物料名称	单位	用量	单价	金额（元）
金额总计						

J2－11　　工序__7__物料清单　　整理人：______

序号	代号	物料名称	单位	用量	单价	金额（元）
金额总计						

J2－11　　工序__8__物料清单　　整理人：______

序号	代号	物料名称	单位	用量	单价	金额（元）
金额总计						

J2－12　**历史物料采购价格信息**

部　　门：________________　　　　单据编号：________________

序号	代号	名　　称	类型	单位	单价（元/件）	备注
1	YL0001	单孔绿色小方柱	原材料	件		
2	YL0002	两孔绿色按钮	原材料	件		
3	YL0003	三孔直角绿色板	原材料	件		
4	YL0004	单孔绿色小方块	原材料	件		
5	YL0005	两孔绿色长方块	原材料	件		
6	YL0006	三孔绿色长方块	原材料	件		
7	YL0007	绿色小方板	原材料	件		
8	YL0008	四孔梯形绿色按钮	原材料	件		
9	YL0009	两孔梯形绿色按钮	原材料	件		
10	YL0010	右梯形绿色四孔板	原材料	件		
11	YL0011	左梯形绿色四孔板	原材料	件		
12	YL0012	单孔梯形绿色按钮	原材料	件		
13	YL0013	八孔绿色长方板	原材料	件		
14	YL0014	双排八孔绿色板	原材料	件		
15	YL0015	6 厘米绿色长方板	原材料	件		
16	YL0016	双排 16 孔绿色板	原材料	件		
17	YL0017	四排 24 孔绿色板	原材料	件		
18	YL0018	褐色带孔柱状按钮	原材料	件		
19	YL0019	白色弧形按钮	原材料	件		
20	YL0020	小型白色方板	原材料	件		
21	YL0021	中型白色长方板	原材料	件		
22	YL0022	大型白色长方板	原材料	件		
23	YL0023	三孔白色长方板	原材料	件		

制单人：________________　　　　审核人：________________

J2-12

历史物料采购价格信息（续表1）

部　　门：________________　　　　单据编号：________________

序号	代号	名　　称	类型	单位	单价（元/件）	备注
24	YL0024	两孔褐色长方体	原材料	件		
25	YL0025	单孔褐色方形按钮	原材料	件		
26	YL0026	两孔褐色长方体	原材料	件		
27	YL0027	六孔褐色长方体	原材料	件		
28	YL0028	四孔白色方形按钮	原材料	件		
29	YL0029	八孔侧面黑色按钮	原材料	件		
30	YL0030	单孔黑色轴托	原材料	件		
31	YL0031	两孔黑色门托	原材料	件		
32	YL0032	四孔黑色长方体	原材料	件		
33	YL0033	双排八孔黑色体	原材料	件		
34	YL0034	双排八孔红色按钮	原材料	件		
35	YL0035	两孔红色按钮	原材料	件		
36	YL0036	单孔银灰色立柱	原材料	件		
37	YL0037	两孔银灰色车轴	原材料	件		
38	YL0038	四孔银灰色按钮	原材料	件		
39	YL0039	弧形银灰色车盖	原材料	件		
40	YL0040	银灰色车圈	原材料	件		
41	YL0041	单孔银灰色按钮	原材料	件		
42	YL0042	两孔银灰色按钮	原材料	件		
43	YL0043	四孔银灰色长方体	原材料	件		
44	YL0044	六孔银灰色长方体	原材料	件		
45	YL0045	黑色车胎	原材料	件		
46	YL0046	黑色条状挡风板	原材料	件		

制单人：________________　　　　审核人：________________

J2－12　　**历史物料采购价格信息（续表2）**

部　　门：____________　　　　单据编号：____________

序号	代号	名　　称	类型	单位	单价（元/件）	备注
47	YL0047	银灰色方板	原材料	件		
48	YL0048	三角银灰色按钮	原材料	件		
49	YL0049	单孔梯形银灰色按钮	原材料	件		
50	YL0050	银灰色方向盘	原材料	件		
51	YL0051	单孔透明按钮	原材料	件		
52	YL0052	两孔透明按钮	原材料	件		
53	YL0053	三角透明按钮	原材料	件		
54	YL0054	两孔米黄色按钮	原材料	件		
55	YL0055	米黄色长方板	原材料	件		
56	YL0056	米黄色螺帽	原材料	件		
57	YL0057	红色透明小方块	原材料	件		
58	YL0058	黄色长方板	原材料	件		
59	YL0059	橙色透明三角按钮	原材料	件		
60	YL0060	橙色透明螺帽	原材料	件		
61	YL0061	铁灰色螺帽	原材料	件		
62	YL0062	单孔铁灰色轴托	原材料	件		
63	YL0063	八孔银灰色长方体	原材料	件		
64	YL0064	24孔银灰色长方体	原材料	件		
65	YL0065	12孔铁灰色长方体	原材料	件		
66	YL0066	48孔银灰色长方体	原材料	件		
67	YL0067	32孔银灰色长方体	原材料	件		
68	YL0068	透明玻璃挡风板	原材料	件		
69	YL0069	24孔铁灰色长方体	原材料	件		

制单人：____________　　　　审核人：____________

J2－13

报价单

报价日期：________ 报价单号：________ 公　　司：________

客　　户：________ 税　　别：________ 有效日期：________

项	货品号	货品名称	单位	单价	数量	税率	未税本位币	税额	金额
1									
2									
3									
4									
5									
6									
备注：								无税金额	
								税额	
								合计	

制单人：________ 审核人：________

公司：________

J2－14

客户档案表

编号	全称	负责人	联系方式	备注

制单人：________ 审核人：________

J2－15

受订单

受订日期：________ 受订单号：________ 报价单号：________ 销 售 员：________

客　　户：________ 部　　门：________ 预交日期：________ 扣税类别：________

项	货品号	货品名称	单位	单价	数量	税率	未税本位币	税额	金额
1	PCH001	F3	辆		1				
2									
3									
4									
5									
6									
备注：								无税金额	
								税额	
								合计	

制单人：____________ 审核人：____________

J2－16

主生产计划

计划日期：____________ 计划单号：____________

受订单号：____________ 计划部门：____________

序号	货品号	品名	单位	数量	开工日期	交货日期	备注
1	PCH001	F3	辆	1			
2							
3							
4							
5							
6							

制单人：____________ 审核人：____________

J2－17

物料清单

产品品号：________ 产品名称：________ 版本：________

制造部门：________ 仓　　库：________ 数量：________

序号	代号	名　　称	仓库	单位	用量	工序号	备注
1	YL0001	单孔绿色小方柱	原材料库	件			
2	YL0002	两孔绿色按钮	原材料库	件			
3	YL0003	三孔直角绿色板	原材料库	件			
4	YL0004	单孔绿色小方块	原材料库	件			
5	YL0005	两孔绿色长方块	原材料库	件			
6	YL0006	三孔绿色长方块	原材料库	件			
7	YL0007	绿色小方板	原材料库	件			
8	YL0008	四孔梯形绿色按钮	原材料库	件			
9	YL0009	两孔梯形绿色按钮	原材料库	件			
10	YL0010	右梯形绿色四孔板	原材料库	件			
11	YL0011	左梯形绿色四孔板	原材料库	件			
12	YL0012	单孔梯形绿色按钮	原材料库	件			
13	YL0013	八孔绿色长方板	原材料库	件			
14	YL0014	双排八孔绿色板	原材料库	件			
15	YL0015	6 厘米绿色长方板	原材料库	件			
16	YL0016	双排 16 孔绿色板	原材料库	件			
17	YL0017	四排 24 孔绿色板	原材料库	件			
18	YL0018	褐色带孔柱状按钮	原材料库	件			
19	YL0019	白色弧形按钮	原材料库	件			
20	YL0020	小型白色方板	原材料库	件			
21	YL0021	中型白色长方板	原材料库	件			
22	YL0022	大型白色长方板	原材料库	件			
23	YL0023	三孔白色长方板	原材料库	件			

制单人：________ 审核人：________

注：该表由生产部填写，用于计划编制。

J2－17　　　　**物料清单（续表1）**

产品品号：＿＿＿＿＿＿　产品名称：＿＿＿＿＿＿　版本：＿＿＿＿＿＿

制造部门：＿＿＿＿＿＿　仓　　库：＿＿＿＿＿＿　数量：＿＿＿＿＿＿

序号	代号	名　　称	仓库	单位	用量	工序号	备注
24	YL0024	两孔褐色长方体	原材料库	件			
25	YL0025	单孔褐色方形按钮	原材料库	件			
26	YL0026	两孔褐色长方体	原材料库	件			
27	YL0027	六孔褐色长方体	原材料库	件			
28	YL0028	四孔白色方形按钮	原材料库	件			
29	YL0029	八孔侧面黑色按钮	原材料库	件			
30	YL0030	单孔黑色轴托	原材料库	件			
31	YL0031	两孔黑色门托	原材料库	件			
32	YL0032	四孔黑色长方体	原材料库	件			
33	YL0033	双排八孔黑色体	原材料库	件			
34	YL0034	双排八孔红色按钮	原材料库	件			
35	YL0035	两孔红色按钮	原材料库	件			
36	YL0036	单孔银灰色立柱	原材料库	件			
37	YL0037	两孔银灰色车轴	原材料库	件			
38	YL0038	四孔银灰色按钮	原材料库	件			
39	YL0039	弧形银灰色车盖	原材料库	件			
40	YL0040	银灰色车圈	原材料库	件			
41	YL0041	单孔银灰色按钮	原材料库	件			
42	YL0042	两孔银灰色按钮	原材料库	件			
43	YL0043	四孔银灰色长方体	原材料库	件			
44	YL0044	六孔银灰色长方体	原材料库	件			
45	YL0045	黑色车胎	原材料库	件			
46	YL0046	黑色条状挡风板	原材料库	件			

制单人：＿＿＿＿＿＿　　　　审核人：＿＿＿＿＿＿

J2－17

物料清单（续表2）

母件货品：__________ 母件名称：__________ 版本：__________

制造部门：__________ 仓 库：__________ 数量：__________

序号	代号	名 称	仓库	单位	用量	工序号	备注
47	YL0047	银灰色方板	原材料库	件			
48	YL0048	三角银灰色按钮	原材料库	件			
49	YL0049	单孔梯形银灰色按钮	原材料库	件			
50	YL0050	银灰色方向盘	原材料库	件			
51	YL0051	单孔透明按钮	原材料库	件			
52	YL0052	两孔透明按钮	原材料库	件			
53	YL0053	三角透明按钮	原材料库	件			
54	YL0054	两孔米黄色按钮	原材料库	件			
55	YL0055	米黄色长方板	原材料库	件			
56	YL0056	米黄色螺帽	原材料库	件			
57	YL0057	红色透明小方块	原材料库	件			
58	YL0058	黄色长方板	原材料库	件			
59	YL0059	橙色透明三角按钮	原材料库	件			
60	YL0060	橙色透明螺帽	原材料库	件			
61	YL0061	铁灰色螺帽	原材料库	件			
62	YL0062	单孔铁灰色轴托	原材料库	件			
63	YL0063	八孔银灰色长方体	原材料库	件			
64	YL0064	24孔银灰色长方体	原材料库	件			
65	YL0065	12孔铁灰色长方体	原材料库	件			
66	YL0066	48孔银灰色长方体	原材料库	件			
67	YL0067	32孔银灰色长方体	原材料库	件			
68	YL0068	透明玻璃挡风板	原材料库	件			
69	YL0069	24孔铁灰色长方体	原材料库	件			

制单人：__________ 审核人：__________

J2 －18

物料库存表

统计日期：______________ 统计人：______________ 统计方式：______________

序号	品号	品　　名	单位	库位	数量	备注
1	YL0001	单孔绿色小方柱	件			
2	YL0002	两孔绿色按钮	件			
3	YL0003	三孔直角绿色板	件			
4	YL0004	单孔绿色小方块	件			
5	YL0005	两孔绿色长方块	件			
6	YL0006	三孔绿色长方块	件			
7	YL0007	绿色小方板	件			
8	YL0008	四孔梯形绿色按钮	件			
9	YL0009	两孔梯形绿色按钮	件			
10	YL0010	右梯形绿色四孔板	件			
11	YL0011	左梯形绿色四孔板	件			
12	YL0012	单孔梯形绿色按钮	件			
13	YL0013	八孔绿色长方板	件			
14	YL0014	双排八孔绿色板	件			
15	YL0015	6 厘米绿色长方板	件			
16	YL0016	双排 16 孔绿色板	件			
17	YL0017	四排 24 孔绿色板	件			
18	YL0018	褐色带孔柱状按钮	件			
19	YL0019	白色弧形按钮	件			
20	YL0020	小型白色方板	件			
21	YL0021	中型白色长方板	件			
22	YL0022	大型白色长方板	件			
23	YL0023	三孔白色长方板	件			

制单人：______________ 审核人：______________

注：该表由仓储部填写并提供生产部，用于编制计划用。

J2－18 **物料库存表（续表1）**

统计日期：______ 统计人：______ 统计方式：______

序号	品号	品　　名	单位	库位	数量	备注
24	YL0024	两孔褐色长方体	件			
25	YL0025	单孔褐色方形按钮	件			
26	YL0026	两孔褐色长方体	件			
27	YL0027	六孔褐色长方体	件			
28	YL0028	四孔白色方形按钮	件			
29	YL0029	八孔侧面黑色按钮	件			
30	YL0030	单孔黑色轴托	件			
31	YL0031	两孔黑色门托	件			
32	YL0032	四孔黑色长方体	件			
33	YL0033	双排八孔黑色体	件			
34	YL0034	双排八孔红色按钮	件			
35	YL0035	两孔红色按钮	件			
36	YL0036	单孔银灰色立柱	件			
37	YL0037	两孔银灰色车轴	件			
38	YL0038	四孔银灰色按钮	件			
39	YL0039	弧形银灰色车盖	件			
40	YL0040	银灰色车圈	件			
41	YL0041	单孔银灰色按钮	件			
42	YL0042	两孔银灰色按钮	件			
43	YL0043	四孔银灰色长方体	件			
44	YL0044	六孔银灰色长方体	件			
45	YL0045	黑色车胎	件			
46	YL0046	黑色条状挡风板	件			

制单人：______ 审核人：______

J2－18 **物料库存表（续表2）**

统计日期：__________ 统计人：__________ 统计方式：__________

序号	品号	品　　名	单位	库位	数量	备注
47	YL0047	银灰色方板	件			
48	YL0048	三角银灰色按钮	件			
49	YL0049	单孔梯形银灰色按钮	件			
50	YL0050	银灰色方向盘	件			
51	YL0051	单孔透明按钮	件			
52	YL0052	两孔透明按钮	件			
53	YL0053	三角透明按钮	件			
54	YL0054	两孔米黄色按钮	件			
55	YL0055	米黄色长方板	件			
56	YL0056	米黄色螺帽	件			
57	YL0057	红色透明小方块	件			
58	YL0058	黄色长方板	件			
59	YL0059	橙色透明三角按钮	件			
60	YL0060	橙色透明螺帽	件			
61	YL0061	铁灰色螺帽	件			
62	YL0062	单孔铁灰色轴托	件			
63	YL0063	八孔银灰色长方体	件			
64	YL0064	24孔银灰色长方体	件			
65	YL0065	12孔铁灰色长方体	件			
66	YL0066	48孔银灰色长方体	件			
67	YL0067	32孔银灰色长方体	件			
68	YL0068	透明玻璃挡风板	件			
69	YL0069	24孔铁灰色长方体	件			

制单人：__________ 审核人：__________

J2－19 物料需求计划

计划日期：______ 计划单号：______ 经办：______

计划受订：______ 计划部门：______ 备注：______

序号	代号	名　称	仓库	单位	库存量	毛需求	净需求	需求日
1	YL0001	单孔绿色小方柱	原材料库	件				
2	YL0002	两孔绿色按钮	原材料库	件				
3	YL0003	三孔直角绿色板	原材料库	件				
4	YL0004	单孔绿色小方块	原材料库	件				
5	YL0005	两孔绿色长方块	原材料库	件				
6	YL0006	三孔绿色长方块	原材料库	件				
7	YL0007	绿色小方板	原材料库	件				
8	YL0008	四孔梯形绿色按钮	原材料库	件				
9	YL0009	两孔梯形绿色按钮	原材料库	件				
10	YL0010	右梯形绿色四孔板	原材料库	件				
11	YL0011	左梯形绿色四孔板	原材料库	件				
12	YL0012	单孔梯形绿色按钮	原材料库	件				
13	YL0013	八孔绿色长方板	原材料库	件				
14	YL0014	双排八孔绿色板	原材料库	件				
15	YL0015	6 厘米绿色长方板	原材料库	件				
16	YL0016	双排 16 孔绿色板	原材料库	件				
17	YL0017	四排 24 孔绿色板	原材料库	件				
18	YL0018	褐色带孔柱状按钮	原材料库	件				
19	YL0019	白色弧形按钮	原材料库	件				
20	YL0020	小型白色方板	原材料库	件				
21	YL0021	中型白色长方板	原材料库	件				
22	YL0022	大型白色长方板	原材料库	件				
23	YL0023	三孔白色长方板	原材料库	件				

制单人：______ 审核人：______

J2－19　　**物料需求计划（续表1）**

计划日期：＿＿＿＿＿＿　计划单号：＿＿＿＿＿＿　经办：＿＿＿＿＿＿

计划受订：＿＿＿＿＿＿　计划部门：＿＿＿＿＿＿　备注：＿＿＿＿＿＿

序号	代号	名　称	仓库	单位	库存量	毛需求	净需求	需求日
24	YL0024	两孔褐色长方体	原材料库	件				
25	YL0025	单孔褐色方形按钮	原材料库	件				
26	YL0026	两孔褐色长方体	原材料库	件				
27	YL0027	六孔褐色长方体	原材料库	件				
28	YL0028	四孔白色方形按钮	原材料库	件				
29	YL0029	八孔侧面黑色按钮	原材料库	件				
30	YL0030	单孔黑色轴托	原材料库	件				
31	YL0031	两孔黑色门托	原材料库	件				
32	YL0032	四孔黑色长方体	原材料库	件				
33	YL0033	双排八孔黑色体	原材料库	件				
34	YL0034	双排八孔红色按钮	原材料库	件				
35	YL0035	两孔红色按钮	原材料库	件				
36	YL0036	单孔银灰色立柱	原材料库	件				
37	YL0037	两孔银灰色车轴	原材料库	件				
38	YL0038	四孔银灰色按钮	原材料库	件				
39	YL0039	弧形银灰色车盖	原材料库	件				
40	YL0040	银灰色车圈	原材料库	件				
41	YL0041	单孔银灰色按钮	原材料库	件				
42	YL0042	两孔银灰色按钮	原材料库	件				
43	YL0043	四孔银灰色长方体	原材料库	件				
44	YL0044	六孔银灰色长方体	原材料库	件				
45	YL0045	黑色车胎	原材料库	件				
46	YL0046	黑色条状挡风板	原材料库	件				

制单人：＿＿＿＿＿＿　审核人：＿＿＿＿＿＿

J2－19 **物料需求计划（续表2）**

计划日期：________ 计划单号：________ 经办：________

计划受订：________ 计划部门：________ 备注：________

序号	代号	名　称	仓库	单位	库存量	毛需求	净需求	需求日
47	YL0047	银灰色方板	原材料库	件				
48	YL0048	三角银灰色按钮	原材料库	件				
49	YL0049	单孔梯形银灰色按钮	原材料库	件				
50	YL0050	银灰色方向盘	原材料库	件				
51	YL0051	单孔透明按钮	原材料库	件				
52	YL0052	两孔透明按钮	原材料库	件				
53	YL0053	三角透明按钮	原材料库	件				
54	YL0054	两孔米黄色按钮	原材料库	件				
55	YL0055	米黄色长方板	原材料库	件				
56	YL0056	米黄色螺帽	原材料库	件				
57	YL0057	红色透明小方块	原材料库	件				
58	YL0058	黄色长方板	原材料库	件				
59	YL0059	橙色透明三角按钮	原材料库	件				
60	YL0060	橙色透明螺帽	原材料库	件				
61	YL0061	铁灰色螺帽	原材料库	件				
62	YL0062	单孔铁灰色轴托	原材料库	件				
63	YL0063	八孔银灰色长方体	原材料库	件				
64	YL0064	24孔银灰色长方体	原材料库	件				
65	YL0065	12孔铁灰色长方体	原材料库	件				
66	YL0066	48孔银灰色长方体	原材料库	件				
67	YL0067	32孔银灰色长方体	原材料库	件				
68	YL0068	透明玻璃挡风板	原材料库	件				
69	YL0069	24孔铁灰色长方体	原材料库	件				

制单人：________ 审核人：________

J2－20

制令单（1）

制令日期：＿＿＿＿＿＿　制令单号：＿＿＿＿＿＿　制造部门：＿＿＿＿＿＿

交货日期：＿＿＿＿＿＿　生产产品：＿＿＿＿＿＿　制造数量：＿＿＿＿＿＿

预开工日：＿＿＿＿＿＿　预完工日：＿＿＿＿＿＿　备　　注：＿＿＿＿＿＿

序号	品号	品名	单位	应发数	实发数	制程代号
1						
2						
3						
4						
5						

制单人：＿＿＿＿＿＿　审核人：＿＿＿＿＿＿

J2－20

制令单（2）

制令日期：＿＿＿＿＿＿　制令单号：＿＿＿＿＿＿　制造部门：＿＿＿＿＿＿

交货日期：＿＿＿＿＿＿　生产产品：＿＿＿＿＿＿　制造数量：＿＿＿＿＿＿

预开工日：＿＿＿＿＿＿　预完工日：＿＿＿＿＿＿　备　　注：＿＿＿＿＿＿

序号	品号	品名	单位	应发数	实发数	制程代号
1						
2						
3						
4						
5						

制单人：＿＿＿＿＿＿　审核人：＿＿＿＿＿＿

注：此表由生产部门填写下达。

J2－21

采购计划

计划日期：________ 计划单号：________ 经办：________

计划受订：________ 计划部门：________ 备注：________

序号	代号	名　　称	单位	数量	需求日	提前期	订购日	备注
1	YL0001	单孔绿色小方柱	件					
2	YL0002	两孔绿色按钮	件					
3	YL0003	三孔直角绿色板	件					
4	YL0004	单孔绿色小方块	件					
5	YL0005	两孔绿色长方块	件					
6	YL0006	三孔绿色长方块	件					
7	YL0007	绿色小方板	件					
8	YL0008	四孔梯形绿色按钮	件					
9	YL0009	两孔梯形绿色按钮	件					
10	YL0010	右梯形绿色四孔板	件					
11	YL0011	左梯形绿色四孔板	件					
12	YL0012	单孔梯形绿色按钮	件					
13	YL0013	八孔绿色长方板	件					
14	YL0014	双排八孔绿色板	件					
15	YL0015	6 厘米绿色长方板	件					
16	YL0016	双排 16 孔绿色板	件					
17	YL0017	四排 24 孔绿色板	件					
18	YL0018	褐色带孔柱状按钮	件					
19	YL0019	白色弧形按钮	件					
20	YL0020	小型白色方板	件					
21	YL0021	中型白色长方板	件					
22	YL0022	大型白色长方板	件					
23	YL0023	三孔白色长方板	件					

制单人：________ 审核人：________

注：为满足模拟需要，设提前期为 1 天，订购日为当天，需求日为明天。

J2－21

采购计划（续表1）

计划日期：__________　计划单号：__________　经办：__________

计划受订：__________　计划部门：__________　备注：__________

序号	代号	名　　称	单位	数量	需求日	提前期	订购日	备注
24	YL0024	两孔褐色长方体	件					
25	YL0025	单孔褐色方形按钮	件					
26	YL0026	两孔褐色长方体	件					
27	YL0027	六孔褐色长方体	件					
28	YL0028	四孔白色方形按钮	件					
29	YL0029	八孔侧面黑色按钮	件					
30	YL0030	单孔黑色轴托	件					
31	YL0031	两孔黑色门托	件					
32	YL0032	四孔黑色长方体	件					
33	YL0033	双排八孔黑色体	件					
34	YL0034	双排八孔红色按钮	件					
35	YL0035	两孔红色按钮	件					
36	YL0036	单孔银灰色立柱	件					
37	YL0037	两孔银灰色车轴	件					
38	YL0038	四孔银灰色按钮	件					
39	YL0039	弧形银灰色车盖	件					
40	YL0040	银灰色车圈	件					
41	YL0041	单孔银灰色按钮	件					
42	YL0042	两孔银灰色按钮	件					
43	YL0043	四孔银灰色长方体	件					
44	YL0044	六孔银灰色长方体	件					
45	YL0045	黑色车胎	件					
46	YL0046	黑色条状挡风板	件					

制单人：__________　审核人：__________

J2－21

采购计划（续表2）

计划日期：＿＿＿＿＿＿ 计划单号：＿＿＿＿＿＿ 经办：＿＿＿＿＿＿

计划受订：＿＿＿＿＿＿ 计划部门：＿＿＿＿＿＿ 备注：＿＿＿＿＿＿

序号	代号	名　称	单位	数量	需求日	提前期	订购日	备注
47	YL0047	银灰色方板	件					
48	YL0048	三角银灰色按钮	件					
49	YL0049	单孔梯形银灰色按钮	件					
50	YL0050	银灰色方向盘	件					
51	YL0051	单孔透明按钮	件					
52	YL0052	两孔透明按钮	件					
53	YL0053	三角透明按钮	件					
54	YL0054	两孔米黄色按钮	件					
55	YL0055	米黄色长方板	件					
56	YL0056	米黄色螺帽	件					
57	YL0057	红色透明小方块	件					
58	YL0058	黄色长方板	件					
59	YL0059	橙色透明三角按钮	件					
60	YL0060	橙色透明螺帽	件					
61	YL0061	铁灰色螺帽	件					
62	YL0062	单孔铁灰色轴托	件					
63	YL0063	八孔银灰色长方体	件					
64	YL0064	24孔银灰色长方体	件					
65	YL0065	12孔铁灰色长方体	件					
66	YL0066	48孔银灰色长方体	件					
67	YL0067	32孔银灰色长方体	件					
68	YL0068	透明玻璃挡风板	件					
69	YL0069	24孔铁灰色长方体	件					

制单人：＿＿＿＿＿＿ 审核人：＿＿＿＿＿＿

J2 - 22 阶段二表单填写备忘录

__________________公司 总经理：__________

1. 表单填写应注意事项：

2. 表单之间关系说明：

注：为弄清该阶段业务处理过程，总经理必填。

第五章　模拟阶段三：物料采购与库存管理

第一节　阶段三模拟背景与实训目标

一、模拟背景介绍

在生产计划部门已制定好主生产计划和物料需求计划的背景下，采购部门要重点考虑如何选择合适的供应商；进一步与选定的供应商谈判协商，明确采购订单，并以合同形式确定供应关系；考虑到下一阶段要进行产品组装，由人力资源部组织，生产部工序长负责对生产线8位员工进行组装培训，重点介绍产品构成、工序分工、工序组装工艺以及各工序零部件领用清单，提醒领料注意事项及产品组装注意事项；然后由相关人员完成采购材料验收、检验，合格入库后，开展相应会计业务并开出合格支票付供应商。

二、教学目标说明

目标1：了解企业采购管理与库存管理相关知识；
目标2：熟悉模拟企业的产品结构和模拟产品组装工艺流程；
目标3：重点培养沟通能力、供应商选择决策能力、会计业务操作能力。

第二节　阶段三实训流程与教学要求

一、模拟教学流程

模拟教学流程如图5－1所示。

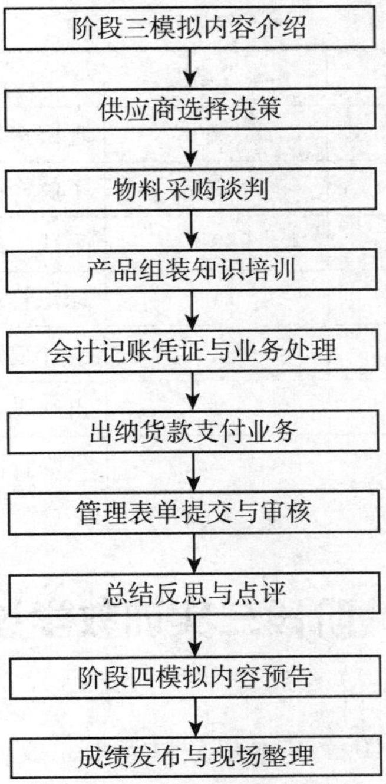

图 5－1　阶段三模拟流程

二、教学准备与要求

（1）学生：首先阅读教材相关内容及所给参考资料，对课程目标、内容做初步了解；同时，自行查阅相关资料，充分做好课程模拟前各项知识准备。

（2）教师：做好本阶段情景模拟教学道具准备。需要准备的教学道具如表 5－1 所示。

表 5－1　　　　阶段三情景模拟教学道具准备清单

序号	道具名称	需求数量	用　途	单位
1	移动音箱	1	放大声音	个
2	无线话筒	4	交流沟通	个
3	电池	8	话筒电源	组
4	角色胸牌	40	角色确认	件
5	谈判桌	1	模拟谈判用	张
6	PPT 课件	1	模拟内容介绍	次
7	汽车—产品	2	了解模拟产品	辆

续表

序号	道具名称	需求数量	用　途	单位
8	工艺文件	2	理解产品工艺	册
9	物料文件	2	了解产品构成	套
10	汽车一零件	89	采购、组装用	组
11	部门标牌	14	标识管理部门	个
12	会计记账凭证	2	会计记账	组
13	空白支票	2	出纳支付货款	枚
14	采购合同文本	2	采购合同签订用	本

第三节　阶段三实训教学过程组织

该阶段模拟实训可划分为 10 个基本任务单元来完成。

一、任务 1：模拟内容介绍

（1）内容：由主讲教师介绍第三阶段主要模拟任务。主要围绕物料采购与库存管理等管理业务，讲清楚模拟目标、任务、流程、进度安排及教学评价规则等相关内容。

（2）讲授方式：利用多媒体 PPT 课件讲授。

（3）限时：25 分钟。

二、任务 2：供应商选择决策

（1）内容：某零件属于本企业 A 类物资，需求 4500 件可由三家供应商供货，通过市场调查发现三家供应商基本情况如表 5－2 所示，请合理选择其一作为本次供货商。

表 5－2　　供应商基本情况调查结果表

情报	供应商甲	供应商乙	供应商丙
与客户关系	5 年已供货 1000 次	10 年供货 2100 次	仅 3 月供货 5 次
供货情况	一直能及时供货	偶有三次供货误期	能及时供货
质量情况	有 2 次退货记录	一直质量稳定	质量较稳定
价格情况	有优惠 9.5 元	价格稳定 10 元	促销价 9.5 元

续表

情报	供应商甲	供应商乙	供应商丙
企业发展	经营尚好，推行改革	经营好，但已现隐患	新企业有后劲
订货提前期	50 天	45 天	40 天
付款条件	货到付款	押金 30% 货到付余款	货款可赊 10 天
优惠条件	数量≥5000 优惠 15%	数量≥4000 优惠 10%	数量≥3500 优惠 15%

（2）流程：供应商选择由以下基本流程构成，如图 5－2 所示。

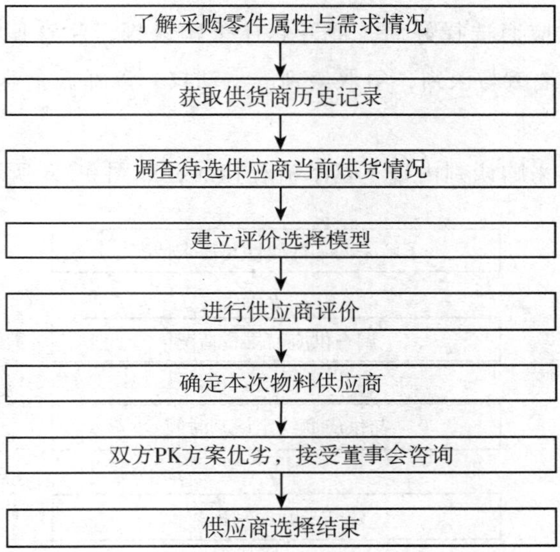

图 5－2 供应商选择流程

（3）提示：

①紧紧围绕物料供应商选择时需要考虑的主要因素，提出最优供应商的判断标准，并尽量用量化方式做最终判断，要能说清其理由和依据；

②要充分搜集和利用各类数据，并注意倾听各种选择意见，抓住选择的核心目标，鼓励其他人员也能表达自己的观点；

③选择过程要发扬民主，但不能议而不决，要注意记录不同人员的观点。

（4）评价：

①哪方选择更接近目标供应商得 1 分。

②评价模拟正确，建模思路清晰，说理充分得 2 分；模型基本正确，有一定说服力得 1 分；未建模型，选择过程说服力不强得 0 分。

③选择过程组织有序，各类人员言行符合角色身份得 1 分；组织混乱，相关人员缺

乏角色意识扣 1 分。

④质询包括两种形式：

第一，指定采购主管接受质询，每答对一个问题公司与个人各得 1 分，答案若有错误则公司与个人各扣 1 分；

第二，其他人员参与抢答问题，答对个人可得 1 分，答错不扣分，每公司 2 人为限。

（5）限时：50 分钟。

三、任务 3：物料采购谈判

（1）内容：在供应商选择好后，展开具体采购谈判，注意搜集相关信息，做好采购谈判预案，有准备地参与谈判，争取谈判的主动权，以降低企业产品成本和建立战略合作关系为基本目标。

（2）流程：物料采购谈判由以下基本流程构成，如图 5 – 3 所示。

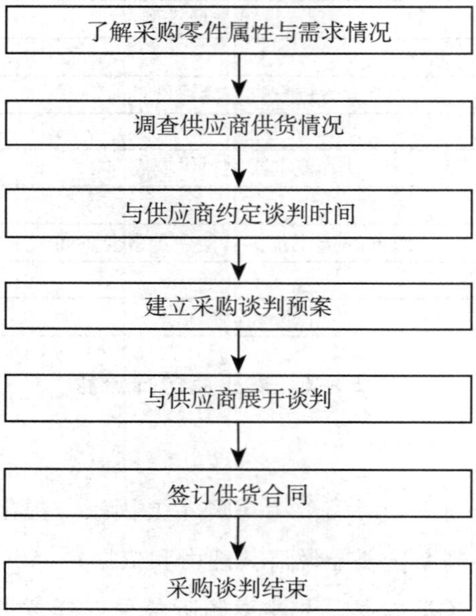

图 5 – 3　物料采购谈判流程

（3）提示：

①围绕采购的概念、作用及其本质等方面知识，寻找最优采购策略，建立采购预案，充分考虑可能遇到的各种问题，例如，价格、交货期、质量等问题要有应对方案；

②要充分利用各种谈判技巧，注意倾听对方意见，围绕己方的核心要求，有理有据地表达自己的观点；

③谈判过程言行要符合角色身份和体现职业素养。

（4）评价：

①哪方更接近目标得 1 分。

②说理力充分得 2 分；有一定说服力得 1 分；说服力不强得 0 分。

③言行更符合角色身份，显示了良好的职业素质得 1 分；言行不太符合角色身份，未能显示良好的职业素质得 0 分。

（5）限时：50 分钟。

四、任务 4：产品组装知识培训

（1）内容：为做好下一阶段产品组装的准备工作，建议由人力资源部主持，工序长负责对八个工序生产工人进行组装业务培训。培训组织方式、培训具体内容自行设计，要求培训符合企业人力资源管理内涵，对组装产品、工序分工、组装过程规范及注意事项等要重点关注。培训要严谨、认真，有备而为，注意培训形式要合乎规范，内容要具体实在，目标是能使下一阶段模拟产品组装工作有序、高效进行。

（2）流程：产品组装知识培训流程如图 5－4 所示。

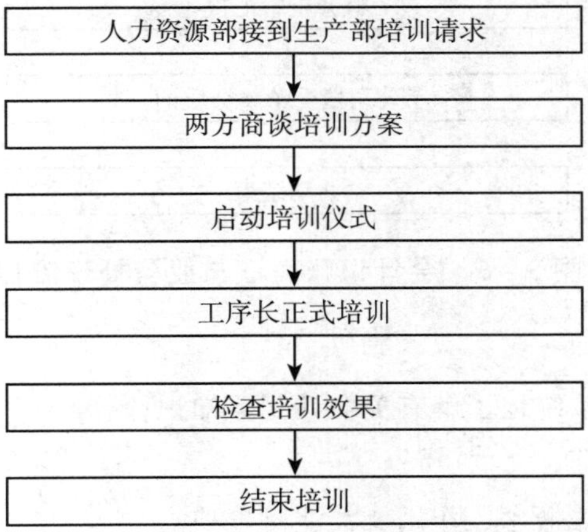

图 5－4　产品组装知识培训流程

（3）提示：

①培训方案要充分利用有限时间，在模拟前要提早准备；

②培训过程要完整再现，请相关人员提早做好预案；

③相关部门人员要注意言行、仪表，注意细节和过程衔接；

④每个公司培训过程严格控制在 10 分钟之内。

（4）评价：

①预案准备充分公司与个人各得 1 分，不充分 0 分，无预案各扣 1 分；

②培训目标基本能达成，公司与个人各得 1 分，目标未达成各扣 1 分；

③培训过程顺畅、内容扎实，参与者有机会表达观点得 1 分，否则不得分；

④言行符合角色身份，体现了个人良好修养得 1 分，否则不得分。

（5）限时：30 分钟。

五、任务 5：会计记账凭证与业务处理

（1）内容：在了解会计相关知识基础上，填写相关会计凭证，并围绕记账原理、重要性、注意事项做好回答问题的准备。

（2）流程：会计记账凭证与业务处理流程如图 5－5 所示。

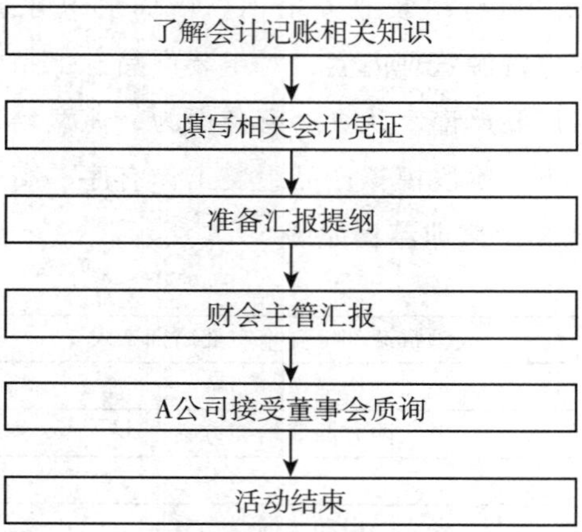

图 5－5　会计记账凭证与业务处理流程

（3）提示：

①财务人员事先要系统地了解有关会计记账知识；

②学会填写会计凭证；

③弄清会计凭证相关概念、作用及其注意事项。

（4）评价：

①能事先搜集凭证相关知识并做好汇报方案，公司与个人各得 1 分；

②能介绍清楚记账凭证有关知识，公司与个人各得 1 分；

③会计凭证填写出现错误，每核查出 1 处扣 1 分，以 5 分为限。

（5）限时：30 分钟。

六、任务 6：出纳货款支付业务

（1）内容：采购货物到货、验收、入库后，由出纳负责按合同时间以支票方式付

款；同时围绕支票概念，说明其定义、作用、相关注意事项。

(2) 流程： 出纳货款支付业务流程如图 5－6 所示。

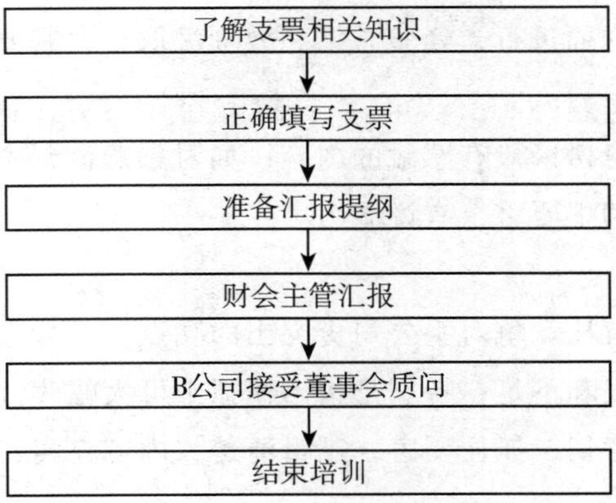

图 5－6　出纳货款支付业务流程

(3) 提示：

①财务人员事先要系统了解有关支票知识；

②学会填写支票；

③弄清支票相关概念、作用及其相关注意事项。

(4) 评价：

①能事先搜集支票相关知识并做好汇报方案，公司与个人各得 1 分；

②能介绍清楚支票有关知识，公司与个人各得 1 分。

(5) 限时： 30 分钟。

七、任务 7：管理表单提交与审核

(1) 内容： 提交供应商选择模型及选择结果，提交采购谈判预案，提交工序培训预案，提交账务处理相关表单和出纳所开支票，审查表单质量，公布表单审核结果。

(2) 限时： 10 分钟。

(3) 评价：

①与表单填写标准格式要求做比较，给出评价结论；

②所提交表单和文档要严格按照要求认真填写与严格审核，不允许出现差错，每出现一处差错，同时扣相关人员与团队绩效分 1 分，以 5 分为限。

八、任务 8：总结反思和点评

(1) 内容： 首先，指定 A 公司采购主管和工序长，B 公司工序长和人力资源主管对阶段三模拟效果进行总结反思；其次，允许其他人员主动争取总结反思机会（每公司不超过两名）；最后，主讲教师对阶段三模拟效果进行全面点评。

（2）说明：

①总结可以从两个方面进行，经验总结和教训汲取，尤其要发现管理模拟过程中的不足与缺陷；

②总结要结合角色身份谈最有感触的内容，如对采购谈判中的问题、培训中的问题进行检讨，有理有据，切中要害，有说服力。

（3）要求：

①总结经验一定要有比竞争对手公司更突出的亮点；

②重点鼓励总结失误和不足，特别是指出模拟中可大幅改进的问题；

③总结反思要情真意切，抓住要害，逻辑清楚，内容充实，切忌无病呻吟。

（4）评价：

①对于指定的总结反思人员，若总结反思有价值、有见地、有新意，则个人和团队各得1分；总结反思没有见地和新意者不得分；但如果总结反思中出现严重概念错误，则扣团队和个人各1分。

②对于主动争取获得总结反思机会者，若总结反思有价值，个人可得1分；若总结反思无新意，不得分。

（5）限时： 30分钟。

九、任务9：阶段四模拟内容预告

（1）内容： 由主讲教师提前告知第四阶段模拟基本内容，对需要提前准备的工作，提醒学生尽量利用课外时间做好模拟前的各项准备。

（2）教学方式： 利用多媒体PPT课件讲授。

（3）限时： 5分钟。

十、任务10：成绩公布与现场整理

（1）内容： 除模拟过程实时动态公布个体与团体的绩效分外，第三模拟阶段结束时，通过正式公布阶段成绩，鼓励团体及个体在下一阶段更努力投入，争取获得更好的绩效；同时，下课前，按5S现场管理原则要求，整理模拟现场设备、道具、教学文件等，要求凳子归位、行礼下课。

（2）要求：

①主动将5S现场管理原则贯彻于模拟现场整理活动中；

②下课前，凳子归位，行礼下课。

（3）标准：严格按 5S 管理现场，各团队整理效果将作为团队绩效的一个评价点，符合要求的团队可获绩效分 1 分；不符合要求的团队绩效分被减 1 分。

（4）限时：5 分钟。

第四节　阶段三实训过程控制与注意事项

一、阶段三模拟过程控制

本阶段模拟过程控制如表 5－3 所示，每项任务都预设了控制的时间范围。

表 5－3　　阶段三模拟过程控制

序号	模拟任务	主持人	给定时间	评价方式
1	阶段三模拟内容介绍	主讲教师	20 分	—
2	供应商选择决策	采购主管	30 分	举牌打分
3	物料采购谈判	采购主管	30 分	举牌打分
4	产品组装知识培训	人力资源主管	40 分	举牌打分
5	课间休息	—	10 分	—
6	会计记账凭证与业务处理	财务主管	25 分	举牌打分
7	出纳货款支付业务	财务主管	25 分	举牌打分
8	总结反思与点评	主讲教师	35 分	举牌打分
9	管理表单提交与审核	教师组	10 分	教师组审核
10	阶段四模拟内容简介	主讲教师	10 分	—
11	模拟现场整理	主讲教师	5 分	教师组检查

二、模拟注意事项

（一）教师注意事项

（1）经过两次模拟，为防止学生好奇心降低，投入热情不足，教师要及时调动学生热情，要将学生竞争意识调动起来，让学生能积极、主动投入角色竞争中。同时，还要注意保护学生的参与积极性，预防其受到挫伤。

（2）要充分发挥学生学习的主观能动性，让学生创造性地参与模拟过程各种活动。

（3）注意充分利用激励机制，用各种合理手段调动和保持学生积极性。

（4）在总结和评价等环节，教师要以鼓励为主，在肯定学生表现基础上指出努力方向。

（二）学生注意事项

（1）不仅鼓励学生要提前准备，课外投入时间预习教材、准备模拟知识，而且鼓励学生在模拟中要充分提高时间利用效率，学会任务计划与安排，也要提倡有余力时相互支持，相互帮助。

（2）强调学生总结与反思的重要性。建议学生可以围绕关键模拟任务的得失进行总结和反思，也可以结合自己的角色体验谈模拟得失，还可以结合管理理论和教学理论，举一反三，设身处地地总结反思。

本章小结

本章提供了基础模拟实训时段中的模拟阶段三的相关内容。对学生而言，通过对模拟阶段三的模拟背景与实训目标的了解，明确阶段三的模拟教学活动背景及要达到的具体实训目标。同时，给出了可操作的模拟流程和教学要求，让学生明确了解本阶段的基本任务和模拟过程，特别是规划出了本阶段核心模拟任务，包括供应商选择决策、物料采购谈判、产品组装人员培训、会计记账业务处理和出纳货款支付业务等相关管理模拟任务。通过进一步详细了解每个任务包含的主要活动及其模拟组织控制过程，保证该阶段的模拟活动有序进行。

思维拓展与阶段测评

1. 如何理解管理是一个系统？管理专业细分的利与弊分别是什么？
2. 财会人员如果不懂其他专业知识，能不能做一个好的财务管理人员？
3. 管理决策一定要做定量分析模型吗？用模型来帮助决策判断有何好处？
4. 谈判的实质是什么？销售谈判与采购谈判的异同在哪里？
5. 后期模拟中 CEO 几乎没有具体的任务，你认为 CEO 的作用应如何发挥？
6. 为什么人们认为管理是门艺术？课堂上单向灌输能不能让学生掌握管理艺术？
7. 未来管理人员如果缺乏表达意愿和能力，将来能适应管理职场要求吗？

表 5－4　　第三阶段实训绩效评价记录

记录日期：______年____月____日　　　　公司名称：____________________

个人姓名：__________　角色：__________　　竞争公司：____________________

绩效项目	分值区间	本公司绩效分	竞争方绩效分	本人绩效	本公司绩效贡献者	备注
公司累计绩效分	—			—	—	—
供应商选择接近目标	0～1			—	—	—
模型正确说理充分	0～2			—	—	—
组织过程显职业素质	（－1）～1			—	—	—
供应商选择指定质询	（－1）～1（1人）				—	
供应商选择争取质询	0～1（1人）	—	—		—	
采购谈判目标达成	0～1					
采购谈判中说理充分	0～2					
谈判显示职业素质	0～1	—	—			
采购预案准备充分	（－1）～1（1人）					
培训目标基本达成	0～1					
培训顺畅内容扎实	0～1					
培训言行合身份要求	0～1	—	—		—	
做好会计汇报预案	0～1					
讲清记账有关知识	0～1					
做好出纳汇报预案	0～1					
讲清支票有关知识	0～1					
指定人员反思得分	（－2）～2					
争取人员反思得分	0～2	—	—			
管理单据审核扣分	（－5）～0					
合　　计	—					

表 5 – 5　　阶段____个人学习与教师教学评价

姓名：__________　学号：__________　扮演角色：__________　时间：______年____月____日

评价对象	评价结论
自我学习绩效评价	1. 你认为通过本模拟阶段自己已达成哪些学习目标？请简要归纳。
	2. 你认为本模拟阶段应用到的主要知识点有哪些？你掌握程度如何？
	3. 你认为本模拟阶段自己哪些方面的技能和素质有所提升？理由是什么？
对课程和老师评价	1. 本阶段教学目标、内容选择、过程组织、绩效评价等方面有无存在问题？
	2. 本阶段模拟中最有价值的地方表现在哪里？
	3. 为使本阶段模拟教学效果更好，你有何改善建议？

表 5－6　　　　阶段_____个人学习小结

姓名：__________　学号：__________　扮演角色：__________　时间：______年____月____日

模拟阶段三表单附录

表 5－7　　模拟表单和实训预案附录清单

序号	编号	名　　称	表间关系（练习用）
1	J3－1	公司供应商选择过程备忘录	
2	J3－2	购销合同	
3	J3－3	零件提供方谈判预案设计	
4	J3－4	零件采购方谈判预案设计	
5	J3－5	组装工序培训预案	
6	J3－6	模拟阶段三优秀员工嘉奖	
7	J3－7	采购清单	
8	J3－8	支票	
9	J3－9	进货单	
10	J3－10	进货单（汇总）	
11	J3－11	记账凭证	
12	J3－12	到货验收单	
13	J3－13	验收合格单（汇总）	
14	J3－14	阶段三表单填写备忘录	
15	J3－15	物料入库单	

J3－1　　**公司供应商选择过程备忘录**

公司名称：________________________

参与者姓名：__________、__________、__________

1. 供应商选择目标确定：________________________

____

2. 选择模型建立过程描述：________________________

____

____

____

____

3. 其他说明事项：________________________

____

4. 选择结论：________________________

____

审核人：__________

______年____月____日

J3－2

购销合同

一、根据《经济合同法》有关条例的规定，经双方协商同意后签订此合同，双方签字后即生法律效力。

二、供方：＿＿广州红光汽车零件制造有限公司＿＿

需方：＿＿＿＿＿＿＿＿＿＿＿＿＿＿＿＿

三、签订日期：＿＿年＿＿月＿＿日

四、供给的产品：

品名	商标及规格	数量	单位	单价	金额
合计					

五、验收方法

1. 甲方在验收中，如果发现产品的品种、型号、规格和质量不合规定，应一面妥为保管，一面在3天内向乙方提出书面异议；甲方怠于通知或者自标的物收到之日起过3天未书面通知乙方的，视为产品合乎规定或符合甲方要求。

2. 乙方在接到甲方书面异议后，应在10天内（另有规定或当事人另行商定期限者除外）负责处理，否则，即视为默认甲方提出的异议和处理意见。

六、乙方的违约责任

1. 乙方所交产品品种、型号、规格、质量不符合规定的，由乙方负责包换，并承担调换或退货而支付的实际费用。

2. 产品错发到货地点或接货人的，乙方除应负责运交合同规定的到货地点或接货人外，还应承担甲方因此多支付的实际费用和逾期交货的违约金。

七、甲方的违约责任

1. 甲方自提产品未按乙方通知的日期或合同规定的日期提货的，向乙方偿付逾期提货的违约金，按＿＿元/日计算，并且定金不予退还。

2. 甲方违反合同规定拒绝接货的，应当承担由此给乙方造成的全部损失（包括直接损失和间接损失）和运输部门的罚款等，并且定金不予退还。

3. 甲方延期付款的，按总货款的0.5%/日向乙方支付违约金。

4. 甲方擅自解除合同的，应按本合同货款总值的20%向乙方支付违约金。

八、其他

1. 本合同如发生纠纷，当事人双方应当及时协商解决，协商不成时，由合同签订地人民法院管辖。

2. 违约一方或对合同争议承担主要责任的一方，还应承担对方因诉讼活动而产生的律师代理费、鉴定（检验）费和其他相关费用。

九、本合同正本一式二份，甲乙双方各执一份，传真件也具有同等法律效力。

甲方：＿＿＿＿＿＿＿＿＿＿ 乙方：＿＿＿＿＿＿＿＿＿＿

＿＿年＿＿月＿＿日 ＿＿年＿＿月＿＿日

J3－3　零件提供方谈判预案设计

1. 有利因素分析：

____

____

____

____

____

____

2. 不利因素分析：

____

____

____

____

____

____

3. 谈判目标制定：

____

____

____

____

____

____

4. 目标实施策略：

____

____

____

____

____

____

____

设 计 者：__________、__________、__________

制定日期：______年____月____日

J3－4 零件采购方谈判预案设计

1. 有利因素分析：

2. 不利因素分析：

3. 谈判目标制定：

4. 目标实施策略：

设 计 者：__________、__________、__________

制定日期：______年____月____日

J3－5

组装工序培训预案

1. 培训议程设计：（人力资源部为主）

2. 培训内容设计：（工序长为主）

（提示：工序流程、内容、分工及组装工序注意事项等）

3. 培训过程注意事项：

4. 培训参与人员：

设 计 者：__________、__________、__________

设计时间：______年____月____日

J3－6　　**模拟阶段三优秀员工嘉奖**

____________________公司：

为激励本公司员工努力工作，为公司发展做出积极贡献，特准许公司每阶段推荐1名优秀员工，特别是默默奉献的一线员工，请总经理主持，以民主方式做好推荐工作，表彰先进，鞭策落后，充分调动员工的工作积极性。

董事长：___祝成功___

______年____月____日

附：

推荐的优秀员工是：

姓名：____________________　　岗位：____________________

推荐理由：____

总经理：______________

______年____月____日

6100173320　　　　**陕西增值税普通发票**　　　　No 50520050

校验码 53595 71371 34525 43339　　　　发票联　　　　开票日期：

<table>
<tr><td>购卖方</td><td colspan="4">名　　称：
纳税人识别号：
地 址、电 话：
开户行与账号：</td><td>密码区</td><td colspan="3">（略）</td></tr>
<tr><td colspan="2">货物或应税劳务、服务名称</td><td>规格型号</td><td>单位</td><td>数量</td><td>单价</td><td>金额</td><td>税率</td><td>税额</td></tr>
<tr><td colspan="2">

合　　计</td><td></td><td></td><td></td><td></td><td></td><td></td><td></td></tr>
<tr><td colspan="9">价税合计（大写）　　　　　　（小写）</td></tr>
<tr><td>销售方</td><td colspan="4">名　　称：
纳税人识别号：
地 址、电 话：
开户行与账号：</td><td>备注</td><td colspan="3"></td></tr>
</table>

收款人：　　　　复核：　　　　开票人：　　　　销售方：（章）

6100173320　　　　**陕西增值税普通发票**　　　　No 50520051

校验码 53595 71371 34525 43338　　　　发票联　　　　开票日期：

<table>
<tr><td>购卖方</td><td colspan="4">名　　称：
纳税人识别号：
地 址、电 话：
开户行与账号：</td><td>密码区</td><td colspan="3">（略）</td></tr>
<tr><td colspan="2">货物或应税劳务、服务名称</td><td>规格型号</td><td>单位</td><td>数量</td><td>单价</td><td>金额</td><td>税率</td><td>税额</td></tr>
<tr><td colspan="2">

合　　计</td><td></td><td></td><td></td><td></td><td></td><td></td><td></td></tr>
<tr><td colspan="9">价税合计（大写）　　　　　　（小写）</td></tr>
<tr><td>销售方</td><td colspan="4">名　　称：
纳税人识别号：
地 址、电 话：
开户行与账号：</td><td>备注</td><td colspan="3"></td></tr>
</table>

收款人：　　　　复核：　　　　开票人：　　　　销售方：（章）

注：发票由销售方开出，这里做练习用。

公司名称：____________________

售货清单

售货日期：2018－10－22　　　　售货单号：XH－01

品号	品　名	单位	数量	单价	金额	送货日期
YL0008	四孔梯形绿色按钮	件	1	1522	1522	2018－10－15
YL0010	右梯形绿色四孔板	件	2	1543	3086	2018－10－15
YL0011	左梯形绿色四孔板	件	2	1543	3086	2018－10－15
YL0012	单孔梯形绿色按钮	件	2	1432	2864	2018－10－15
YL0013	八孔绿色长方板	件	2	1542	3084	2018－10－15
YL0014	双排八孔绿色板	件	2	1423	2846	2018－10－15
YL0016	双排 16 孔绿色板	件	5	1590	7950	2018－10－15
YL0019	白色弧形按钮	件	2	1389	2778	2018－10－15
YL0022	大型白色长方板	件	2	1367	2734	2018－10－15
YL0028	四孔白色方形按钮	件	2	1399	2798	2018－10－15

制单：王莎莎　　　　审核：李光五

售货清单

售货日期：2018－10－22　　　　售货单号：XH－02

品号	品　名	单位	数量	单价	金额	送货日期
YL0029	八孔侧面黑色按钮	件	2	1498	2996	2018－10－15
YL0032	四孔黑色长方体	件	1	1410	1410	2018－10－15
YL0033	双排八孔黑色体	件	3	1450	4350	2018－10－15
YL0034	双排八孔红色按钮	件	1	1500	1500	2018－10－15
YL0037	两孔银灰色车轴	件	4	1310	5240	2018－10－15
YL0038	四孔银灰色按钮	件	1	1440	1440	2018－10－15
YL0040	银灰色车圈	件	4	1390	5560	2018－10－15

制单：王莎莎　　　　审核：李光五

注：售货清单是由销售方开出的清单，具体日期仅做练习用，可忽略。

售货清单

售货日期：2018－10－22　　售货单号：XH－03

品号	品　名	单位	数量	单价	金额	送货日期
YL0043	四孔银灰色长方体	件	2	1340	2680	2018－10－15
YL0044	六孔银灰色长方体	件	1	1380	1380	2018－10－15
YL0045	黑色车胎	件	4	1390	5560	2018－10－15
YL0063	八孔银灰色长方体	件	2	1499	2998	2018－10－15
YL0064	24 孔银灰色长方体	件	1	1600	1600	2018－10－15
YL0065	12 孔铁灰色长方体	件	1	1590	1590	2018－10－15
YL0067	32 孔铁灰色长方体	件	1	1880	1880	2018－10－15
YL0069	24 孔铁灰色长方体	件	1	1660	1660	2018－10－15

制单：王莎莎　　审核：李光五

J3－7

采购清单（1）

采购日期：________　　采购单号：________

品号	品　名	单位	数量	单价（元/件）	金额（元）	到货日期
YL0008	四孔梯形绿色按钮	件				
YL0010	右梯形绿色四孔板	件				
YL0011	左梯形绿色四孔板	件				
YL0012	单孔梯形绿色按钮	件				
YL0013	八孔绿色长方板	件				
YL0014	双排八孔绿色板	件				
YL0016	双排 16 孔绿色板	件				
YL0019	白色弧形按钮	件				
YL0022	大型白色长方板	件				
YL0028	四孔白色方形按钮	件				

制单：________　　审核：________

公司名称：__________________

J3－7　　**采购清单（2）**

采购日期：__________　　采购单号：__________

品号	品　名	单位	数量	单价（元/件）	金额（元）	到货日期
YL0029	八孔侧面黑色按钮	件				
YL0032	四孔黑色长方体	件				
YL0033	双排八孔黑色体	件				
YL0034	双排八孔红色按钮	件				
YL0037	两孔银灰色车轴	件				
YL0038	四孔银灰色按钮	件				
YL0040	银灰色车圈	件				

制单：__________　　审核：__________

J3－7　　**采购清单（3）**

采购日期：__________　　采购单号：__________

品号	品　名	单位	数量	单价（元/件）	金额（元）	到货日期
YL0043	四孔银灰色长方体	件				
YL0044	六孔银灰色长方体	件				
YL0045	黑色车胎	件				
YL0063	八孔银灰色长方体	件				
YL0064	24 孔银灰色长方体	件				
YL0065	12 孔铁灰色长方体	件				
YL0067	32 孔铁灰色长方体	件				
YL0069	24 孔铁灰色长方体	件				

制单：__________　　审核：__________

公司名称：____________________

J3－8　　　　　　　　　**支票（1）**

中国工商银行 支票　（粤）　BG 02 02115342

出票日期（大写）　　年　　月　　日　　付款行名称：

收款人：　　出票人账号：

本票付款期限十天

人民币（大写）	亿	千	百	十	万	千	百	十	元	角	分

用途________

上列款项请从

我帐户内支付

出票人签章

复核　　记账

J3－8　　　　　　　　　**支票（2）**

中国工商银行 支票　（粤）　BG 02 02115342

出票日期（大写）　　年　　月　　日　　付款行名称：

收款人：　　出票人账号：

本票付款期限十天

人民币（大写）	亿	千	百	十	万	千	百	十	元	角	分

用途________

上列款项请从

我帐户内支付

出票人签章

复核　　记账

注：支票为出纳支付货款练习用，请搜集与支票相关知识。

J3－9

进货单（1）

进货日期：________ 进货单号：JH－001 采 购 员：________

供 应 商：________ 部 门：________ 扣税类别：________

品号	品名	仓库	单位	单价	数量	税率	税额	未税金额	金额
YL0008	四孔梯形绿色按钮	原料库	件			16%			
YL0010	右梯形绿色四孔板	原料库	件			16%			
YL0011	左梯形绿色四孔板	原料库	件			16%			
YL0012	单孔梯形绿色按钮	原料库	件			16%			
YL0013	八孔绿色长方板	原料库	件			16%			
YL0014	双排八孔绿色板	原料库	件			16%			
YL0016	双排 16 孔绿色板	原料库	件			16%			
YL0019	白色弧形按钮	原料库	件			16%			
YL0022	大型白色长方板	原料库	件			16%			
YL0028	四孔白色方形按钮	原料库	件			16%			
备注：						无税金额：			
						税 额：			
						合 计：			

制单：________ 审核：________

J3－9

进货单（2）

进货日期：________ 进货单号：JH－002 采 购 员：________

供 应 商：________ 部 门：________ 扣税类别：________

品号	品名	仓库	单位	单价	数量	税率	税额	未税金额	金额
YL0029	八孔侧面黑色按钮	原料库	件			16%			
YL0032	四孔黑色长方体	原料库	件			16%			
YL0033	双排八孔黑色体	原料库	件			16%			
YL0034	双排八孔红色按钮	原料库	件			16%			
YL0037	两孔银灰色车轴	原料库	件			16%			
YL0038	四孔银灰色按钮	原料库	件			16%			
YL0040	银灰色车圈	原料库	件			16%			
备注：						无税金额：			
						税 额：			
						合 计：			

制单：________ 审核：________

公司名称：____________

J3－9

进货单（3）

进货日期：__________ 进货单号：JH－003 业务人员：__________

供 应 商：__________ 部　　门：__________ 扣税类别：__________

品号	品名	仓库	单位	单价	数量	税率	税额	未税金额	金额
YL0043	四孔银灰色长方体	原料库	件			16%			
YL0044	六孔银灰色长方体	原料库	件			16%			
YL0045	黑色车胎	原料库	件			16%			
YL0063	八孔银灰色长方体	原料库	件			16%			
YL0064	24 孔银灰色长方体	原料库	件			16%			
YL0065	12 孔铁灰色长方体	原料库	件			16%			
YL0067	32 孔铁灰色长方体	原料库	件			16%			
YL0069	24 孔铁灰色长方体	原料库	件			16%			
备注：						无税金额：			
						税　　额：			
						合　　计：			

制单：__________ 审核：__________

J3－10

进货单（汇总）

进货日期：__________ 进货单号：ZJH－001 采 购 员：__________

供 应 商：__________ 部　　门：__________ 扣税类别：__________

进货单号	品号	仓库	单位	数量	税率	税额	未税金额	金额
JH－001	YL0001－YL0028	原料库	件		16%			
JH－002	YL0029－YL0040	原料库	件		16%			
JH－003	YL0041－YL0069	原料库	件		16%			
备注：					无税金额：			
					税　　额：			
					合　　计：			

制单：__________ 审核：__________

公司名称：________________

J3－11 **记账凭证（1）**

记账凭证

业务日期：

摘要	科目	借方金额											贷方金额										
	总账科目/明细科目	亿	千	百	十	万	千	百	十	元	角	分	亿	千	百	十	万	千	百	十	元	角	分
合计																							

附件 张

会计主管：________ 复核：________ 记账：________

记账凭证

业务日期：

摘要	科目	借方金额											贷方金额										
	总账科目/明细科目	亿	千	百	十	万	千	百	十	元	角	分	亿	千	百	十	万	千	百	十	元	角	分
合计																							

附件 张

会计主管：________ 复核：________ 记账：________

公司名称：

J3－11 记账凭证（2）

记账凭证

业务日期：

摘要	科目	借方金额											贷方金额										
	总账科目/明细科目	亿	千	百	十	万	千	百	十	元	角	分	亿	千	百	十	万	千	百	十	元	角	分
合计																							

张 附件

会计主管： 复核： 记账：

记账凭证

业务日期：

摘要	科目	借方金额											贷方金额										
	总账科目/明细科目	亿	千	百	十	万	千	百	十	元	角	分	亿	千	百	十	万	千	百	十	元	角	分
合计																							

张 附件

会计主管： 复核： 记账：

J3－12

到货验收单（1）

验收日期：________　　验收单号：YS－001

供 应 商：________　　验收部门：________

品号	品　名	仓库	单位	验货数量	合格数量	不合格量	处理建议	采购单号
YL0008	四孔梯形绿色按钮	原料库	件					
YL0010	右梯形绿色四孔板	原料库	件					
YL0011	左梯形绿色四孔板	原料库	件					
YL0012	单孔梯形绿色按钮	原料库	件					
YL0013	八孔绿色长方板	原料库	件					
YL0014	双排八孔绿色板	原料库	件					
YL0016	双排16孔绿色板	原料库	件					
YL0019	白色弧形按钮	原料库	件					
YL0022	大型白色长方板	原料库	件					
YL0028	四孔白色方形按钮	原料库	件					

不合格建议：1. 验收退回　　2. 让步接收

制单：________　　审核：________

J3－12

到货验收单（2）

验收日期：________　　验收单号：YS－002

供 应 商：________　　验收部门：________

品号	品　名	仓库	单位	验货数量	合格数量	不合格量	处理建议	采购单号
YL0029	八孔侧面黑色按钮	原料库	件					
YL0032	四孔黑色长方体	原料库	件					
YL0033	双排八孔黑色体	原料库	件					
YL0034	双排八孔红色按钮	原料库	件					
YL0037	两孔银灰色车轴	原料库	件					
YL0038	四孔银灰色按钮	原料库	件					
YL0040	银灰色车圈	原料库	件					

不合格建议：1. 验收退回　　2. 让步接收

制单：________　　审核：________

注：此表单为部分商品示例，按供货商分别验收，只需验收对应商品即可。

公司名称：____________

J3－12

到货验收单（3）

验收日期：____________　　验收单号：YS－003

供 应 商：____________　　验收部门：____________

品号	品　名	仓库	单位	验货数量	合格数量	不合格量	处理建议	采购单号
YL0043	四孔银灰色长方体	原料库	件					
YL0044	六孔银灰色长方体	原料库	件					
YL0045	黑色车胎	原料库	件					
YL0063	八孔银灰色长方体	原料库	件					
YL0064	24 孔银灰色长方体	原料库	件					
YL0065	12 孔铁灰色长方体	原料库	件					
YL0067	32 孔铁灰色长方体	原料库	件					
YL0069	24 孔铁灰色长方体	原料库	件					

不合格建议：1. 验收退回　　2. 让步接收

制单：____________　　审核：____________

注：此表单为部分商品示例，按供货商分别验收，只需验收对应商品即可。

J3－13

验收合格单（汇总）

验收日期：____________　　验收单号：HG－001

供 应 商：____________　　验收部门：____________

验收单号	品　号	仓库	单位	验货量	合格量
YS－001	YL0001 － YL0028	原料库	件		
YS－002	YL0029 － YL0040	原料库	件		
YS－003	YL0041 － YL0069	原料库	件		

制单：____________　　审核：____________

J3－14 **阶段三表单填写备忘录**

________________公司 总经理：__________

1. 表单填写应注意事项：

2. 表单之间关系说明：

注：总经理必填。

J3－15

物料入库单

序号	代号	名　称	仓库	单位	期初库存	入库数量	当前库存
1	YL0001	单孔绿色小方柱	原材料库	件	0		
2	YL0002	两孔绿色按钮	原材料库	件	1		
3	YL0003	三孔直角绿色板	原材料库	件	1		
4	YL0004	单孔绿色小方块	原材料库	件	0		
5	YL0005	两孔绿色长方块	原材料库	件	0		
6	YL0006	三孔绿色长方块	原材料库	件	0		
7	YL0007	绿色小方板	原材料库	件	0		
8	YL0008	四孔梯形绿色按钮	原材料库	件	0		
9	YL0009	两孔梯形绿色按钮	原材料库	件	0		
10	YL0010	右梯形绿色四孔板	原材料库	件	1		
11	YL0011	左梯形绿色四孔板	原材料库	件	1		
12	YL0012	单孔梯形绿色按钮	原材料库	件	0		
13	YL0013	八孔绿色长方板	原材料库	件	0		
14	YL0014	双排八孔绿色板	原材料库	件	0		
15	YL0015	6 厘米绿色长方板	原材料库	件	0		
16	YL0016	双排 16 孔绿色板	原材料库	件	1		
17	YL0017	四排 24 孔绿色板	原材料库	件	0		
18	YL0018	褐色带孔柱状按钮	原材料库	件	0		
19	YL0019	白色弧形按钮	原材料库	件	1		
20	YL0020	小型白色方板	原材料库	件	0		
21	YL0021	中型白色长方板	原材料库	件	0		
22	YL0022	大型白色长方板	原材料库	件	2		
23	YL0023	三孔白色长方板	原材料库	件	0		

制表：＿＿＿＿＿＿＿＿　　　　审核：＿＿＿＿＿＿＿＿

注：该表由库管员制表，库管主管审核。

J3-15　　**物料入库单（续表1）**

序号	代号	名　称	仓库	单位	期初库存	入库数量	当前库存
24	YL0024	两孔褐色长方体	原材料库	件	1		
25	YL0025	单孔褐色方形按钮	原材料库	件	0		
26	YL0026	两孔褐色长方体	原材料库	件	0		
27	YL0027	6孔褐色长方体	原材料库	件	0		
28	YL0028	四孔白色方形按钮	原材料库	件	2		
29	YL0029	八孔侧面黑色按钮	原材料库	件	1		
30	YL0030	单孔黑色轴托	原材料库	件	0		
31	YL0031	两孔黑色门托	原材料库	件	1		
32	YL0032	四孔黑色长方体	原材料库	件	0		
33	YL0033	双排八孔黑色体	原材料库	件	1		
34	YL0034	双排八孔红色按钮	原材料库	件	1		
35	YL0035	两孔红色按钮	原材料库	件	0		
36	YL0036	单孔银灰色立柱	原材料库	件	0		
37	YL0037	两孔银灰色车轴	原材料库	件	1		
38	YL0038	四孔银灰色按钮	原材料库	件	1		
39	YL0039	弧形银灰色车盖	原材料库	件	1		
40	YL0040	银灰色车圈	原材料库	件	2		
41	YL0041	单孔银灰色按钮	原材料库	件	0		
42	YL0042	两孔银灰色按钮	原材料库	件	0		
43	YL0043	四孔银灰色长方体	原材料库	件	0		
44	YL0044	六孔银灰色长方体	原材料库	件	1		
45	YL0045	黑色车胎	原材料库	件	2		
46	YL0046	黑色条状挡风板	原材料库	件	0		

制表：________　　　　审核：________

J3－15

物料入库单（续表2）

序号	代号	名　称	仓库	单位	期初库存	入库数量	当前库存
47	YL0047	银灰色方板	原材料库	件	1		
48	YL0048	三角银灰色按钮	原材料库	件	0		
49	YL0049	单孔梯形银灰色按钮	原材料库	件	1		
50	YL0050	银灰色方向盘	原材料库	件	0		
51	YL0051	单孔透明按钮	原材料库	件	0		
52	YL0052	两孔透明按钮	原材料库	件	0		
53	YL0053	三角透明按钮	原材料库	件	0		
54	YL0054	两孔米黄色按钮	原材料库	件	0		
55	YL0055	米黄色长方板	原材料库	件	0		
56	YL0056	米黄色螺帽	原材料库	件	0		
57	YL0057	红色透明小方块	原材料库	件	0		
58	YL0058	黄色长方板	原材料库	件	0		
59	YL0059	橙色透明三角按钮	原材料库	件	0		
60	YL0060	橙色透明螺帽	原材料库	件	0		
61	YL0061	铁灰色螺帽	原材料库	件	0		
62	YL0062	单孔铁灰色轴托	原材料库	件	0		
63	YL0063	八孔银灰色长方体	原材料库	件	1		
64	YL0064	24孔银灰色长方体	原材料库	件	0		
65	YL0065	12孔铁灰色长方体	原材料库	件	0		
66	YL0066	48孔银灰色长方体	原材料库	件	1		
67	YL0067	32孔银灰色长方体	原材料库	件	1		
68	YL0068	透明玻璃挡风板	原材料库	件	0		
69	YL0069	24孔铁灰色长方体	原材料库	件	1		

制表：______________　　　　审核：______________

第六章 模拟阶段四：生产组织与交货结算

第一节 阶段四模拟背景与实训目标

一、模拟背景介绍

在采购的所有原材料到货验收并入库后，生产部通知生产线工人按产品组装计划需求领料，进行生产线产品组装。由于任务很急，需尽快完成，公司准备以劳动竞赛方式激励大家快出产品，出高质量产品。产品生产完成检验入库后，立即安排给用户发运并打印发票随附。然后，根据已知信息，对典型产品成本进行核算，了解盈利情况。同时，部分货款需要催付，到款后要求及时办理结算业务。

二、教学目标说明

目标 1：了解企业库存管理、成本核算、领料业务等相关知识；
目标 2：重点培养成本核算能力、会计业务操作能力、销售发货能力；
目标 3：培养计划意识和管理控制意识，增强学生信息化管理意识。

第二节 阶段四实训流程与教学要求

一、模拟教学流程

阶段四模拟教学流程如图 6－1 所示。

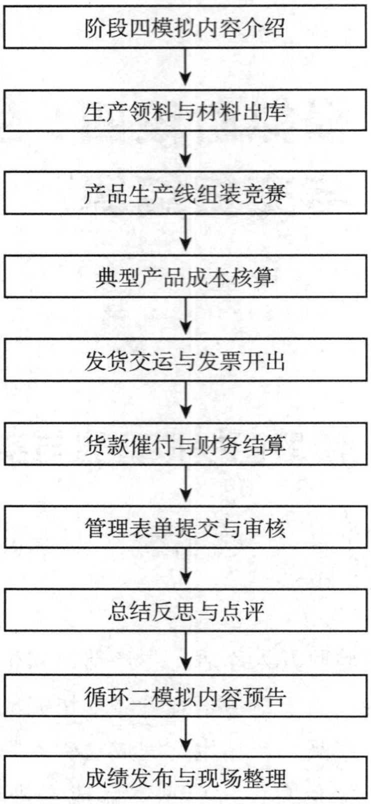

图 6－1　阶段四模拟流程

二、教学准备与要求

（1）学生：首先阅读教材相关内容及所给参考资料，对课程目标、内容做初步了解；同时，自行查阅相关资料，充分做好课程模拟前各项知识的准备；

（2）教师：做好本阶段情景模拟教学道具准备，需要准备的教学道具如表 6－1 所示。

表 6－1　阶段四情景模拟教学道具准备清单

序号	道具名称	需求数量	用　　途	单位
1	移动音箱	1	放大声音	个
2	无线话筒	4	交流沟通	个
3	电池	8	话筒用	组

续表

序号	道具名称	需求数量	用　途	单位
4	角色胸牌	40	角色确认	件
5	谈判桌	1	模拟谈判用	张
6	PPT 课件	1	模拟内容介绍	次
7	汽车—产品	2	了解模拟产品	辆
8	工艺文件	2	理解产品工艺	册
9	物料文件	2	了解产品构成	套
10	汽车—零件	89	采购、组装用	组
11	部门标牌	14	标识管理部门	个
12	会计记账凭证	2	会计记账	组
13	空白支票	2	出纳支付货款	枚
14	采购合同文本	2	采购合同签订用	本

第三节　阶段四实训教学过程组织

该阶段模拟实训被划分为 10 个基本任务单元。

一、任务 1：阶段四模拟内容介绍

（1）内容：由主讲教师介绍第四阶段主要模拟任务。主要围绕领料与生产控制等管理业务，讲述模拟目的、目标、背景、内容、流程、要求及评价规则、时间安排、注意事项等相关内容。

（2）讲授方式：利用多媒体 PPT 课件讲授。

（3）限时：25 分钟。

二、任务 2：生产领料与材料出库

（1）内容：了解领料概念、领料依据、领料程序，注意如何防止领错料。熟悉限额发料概念、依据及作用。填写领料相关表单，由各工序工人正确领出产品组装所需零

件，检查零件规格与数量是否满足组装需求，为组装产品做好准备。

（2）流程：生产领料与材料出库由以下基本流程构成，如图 6－2 所示。

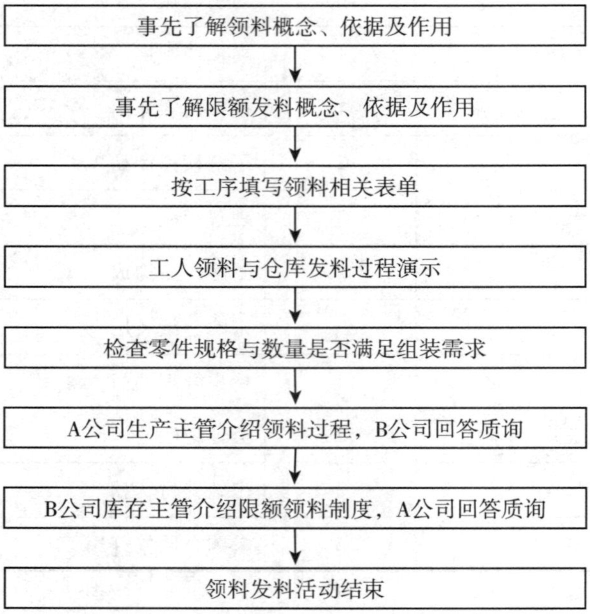

图 6－2　生产领料与材料出库流程

（3）提示：

①事先要了解领料概念、领料依据及其注意事项，防止领料错误影响组装活动，为后期传播相关知识和接受咨询做好准备；

②事先要搜集和了解限额发料制度、发料依据及其作用，为后期传播相关知识和接受咨询做好准备；

③领料与发料过程要真实展示，有序安排。

（4）评价：

①A 公司生产主管对领料概念、领料依据及其注意事项说明清楚公司与个人各得 1 分；

B 公司库存主管对发料概念、发料依据及其注意事项说明清楚公司与个人各得 1 分。

②领料发料过程组织有序，观摩清楚公司得 1 分，组织混乱扣 1 分。

③质询包括两种形式：第一，指定 B 公司生产主管与 A 公司库存主管接受质询，每答对一个问题公司与个人各得 1 分，答案有错误公司与个人各扣 1 分；第二，其他人员参与抢答问题，答对个人可得 1 分，答错不扣分，每公司 2 人为限。

（5）限时：30 分钟。

三、任务 3：产品生产线组装竞赛

（1）内容：在各工序零件领料完成并摆放好以后，抓紧熟悉组装工艺，为正确组装做好准备；在竞赛裁判长一声令下，各公司从工序 1 开始组装，各道工序完成后均要质检，质检员检查无质量问题后通过生产流水线传递到下道工序继续组装，直到第 8 道工序组装结束，质检员检查组装产品无质量问题止，通过计时并检验质量，由裁判长宣布竞赛结果。

（2）流程：产品生产线组装竞赛由以下基本流程构成，如图 6－3 所示。

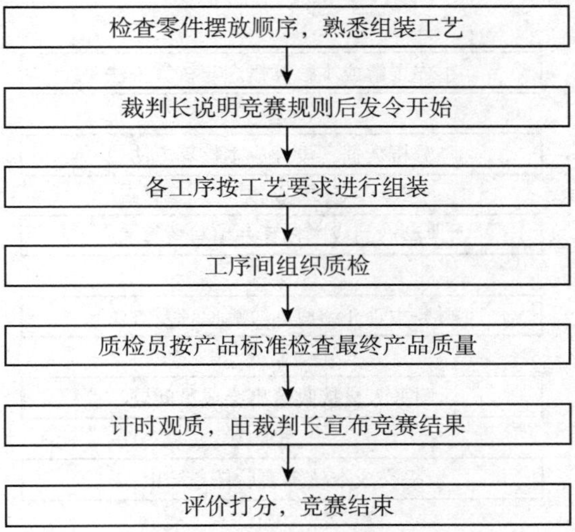

图 6－3　产品生产线组装竞赛流程

（3）提示：

①建议利用动作研究相关理论，注意按组装顺序摆放好零件位置，以提高组装效率。组装前要通过熟悉工艺防止组装出现错误，延缓组装进度；

②每道工序结束后，要执行在制品质量检查，防止产品组装错误延续到下一工序；

③组装过程既要追求速度，又要重视质量，应当是保证质量前提下追求速度。

（4）评价：

①组装前各工序零件摆放有序，组织有条理，全员做好了工艺准备，公司可得 1 分。

②组装过程有序，一次性组装成功且质量合格，若速度快于对方公司，则该公司与全部工人各得 2 分，相对慢的一方公司与全部工人各得 1 分；一方组装中虽然出现问题返工后质量保证下速度仍快于对方则该公司与所有工人各得 1 分；组装中间有返工且速

度相对最慢或有质量问题，公司与所有工人各扣 1 分；同时造成返工的相关责任工序加扣 1 分。

（5）限时：30 分钟。

四、任务 4：典型产品成本核算

（1）内容：在事先了解产品成本概念及核算方法的基础上，按照设定的数据或测度的数据，对指定的典型汽车产品的成本进行核算，填写成本核算表，能合理解释成本核算过程及核算依据，接受董事会成员问题与知识质询，并提交成本核算表。

（2）流程：典型产品成本核算流程如图 6－4 所示。

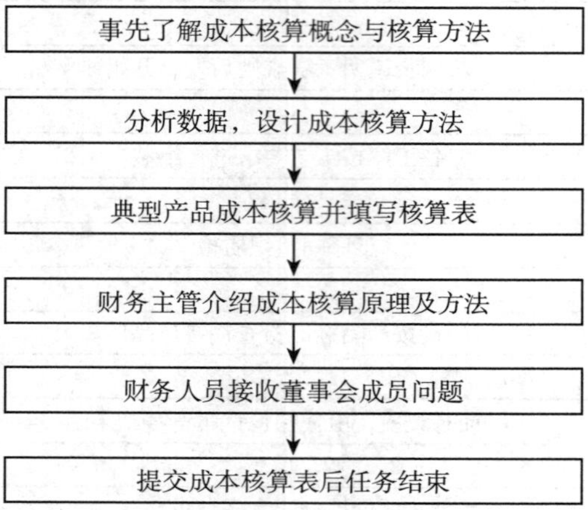

图 6－4　典型产品成本核算流程

（3）提示：

①事前要搜集和掌握成本核算概念与方法，不要临时抱佛脚；

②结合典型产品的相关数据获取途径设计具体成本核算方法；

③掌握成本核算基本原理并围绕成本核算进行知识储备，以备讲解和质询。

（4）评价：

①成本核算相关知识事前准备充分，核算结果正确，公司与个人各得 1 分；准备不充分，核算结果有错误，公司和个人各扣 1 分。

②成本核算过程介绍清晰，原理正确，言行符合角色身份，体现了个人良好修养，则公司与个人各得 1 分，言行不符合角色身份得 0 分；介绍不清晰或有概念错误，公司与个人各扣 1 分。

③质询中能正确回答问题，公司与个人各得 1 分；不能正确回答，公司与个人各扣 1 分；争取到抢答问题，能正确回答个人得 1 分，回答不够正确不得分。

（5）限时：30分钟。

五、任务5：发货交运与发票开出

（1）内容：在了解发货交运相关知识基础上，填写相关单据，开出销售发票，交付客户，并围绕发货由销售主管介绍发货流程，并准备回答董事会成员质询。

（2）流程：发货交运与发票开出流程如图6－5所示。

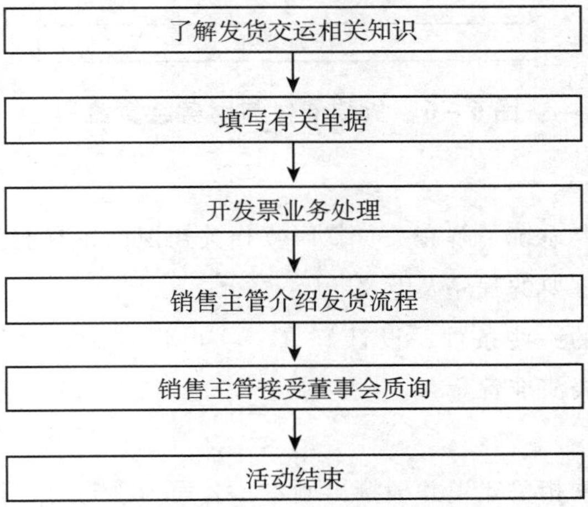

图6－5　发货交运与发票开出处理流程

（3）提示：

①销售人员事先要系统了解有关发货流程等相关知识；

②学会正确填写相关管理表单，了解其意义；

③弄清发货流程及其注意事项准备接受质询。

（4）评价：

①能事先搜集发票相关知识并做好交流方案，公司与个人各得1分；

②能清楚介绍发货流程，其他角色充分了解，公司与个人各得1分；

③能正确回答质询问题，言行仪表符合角色身份，公司与个人各得1分。

（5）限时：25分钟。

六、任务6：货款催付与财务结算

（1）内容：产品及发票发给客户后，按合同进行电话催款，完成会计账务处理；由销售主管围绕催款业务及三角债问题谈优化设想，并接收董事会成员质询。

（2）流程：货款催付与财务结算流程图如图6－6所示。

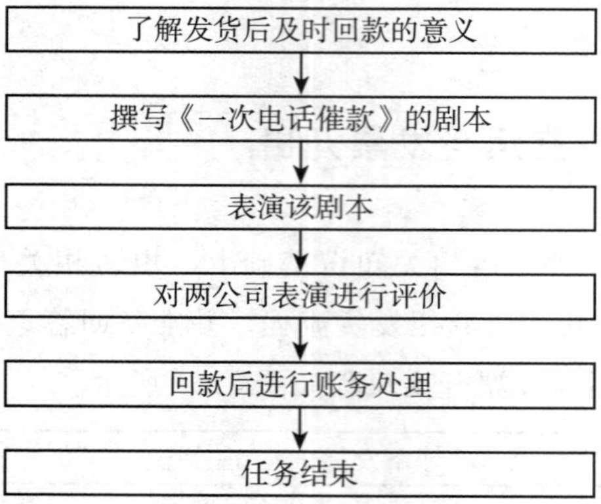

图 6－6　货款催付与财务结算流程

（3）提示：

①销售人员事先要系统了解有关货款回收相关知识，具有能正确催回货款的技能；

②搞清货款及时催要的程序及意义；

③依据预先给定的一些条件，设计好《一次电话催款》的多人表演情景剧剧本，并做好 5～10 分钟的表演准备。

（4）评价：

①能事先搜集催款相关知识并编撰出剧本，公司与参与者各得 1 分；

②表演生动、内涵丰富、有启示作用，公司与个人各得 1 分。

（5）限时：30 分钟。

七、任务 7：管理表单提交与审核

（1）内容：提交领料相关单据、会计相关单据、成本核算表单和发票等。审查表单质量，公布表单审核结果。

（2）评价：

①与表单填写标准格式要求做比较，给出评价结论；

②所提交表单和文档要严格按照要求认真填写与严格审核，不允许出现差错，每出现一处差错，同时扣相关人员与团队绩效分各 1 分，以 5 分为限。

（3）限时：10 分钟。

八、任务 8：总结反思与点评

（1）内容：首先指定 A、B 公司财务主管总结反思，A、B 公司工序长对竞赛结果进行总结反思；其次，其他人员主动争取总结反思机会（每公司不超过两名）；最后，主讲教师对阶段四模拟效果进行全面点评。

（2）说明：

①总结可以从两个方面进行，经验总结和教训汲取，尤其要发现管理模拟过程中的不足与缺陷；

②总结要结合角色身份谈最有感触的内容，如产品组装竞赛中出现返工的问题、典型产品成本核算中出现数据错误等，也可进一步延伸到上一阶段培训中的问题对本阶段组装竞赛任务完成质量的影响等，要有理有据，切中要害，有说服力。

（3）要求：

①若总结经验，就一定要突出比竞争对手（公司）做得更好的地方及表现出的亮点；

②重点鼓励总结实训中的失误和不足，特别是发现模拟过程中可大幅改进的问题，分析形成原因，提出改进设想；

③总结反思要充分结合模拟过程，抓住要害，切中弊端，切忌不着边际，假大空，无病呻吟。

（4）评价：

①对于指定的总结反思人员，若总结反思有价值、有见地、有新意，则个人和团队各得 1 分。

②对于主动争取获得总结反思机会者，若总结反思有价值，个人则可获得 1 个绩效分；若总结反思无新意，则不得分。

（5）限时：35 分钟。

九、任务 9：循环二模拟内容预告

（1）内容：由主讲教师提前告知下一循环模拟基本内容和要求，对需要提前准备的模拟教学活动，提醒学生尽量利用课外时间做好模拟前的各项知识与预案准备。

（2）教学方式：利用多媒体 PPT 课件讲授。

（3）限时：10 分钟。

十、任务 10：成绩发布与现场整理

（1）内容：除模拟过程实时动态公布个体与团体的绩效分外，第四模拟阶段结束时，通过正式公布阶段成绩，鼓励团体及个体在下一模拟循环要更努力投入，争取更好的绩效；同时，下课前，按 5S 现场管理原则要求，整理模拟现场设备、道具、教学文件等，要求凳子归位、行礼下课。

（2）要求：

①主动将 5S 现场管理原则贯彻于模拟现场整理活动中；

②下课前，凳子归位，行礼下课。

(3) 标准：严格按5S管理现场，各团队整理效果将作为团队绩效的一个评价点，符合要求者团队可获绩效分1分；不符合要求者团队绩效分减1分。

(4) 限时：5分钟。

第四节 阶段四实训过程控制与注意事项

一、模拟过程控制

本阶段模拟过程控制如表6－2所示，每项任务都预设了控制的时间范围。

表6－2 阶段四模拟过程控制

序号	模拟任务	主持人	给定时间	评价方式
1	阶段四模拟内容介绍	主讲教师	20分	—
2	生产领料与材料出库	库存主管	30分	举牌打分
3	产品生产线组装竞赛	生产主管	30分	计时观质
4	典型产品成本核算	财务主管	30分	举牌打分
5	课间休息	—	15分	—
6	发货交运与发票开出	销售主管	25分	举牌打分
7	货款催付与财务结算	销售、财务主管	30分	举牌打分
8	总结反思与点评	主讲教师	35分	举牌打分
9	管理表单提交与审核	教师组	10分	教师组审核
10	阶段四模拟内容简介	主讲教师	10分	—
11	模拟现场整理	主讲教师	5分	教师组检查

二、模拟注意事项

（一）教师注意事项

（1）本阶段交流形式较多，要提醒学生课外准备，事前完善。由于课堂准备时间有限，必须课外充分准备才能发挥交流的积极作用，否则课堂效果必打折扣。

（2）实训中要充分调动学生的主观能动性，让学生创造性地参与模拟过程各种交流活动。

（3）注意利用激励机制，充分利用各种合理手段调动学生积极性和保持学生的注意力。

（4）在总结、反思中要在充分肯定学生努力参与的基础上指出某些环节处理上的不足。

（二）学生注意事项

（1）不仅鼓励学生要提前准备，课外投入时间预习教材、准备模拟知识，而且鼓励学生在模拟中要充分提高时间利用效率，学会任务计划与安排，也要提倡有余力时相互支持。

（2）强调总结与反思环节的重要性。建议学生可以围绕关键模拟任务的得失进行总结和反思，也可以结合自己的角色体验谈模拟得失，举一反三，设身处地地总结反思。

表 6-3　　第四阶段实训绩效评价记录

记录日期：______年____月____日　　公司名称：______________

个人姓名：__________　角色：__________　竞争公司：______________

绩效项目	分值区间	本公司绩效分	竞争方绩效分	本人绩效	本公司绩效贡献者	备注
公司累计绩效分	—			—	—	
领发料流程说明清楚	0~1					
发料过程组织有序	(-1)~1					
发料过程指定质询	(-2)~2（2人）					
发料过程争取质询	0~2（2人）	—	—		—	
组装前准备有序	0~1			—	全体工人	
组装质量合格速度快	(-1)~2				全体工人	
成本核算结果正确	(-1)~1					
成本核算介绍清楚	(-1)~1					
成本核算指定质询	(-1)~1					
成本核算争取质询	0~1	—	—		—	
发票知识搜集与交流	(-1)~1					
介绍发货流程清晰	0~1					
回答发货相关质询	0~1					
撰写电话催款剧本	(-1)~1					
催款表演生动有启示	0~1（2人）					
指定人员反思得分	(-2)~2					

续表

绩效项目	分值区间	本公司绩效分	竞争方绩效分	本人绩效	本公司绩效贡献者	备注
争取人员反思得分	0~2	—	—		—	
管理单据审核扣分	(-5)~0					
合　计	—			—	—	—

注：如有表中无法区分清楚的问题，可在下面予以说明。

本章小结

本章提供了基础模拟实训时段中的模拟阶段四的相关内容。通过对模拟阶段四的模拟背景与实训目标的具体介绍，使学生明确了阶段四的模拟教学活动背景及要达到的具体实训目标。同时，给出了可操作的模拟流程和教学要求，让学生可以直观了解本阶段的基本任务和模拟过程，特别是规划出了本阶段核心模拟任务，包括生产领料与材料出库、产品线生产组装竞赛、典型产品成本核算、发货交运与发票开出和货款催付与财务结算等相关管理模拟任务。通过进一步详细了解每个任务包含的主要活动及其模拟过程组织控制，可使该阶段的模拟活动能按设计有序进行。

思维拓展与阶段测评

1. 如何理解限额领料与降低成本的关系？

2. 模拟中有些零件相似度很高，如果领错了会对组装竞赛产生什么影响？

3. 如果你所在公司在组装车辆竞赛中失利，你分析可能是哪些因素导致的？如果你所在公司竞赛获胜，请总结关键成功要素？

4. 你从手工填写表单时的繁杂工作中能体会到ERP这类管理信息系统对企业管理的重要作用吗？

5. 当你在某小段实训时间内暂无模拟任务时，你有没有主动找些事做？你认为你的角色作用应在模拟中如何充分发挥？

6. 自信源于能力，能力增加自信，如何通过用心参与实训提高自己对未来管理工作的自信？

7. 产品已顺利到达用户手中，但货款未收回，销售业务还不能算结束，你如何理解这句话？

8. “用户至上”的理念如何贯穿在管理的全过程中？

表 6－4　　　　阶段__个人学习与教师教学评价

姓名：__________　学号：__________　扮演角色：__________　时间：______年____月____日

评价对象	评价结论
自我学习绩效评价	1. 你认为本模拟阶段自己已达成哪些学习目标？请简要归纳。
	2. 你认为本模拟阶段应用到的主要知识点有哪些？你掌握程度如何？
	3. 你认为本模拟阶段对自己哪些方面的技能和素质有所提升？理由是什么？
对课程和老师评价	1. 本阶段教学目标、内容选择、过程组织、绩效评价等方面有无存在问题？
	2. 本阶段模拟中最有价值的地方表现在哪里？
	3. 为使本阶段模拟教学效果更好，你有何改善建议？

表 6－5　　阶段____个人学习小结

姓名：__________　学号：__________　扮演角色：__________　时间：______年____月____日

模拟阶段四表单附录

表 6－6　　模拟表单和实训预案附录清单

序号	编号	名　　称	表间关系（练习用）
1	J4－1	阶段四表单填写备忘录	
2	J4－2	（8 工序）生产通知单	
3	J4－3	（8 工序）领料单	
4	J4－4	材料出库登记单	
5	J4－5	（8 张）记账凭证	
6	J4－6	（8 工序）生产日报表	
7	J4－7	半成品/成品验收单	
8	J4－8	半成品/成品缴库单	
9	J4－9	销货单	
10	J4－10	销售发票	
11	J4－11	生产工人工资核算表	
12	J4－12	催款情景短剧简要剧本	
13	J4－13	典型产品成本核算底稿	
14	J4－14	模拟阶段四优秀员工嘉奖表	

J4－1　　阶段四表单填写备忘录

____________________公司　　　　　　　总经理：________________

1. 表单填写应注意事项：

____

____

____

____

2. 表单之间关系说明：

____

____

____

____

注：总经理必填。

公司名称：______________

J4－2

生产通知单（1）

通知日期：__________ 通知单号：__________ 成品名称：__________

制令单号：__________ 工 序 号：____1____ 下道工序：____2____

预开工日：__________ 预完工日：__________

项	品号	品名	单位	库位	预提数量	已提数量

制单：________ 审核：________

J4－2

生产通知单（2）

通知日期：__________ 通知单号：__________ 成品名称：__________

制令单号：__________ 工 序 号：____2____ 下道工序：____3____

预开工日：__________ 预完工日：__________

项	品号	品名	单位	库位	预提数量	已提数量

制单：________ 审核：________

注：按工序通知。

公司名称：____________

J4－2　　　　**生产通知单（3）**

通知日期：________　通知单号：________　成品名称：________

制令单号：________　工　序　号：　3　下道工序：　4

预开工日：________　预完工日：________

项	品号	品名	单位	库位	预提数量	已提数量

制单：________　　审核：________

J4－2　　　　**生产通知单（4）**

通知日期：________　通知单号：________　成品名称：________

制令单号：________　工　序　号：　4　下道工序：　5

预开工日：________　预完工日：________

项	品号	品名	单位	库位	预提数量	已提数量

制单：________　　审核：________

注：按工序通知。

公司名称：__________

J4－2 **生产通知单（5）**

通知日期：__________ 通知单号：__________ 成品名称：__________

制令单号：__________ 工 序 号：____5____ 下道工序：____6____

预开工日：__________ 预完工日：__________

项	品号	品名	单位	库位	预提数量	已提数量

制单：________ 审核：________

J4－2 **生产通知单（6）**

通知日期：__________ 通知单号：__________ 成品名称：__________

制令单号：__________ 工 序 号：____6____ 下道工序：____7____

预开工日：__________ 预完工日：__________

项	品号	品名	单位	库位	预提数量	已提数量

制单：________ 审核：________

注：按工序通知。

公司名称：____________________

J4 －2　　生产通知单（7）

通知日期：____________　通知单号：____________　成品名称：____________

制令单号：____________　工 序 号：　7　下道工序：　8

预开工日：____________　预完工日：____________

项	品号	品名	单位	库位	预提数量	已提数量

制单：________　　审核：________

J4 －2　　生产通知单（8）

通知日期：____________　通知单号：____________　成品名称：____________

制令单号：____________　工 序 号：　8　下道工序：汽车组装线

预开工日：____________　预完工日：____________

项	品号	品名	单位	库位	预提数量	已提数量

制单：________　　审核：________

注：按工序通知。

公司名称：____________

J4－3　　领料单（1）

领料日期：________　领料单号：________　领料部门：汽车组装线

生产成品：________　制令单号：________　工 序 号：工序1

项	品号	品名	单位	仓库	应领数	实领数

制单：________　领料人：________

J4－3　　领料单（2）

领料日期：________　领料单号：________　领料部门：汽车组装线

生产成品：________　制令单号：________　工 序 号：工序2

项	品号	品名	单位	仓库	应领数	实领数

制单：________　领料人：________

公司名称：____________

J4－3

领料单（3）

领料日期：__________　领料单号：__________　领料部门：汽车组装线

生产成品：__________　制令单号：__________　工 序 号：工序3

项	品号	品名	单位	仓库	应领数	实领数

制单：________　领料人：________

J4－3

领料单（4）

领料日期：__________　领料单号：__________　领料部门：汽车组装线

生产成品：__________　制令单号：__________　工 序 号：工序4

项	品号	品名	单位	仓库	应领数	实领数

制单：________　领料人：________

公司名称：____________

J4－3

领料单（5）

领料日期：__________ 领料单号：__________ 领料部门：汽车组装线

生产成品：__________ 制令单号：__________ 工 序 号：工序5

项	品号	品名	单位	仓库	应领数	实领数

制单：________ 领料人：________

J4－3

领料单（6）

领料日期：__________ 领料单号：__________ 领料部门：汽车组装线

生产成品：__________ 制令单号：__________ 工 序 号：工序6

项	品号	品名	单位	仓库	应领数	实领数

制单：________ 领料人：________

公司名称：____________________

J4－3

领料单（7）

领料日期：____________　领料单号：____________　领料部门：汽车组装线

生产成品：____________　制令单号：____________　工 序 号：工序7

项	品号	品名	单位	仓库	应领数	实领数

制单：________　领料人：________

J4－3

领料单（8）

领料日期：____________　领料单号：____________　领料部门：汽车组装线

生产成品：____________　制令单号：____________　工 序 号：工序8

项	品号	品名	单位	仓库	应领数	实领数

制单：________　领料人：________

公司名称：________________

J4－4

材料出库登记单

品号	品　　名	单位	库存数量	出库时间/数量	出库时间/数量	出库时间/数量
YL0001	单孔绿色小方柱	件	2			
YL0002	两孔绿色按钮	件	4			
YL0003	三孔直角绿色板	件	2			
YL0004	单孔绿色小方块	件	6			
YL0005	两孔绿色长方块	件	5			
YL0006	三孔绿色长方块	件	2			
YL0007	绿色小方板	件	0			
YL0008	四孔梯形绿色按钮	件	1			
YL0009	两孔梯形绿色按钮	件	2			
YL0010	右梯形绿色四孔板	件	2			
YL0011	左梯形绿色四孔板	件	2			
YL0012	单孔梯形绿色按钮	件	2			
YL0013	八孔绿色长方板	件	2			
YL0014	双排八孔绿色板	件	2			
YL0015	6 厘米绿色长方板	件	0			
YL0016	双排 16 孔绿色板	件	5			
YL0017	四排 24 孔绿色板	件	0			
YL0018	褐色带孔柱状按钮	件	2			
YL0019	白色弧形按钮	件	2			
YL0020	小型白色方板	件	2			
YL0021	中型白色长方板	件	0			
YL0022	大型白色长方板	件	2			
YL0023	三孔白色长方板	件	4			
YL0024	两孔褐色长方体	件	1			
YL0025	单孔褐色方形按钮	件	2			
YL0026	两孔褐色长方体	件	4			
YL0027	6 孔褐色长方体	件	0			
YL0028	四孔白色方形按钮	件	2			
YL0029	八孔侧面黑色按钮	件	2			
YL0030	单孔黑色轴托	件	2			
YL0031	两孔黑色门托	件	2			
YL0032	四孔黑色长方体	件	1			
YL0033	双排八孔黑色体	件	3			
YL0034	双排八孔红色按钮	件	1			

制单：________________　　　　审核：________________

公司名称：____________________

J4－4　　材料出库登记单（续表1）

品号	品　　名	单位	库存数量	出库时间/数量	出库时间/数量	出库时间/数量
YL0035	两孔红色按钮	件	1			
YL0036	单孔银灰色立柱	件	2			
YL0037	两孔银灰色车轴	件	4			
YL0038	四孔银灰色按钮	件	1			
YL0039	弧形银灰色车盖	件	2			
YL0040	银灰色车圈	件	4			
YL0041	单孔银灰色按钮	件	0			
YL0042	两孔银灰色按钮	件	2			
YL0043	四孔银灰色长方体	件	2			
YL0044	六孔银灰色长方体	件	1			
YL0045	黑色车胎	件	4			
YL0046	黑色条状挡风板	件	3			
YL0047	银灰色方板	件	0			
YL0048	三角银灰色按钮	件	0			
YL0049	单孔梯形银灰按钮	件	2			
YL0050	银灰色方向盘	件	0			
YL0051	单孔透明按钮	件	2			
YL0052	两孔透明按钮	件	2			
YL0053	三角透明按钮	件	4			
YL0054	两孔米黄色按钮	件	1			
YL0055	米黄色长方板	件	1			
YL0056	米黄色螺帽	件	4			
YL0057	红色透明小方块	件	2			
YL0058	黄色长方板	件	2			
YL0059	橙色透明三角按钮	件	2			
YL0060	橙色透明螺帽	件	1			
YL0061	铁灰色螺帽	件	2			
YL0062	单孔铁灰色轴托	件	2			
YL0063	八孔银灰色长方体	件	2			
YL0064	24 孔银灰色长方体	件	1			
YL0065	12 孔铁灰色长方体	件	1			
YL0066	48 孔银灰色长方体	件	0			
YL0067	32 孔银灰色长方体	件	1			
YL0068	透明玻璃挡风板	件	0			
YL0069	24 孔铁灰色长方体		1			

制单：____________________　　　　审核：____________________

公司名称：____________________

J4－5

记账凭证（1）

记账凭证

业务日期：

摘要	科目	借方金额											贷方金额										
	总账科目/明细科目	亿	千	百	十	万	千	百	十	元	角	分	亿	千	百	十	万	千	百	十	元	角	分
合　计																							

附件　张

会计主管：____________　复核：____________　记账：____________

记账凭证

业务日期：

摘要	科目	借方金额											贷方金额										
	总账科目/明细科目	亿	千	百	十	万	千	百	十	元	角	分	亿	千	百	十	万	千	百	十	元	角	分
合　计																							

附件　张

会计主管：____________　复核：____________　记账：____________

公司名称：________________

J4－5　　　　**记账凭证（2）**

记账凭证

业务日期：

摘要	科　目	借方金额											贷方金额										
	总账科目/明细科目	亿	千	百	十	万	千	百	十	元	角	分	亿	千	百	十	万	千	百	十	元	角	分
合　计																							

附件　张

会计主管：__________　复核：__________　记账：__________

记账凭证

业务日期：

摘要	科　目	借方金额											贷方金额										
	总账科目/明细科目	亿	千	百	十	万	千	百	十	元	角	分	亿	千	百	十	万	千	百	十	元	角	分
合　计																							

附件　张

会计主管：__________　复核：__________　记账：__________

公司名称：____________________

J4－5

记账凭证（3）

记账凭证

业务日期：

摘要	科目	借方金额											贷方金额										
	总账科目/明细科目	亿	千	百	十	万	千	百	十	元	角	分	亿	千	百	十	万	千	百	十	元	角	分
合计																							

附件 张

会计主管：______________ 复核：______________ 记账：______________

记账凭证

业务日期：

摘要	科目	借方金额											贷方金额										
	总账科目/明细科目	亿	千	百	十	万	千	百	十	元	角	分	亿	千	百	十	万	千	百	十	元	角	分
合计																							

附件 张

会计主管：______________ 复核：______________ 记账：______________

公司名称：________________

J4－5　　　　记账凭证（4）

记账凭证

业务日期：

摘要	科目	借方金额											贷方金额										
	总账科目/明细科目	亿	千	百	十	万	千	百	十	元	角	分	亿	千	百	十	万	千	百	十	元	角	分
合　计																							

张

附件

会计主管：____________　复核：____________　记账：____________

记账凭证

业务日期：

摘要	科目	借方金额											贷方金额										
	总账科目/明细科目	亿	千	百	十	万	千	百	十	元	角	分	亿	千	百	十	万	千	百	十	元	角	分
合　计																							

张

附件

会计主管：____________　复核：____________　记账：____________

公司名称：__________

J4－6

生产日报表（1）

生产日期：__________ 生产日报单号：__________ 部门：__________ 工序号：1

机台	制令单号	通知单号	生产成品	开始时间	截止时间	应生产量	产出数量

J4－6

生产日报表（2）

生产日期：__________ 生产日报单号：__________ 部门：__________ 工序号：2

机台	制令单号	通知单号	生产成品	开始时间	截止时间	应生产量	产出数量

J4－6

生产日报表（3）

生产日期：__________ 生产日报单号：__________ 部门：__________ 工序号：3

机台	制令单号	通知单号	生产成品	开始时间	截止时间	应生产量	产出数量

J4－6

生产日报表（4）

生产日期：__________ 生产日报单号：__________ 部门：__________ 工序号：4

机台	制令单号	通知单号	生产成品	开始时间	截止时间	应生产量	产出数量

公司名称：____________

J4－6　　生产日报表（5）

生产日期：________　生产日报单号：________　部门：________　工序号：5

机台	制令单号	通知单号	生产成品	开始时间	截止时间	应生产量	产出数量

J4－6　　生产日报表（6）

生产日期：________　生产日报单号：________　部门：________　工序号：6

机台	制令单号	通知单号	生产成品	开始时间	截止时间	应生产量	产出数量

J4－6　　生产日报表（7）

生产日期：________　生产日报单号：________　部门：________　工序号：7

机台	制令单号	通知单号	生产成品	开始时间	截止时间	应生产量	产出数量

J4－6　　生产日报表（8）

生产日期：________　生产日报单号：________　部门：________　工序号：8

机台	制令单号	通知单号	生产成品	开始时间	截止时间	应生产量	产出数量

公司名称：____________

J4－7

半成品或产成品验收单

验收日期：________ 验收单号：________ 验 收 员：________

销货客户：________ 进货单号：________ 验收部门：________

品号	品名	仓库	单位	验货数量	合格数量	不合格量	原因	处理建议

不合格处理建议：1. 报废　2. 重开制令单　3. 强制缴库

制单：________ 审核：________

公司名称：____________

J4－8

半成品或产成品缴库单（1）

项	缴库日期	生产部门	缴库单号	制令单号	生产成品	成品仓库	数量
1							
2							
3							

仓库签字：________ 车间签字：________ 制单：________

J4－8

半成品或产成品缴库单（2）

项	缴库日期	生产部门	缴库单号	制令单号	生产成品	成品仓库	数量
1							
2							
3							

仓库签字：________ 车间签字：________ 制单：________

公司名称：________________

J4-9 **销货单（1）**

销货日期：__________ 销货单号：__________ 销 售 员：__________

销货客户：______________________________ 扣税类别：__________

项	品号	品名	库位	单位	单价	数量	税率	未税本位币	税额	金额
1										
2										
3										
备注：									无税金额	
									税额	
									合计	

制单：________________ 审核：________________

J4-9 **销货单（2）**

销货日期：__________ 销货单号：__________ 销 售 员：__________

销货客户：______________________________ 扣税类别：__________

项	品号	品名	库位	单位	单价	数量	税率	未税本位币	税额	金额
1										
2										
3										
备注：									无税金额	
									税额	
									合计	

制单：________________ 审核：________________

公司名称：__________________

J4－10 **销售发票**

6100173320 **陕西省增值税普通发票** No50520050

校验码 53595 71371 34525 43339 发票联 开票日期：

购买方	名　　称： 纳税人识别号： 地 址、电 话： 开户行与账号：				密码区	（略）	
货物或应税劳务、服务名称	规格型号	单位	数量	单价	金额	税率	税额
合　　计							
价税合计（大写）				（小写）			
销售方	名　　称： 纳税人识别号： 地 址、电 话： 开户行与账号：				备注		

收款人：　　　　复核：　　　　开票人：　　　　销售方：（章）

6100173320 **陕西省增值税普通发票** No50520051

校验码 53595 71371 34525 43338 发票联 开票日期：

购买方	名　　称： 纳税人识别号： 地 址、电 话： 开户行与账号：				密码区	（略）	
货物或应税劳务、服务名称	规格型号	单位	数量	单价	金额	税率	税额
合　　计							
价税合计（大写）				（小写）			
销售方	名　　称： 纳税人识别号： 地 址、电 话： 开户行与账号：				备注		

收款人：　　　　复核：　　　　开票人：　　　　销售方：（章）

注：由销售方开出发票，并随货寄送。

公司名称：____________________

J4－11　　　　生产工人工资核算表（1）

核算日期：__________　生产部门：__________　计时员：__________、__________

工序号	工人姓名	生产开始时间	生产结束时间	工时数	工资
工序 1					
工序 2					
工序 3					
工序 4					
工序 5					
工序 6					
工序 7					
工序 8					

制表：____________________　　审核：____________________

J4－11　　　　生产工人工资核算表（2）

核算日期：__________　生产部门：__________　计时员：__________、__________

工序号	工人姓名	生产开始时间	生产结束时间	工时数	工资
工序 1					
工序 2					
工序 3					
工序 4					
工序 5					
工序 6					
工序 7					
工序 8					

制表：____________________　　审核：____________________

注：工人工时数按模拟产品在流水线实际装配时间具体测量计算，1 分钟相当于 1 小时，实行计时工资制，高级技工小时工资按 200 元模拟核算。

J4－12　催款情景短剧简要剧本

编剧：________________　导演：________________

主要参演者：（控制在5人及以内）

____

设定时间：________________　主要地点：________________

简单剧情描述：

剧情冲突点设计：

提示：既能反映回款对企业经营的重要性，亦能体现客户关系管理的意义，有一定的戏剧冲突，可以鞭挞社会不良现象，但总体要体现社会正能量。

J4－13　　典型产品成本核算底稿

一、直接材料				
品号	品名（单位/件）	使用量	单价（元/件）	金额（元）
YL0001	单孔绿色小方柱			
YL0002	两孔绿色按钮			
YL0003	三孔直角绿色板			
YL0004	单孔绿色小方块			
YL0005	两孔绿色长方块			
YL0006	三孔绿色长方块			
YL0007	绿色小方板			
YL0008	四孔梯形绿色按钮			
YL0009	两孔梯形绿色按钮			
YL0010	右梯形绿色四孔板			
YL0011	左梯形绿色四孔板			
YL0012	单孔梯形绿色按钮			
YL0013	八孔绿色长方板			
YL0014	双排八孔绿色板			
YL0015	6 厘米绿色长方板			
YL0016	双排 16 孔绿色板			
YL0017	四排 24 孔绿色板			
YL0018	褐色带孔柱状按钮			
YL0019	白色弧形按钮			
YL0020	小型白色方板			
YL0021	中型白色长方板			
YL0022	大型白色长方板			
YL0023	三孔白色长方板			
YL0024	两孔褐色长方体			
YL0025	单孔褐色方形按钮			
YL0026	两孔褐色长方体			
YL0027	6 孔褐色长方体			
YL0028	四孔白色方形按钮			
YL0029	八孔侧面黑色按钮			
YL0030	单孔黑色轴托			
YL0031	两孔黑色门托			

续表

一、直接材料				
品号	品名（单位/件）	使用量	单价（元/件）	金额（元）
YL0032	四孔黑色长方体			
YL0033	双排八孔黑色体			
YL0034	双排八孔红色按钮			
YL0035	两孔红色按钮			
YL0036	单孔银灰色立柱			
YL0037	两孔银灰色车轴			
YL0038	四孔银灰色按钮			
YL0039	弧形银灰色车盖			
YL0040	银灰色车圈			
YL0041	单孔银灰色按钮			
YL0042	两孔银灰色按钮			
YL0043	四孔银灰色长方体			
YL0044	六孔银灰色长方体			
YL0045	黑色车胎			
YL0046	黑色条状挡风板			
YL0047	银灰色方板			
YL0048	三角银灰色按钮			
YL0049	单孔梯形银灰色按钮			
YL0050	银灰色方向盘			
YL0051	单孔透明按钮			
YL0052	两孔透明按钮			
YL0053	三角透明按钮			
YL0054	两孔米黄色按钮			
YL0055	米黄色长方板			
YL0056	米黄色螺帽			
YL0057	红色透明小方块			
YL0058	黄色长方板			
YL0059	橙色透明三角按钮			
YL0060	橙色透明螺帽			
YL0061	铁灰色螺帽			
YL0062	单孔铁灰色轴托			

续表

一、直接材料				
品号	品名（单位/件）	使用量	单价（元/件）	金额（元）
YL0063	八孔银灰色长方体			
YL0064	24 孔银灰色长方体			
YL0065	12 孔铁灰色长方体			
YL0066	48 孔银灰色长方体			
YL0067	32 孔银灰色长方体			
YL0068	透明玻璃挡风板			
YL0069	24 孔铁灰色长方体			
合计	—		—	
二、直接人工				
工序	工人	工时数	工时费（元/工时）	金额（元）
1			200	
2			200	
3			200	
4			200	
5			200	
6			200	
7			200	
8			200	
合计			—	
三、制造费用				
序号	费用项	数量	单价（元/度或吨）	金额（元）
1	水费			
2	电费			
3	办公费用	—	—	
4	固定资产折旧	—	—	
合计	—	—	—	
四、期间费用（分摊）				
五、产品成本				

核算人：________________　　审核人：________________

注：工人一栏填写在对应工序操作的学生姓名。

【背景材料】每月车间实际办公费用为1800元，该月办公费由10辆F3产品均摊；本企业车间固定资产为加工机器设备等，价值25万元，折旧年限为10年，按照直线法计提折旧，及每月计入制造费用的折旧费用＝固定资产原值/（折旧年限×12）；水费实际为4.2元/吨，每生产10辆F3跑车实际消耗250吨水；电费为1.5元/度，每生产10辆F3跑车将消耗50000度电。

直接人工核算时，每工序1人，工时数按《生产工人工资核算表》中实际数据核算。

J4－14　模拟阶段四优秀员工嘉奖

____________公司：

为激励本公司员工努力工作，为公司发展做出积极贡献，特准许公司每阶段推荐1名优秀员工，特别是默默奉献的一线员工，请总经理主持，以民主方式做好推荐工作，表彰先进，鞭策落后，充分调动员工的工作积极性。

董事长：祝成功

____年____月____日

附：

推荐的优秀员工是：

姓名：____________　　岗位：____________

推荐理由：____

____

____

____

总经理：____________

____年____月____日

第三部分

提阶模拟篇

——传统管理与信息化管理循环实训

第七章　中阶循环实训

——模拟角色变换下的传统管理模拟

第一节　循环阶段的模拟目标与模拟思路

一、循环阶段的模拟目标阶梯设定

为使本课程的教学目标真正落实，就需要在给定课程学时约束下，让学生争取担任更多不同的角色，从而达到不断提升管理胜任力目的。因此，这就需要在前期基础模拟达成的目标之上，循序渐进地向更高目标提升，形成阶梯型的管理胜任力目标增长趋势，目标设计结果如图 7－1 所示。也就是说，通过在不同管理模式下多次的循环模拟，让每个学生都有机会担任不同的管理角色，才能全面地提升每位学生的管理胜任力。

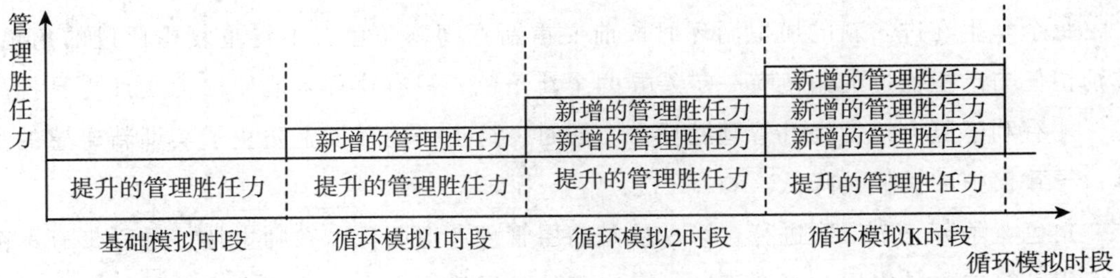

图 7－1　传统管理循环时段目标阶梯设定

当然，每增加一个循环时段需要一定量的学时配套（大约 16 个学时），一般而言，课程的学时总是有限的，只能在有限学时约束下，通过合理安排循环次数达到适当的管理胜任力目标。这里需要强调的是如何追求在有限循环次数下，最大限度地提高实训效果。这就需要在循环模拟安排中统筹考虑，在模拟设计中要充分强调效率观念和质量意识，强化合作观念和沟通意识。

二、循环模拟阶段的整体优化设计思路确定

在有限学时的约束下，为让学生能普遍地、较大幅度地提升管理胜任力，必须统筹安排循环模拟过程的各种教学要素，使其最大限度地共同为课程目标服务。这里把需要重点考虑的设计要素确定为如下几个方面：模拟角色因素、模拟任务因素、模拟产品（模拟道具之一）因素、教学评价因素、课程反思因素等。围绕这几个主要因素进行合理地安排，可以达到优化目标的目的。该阶段具体模拟优化设计思路如表7－1所示。

表7－1　传统管理循环模拟时段优化设计中目标与要素匹配

考虑要素	基础模拟时段	第一次循环时段	第二次循环时段
模拟时段目标	基础管理胜任力	阶梯一管理胜任力	阶梯二管理胜任力
模拟角色变化	管理角色1	管理角色L	管理角色K
模拟产品变换	模拟车1	模拟车2	模拟车3
任务置换程度	保持基本任务	部分任务难度调整	部分核心任务置换
教学评价标准	鼓励为主适当宽松	鼓励为主适度要求	鼓励同时适度严格
反思要求程度	适中要求	要求较严格	要求严格

（一）学生要通过重新竞聘转换模拟角色

每个学生在进入新的模拟循环时段前要重新竞聘新角色，不得重复担任过的角色，鼓励担任与已担任过的角色有一定差异的全新角色，只有这样才能使模拟实训更具挑战性，才有利于更大幅度提升管理胜任力。同时，这也一定程度上防止了实训新奇感的下降，导致模拟的挑战性降低。

角色竞争分三个层次进行。第一层是高层管理者竞聘，由教师主持，过程带有示范性作用；第二层是中层主管竞聘，由已应聘的高层管理者主持，要求竞聘过程要有一定的规范性；第三层是基层管理人员（如销售员、采购员、会计员等）及各工序工人竞聘，由各主管主持，在高层监督下按职能分别进行，以提高效率和改善效果。角色竞争机制的建立过程就是对管理职责逐步认识的过程，通过实施竞争机制肯定会带来很好的管理模拟效果。

（二）模拟任务要随着循环次数增加适度递增模拟难度

模拟任务的变化对提高学生的学习兴趣和增加模拟教学的挑战性有一定作用。难

度递增幅度要把握两个基本原则：（1）普遍受益原则；（2）稳中求精原则。模拟是面向全部学生展开的，不能忘记普惠原则，要尽量让大家共同受益、共同提高。为此，必须事先了解学生的特点及其差异性，如专业差异性、基础知识差异性、个体禀赋差异性以及学习动机差异性等，既要考虑竞争中的公平性，也要稳中求精。一方面考虑不要使模拟难度超出普遍接受能力；另一方面也要考虑有一定的任务变化，防止好奇心降低或直接拷贝前次模拟结果的弊端。因此，要针对任务的背景、内容、时间及要求等相关因素，随循环次数增加，进行适度的难度递进性安排。例如，在背景变化中，可适度增加一些宏观因素、变化因素、干扰因素、风险因素以及互逆的影响因素等；或者在任务内容上可适度增加一些新要求，逐步强化内容的实训难度；或者在时间分配上可考虑随着熟练程度提高缩短少量的模拟时间，以提高模拟效率和模拟的挑战性。

（三）通过模拟产品的适度改变来增加模拟任务的难度和挑战性

企业管理情景模拟课程涉及模拟的产品对象，模拟对象接近生活化有利于学生很快掌握产品的特性，更有利于模拟有效开展和取得理想的模拟效果。不管是作为销售订单谈判对象，还是作为采购原材料的对象，或者是计划编制与成本核算的对象，模拟产品在模拟道具家族中都可以说具有重要作用，故通过在不同模拟循环中提供不同产品模型，就可一定限度地改变模拟中的一些条件因素，从而改变模拟的新鲜度和难度。该课程采用典型的汽车产品作为对象有多方面的好处：一方面这是生活中处处可以接触到的产品，其产品安全性、舒适性、节能性、环保性等特性也易于理解；另一方面也便于将其特性融入管理模拟的产品销售协商和采购协商过程中。显然，模拟实训中设置多个系列模拟产品，既可增加模拟的挑战性，又可防止本次模拟中照搬前次模拟结果等问题的发生。

（四）任务完成绩效的评价要随着循环次数增加逐步严格评价标准

评价标准适度严格就会提高模拟任务的难度和挑战性，增加实训的压力。这有利于贯彻“鼓励为主，适当严格”教学原则，对实训的效果提升有很好的作用，也是循环模拟中可以采取的一种变化策略，通过传递适度的压力可督促和帮助相应角色在模拟中取得更好的实训效果。

（五）总结反思环节中通过逐步提高反思深度有利于取得更好的实训效果

总结反思教学环节是很重要的实训环节，这个阶段执行的质量好坏对提升学生管理胜任力有很大的影响。因此，应当随着实训循环次数增加，要逐步提高反思的深度要求。例如，反思中是否抓住了关键问题？是否揭示了问题的本质？反思表达中逻辑性、条理性是否很强？是否对问题存在的原因分析到位？等等。模拟初期如果要求过高就会抑制学生主动表达的愿望，甚至挫伤其积极性。随着模拟进展和反思经验积累，就有必要提出更高的要求，这样做完全有利于提升学生的思考力和表达力，提高表达问题的逻辑性和条理性。

第二节　公司初创与文化建设模拟阶段的梯度改进

按照前节总体优化思路，对于这一阶段的模拟实训工作以上一模拟时段任务、流程、评价标准为基础，可做如下改进与变化。

一、学生模拟角色竞争性转换

按照前述角色要求，规定在每次循环模拟开始时，均要通过竞争才能获得自己将要担任的管理角色，以便通过具体角色的实训，不断对管理知识体系完成知识再构建，获得管理的基础技能和基本素质。角色转换如表 7－2 所示。

表 7－2　　传统管理不同循环时段学生模拟角色转换示意表

循环时段 学生	传统管理模拟循环 1	传统管理模拟循环 2	……	传统管理模拟循环 L	备注
学生 1	角色 1	角色 2	……	角色 L	每次按设定角色竞聘
学生 2	角色 2	角色 3	……	角色 1	每个循环都要参与竞聘
……	……	……	……	……	个人角色不能重复
学生 M	角色 M	角色 1	……	角色 N	每次学生角色都要变换

为此，在本循环阶段要求学生角色竞争时须满足以下几项条件：

（1）模拟角色不能重复担任。之前担任过的模拟角色，本次不能再重复竞争。本次只能在其他角色中竞争，建议竞争与之前担任角色反差较大的全新角色，这更有利于提升自己的管理能力和素质。

（2）角色获得必须参与竞争过程。这同前期模拟采取形式保持一致，是实训的重要组成部分，也是自信心、表达能力和竞争力提升的重要锻炼途径，特别是对以往缺乏这类锻炼机会的学生，要鼓励其积极参与竞争之中。其中鼓励措施之一就是给不同管理职位依据重要性赋予不同的职位基础绩效分，通过设置管理角色职位间的基础绩效分的适当差距，引导大家去竞争有更多锻炼机会的管理职位，不鼓励消极参与者。

二、课程目标要贯穿模拟全过程并不断强化

课程设置的初衷就是要在模拟过程中不断提升学生的管理知识、管理职业技能和素养。这个目标会一直贯穿于整个模拟过程，包括信息化环境下的管理模拟过程，并随着模拟的进展而不断强化，最终才能实现普遍提升学生管理胜任力的目标。课程的目标包括三个层次，即管理知识的系统化、管理技能的熟练化、管理素质的内在化。在此，必须强调作为素质构成部分的思想品德教育也要融合其中，培养有道德的管理人才也是重要目标之一。当然，不同的模拟任务、不同的模拟循环、不同的管理模式下的模拟训练各有自己实现目标的侧重点，各个环节有机结合起来才能有效实现课程整体目标。

在公司初创与文化建设阶段，不同的循环时段有着不同的任务执行要求，目标不断得到强化和提升，具体目标实施及任务变化等设计如表 7－3 所示。

表 7－3　　公司初创与文化建设阶段在不同循环时段的任务执行要求变化

模拟任务	典型循环时段		
	基础模拟时段	循环模拟时段 1	循环模拟时段 2
阶段内容介绍	课程介绍、模拟要求与阶段内容介绍，30 分钟	阶段内容介绍与模拟要求变化说明，15 分钟	阶段内容简介与模拟要求变化说明，10 分钟
课程学生分组	按专业人数平衡分组	原分组保持不变	原分组保持不变
管理岗位竞聘	1. 高、中层候选人限制三人之内，有利控制时间 2. 公开竞聘，按指定应聘条件限时发言应聘 3. 民主投票过半数当选	1. 高中层候选人扩展到四人，增强竞争性 2. 公开竞聘，时间延长 1 分钟，允许在指定条件外一定发挥 3. 民主投票过半数当选	1. 高中层候选人扩展到五人，增强竞争程度 2. 公开竞聘，时间再延长 1 分钟，结合指定条件允许自由发挥 3. 民主投票过半数当选
企业文化建设	1. 在规定时间内，完成公司名称、标识和宣传语的设计，要求有企业文化意识 2. 简要说明设计意涵 3. 评价标准适中，以鼓励为主	1. 设计时间延长 5 分钟，要求定义企业文化，从企业文化出发，设计公司名称、标识和宣传语，要求设计意境与企业文化有较高贴合度 2. 详细说明设计意涵 3. 评价标准适当严格	1. 设计时间与前一时段保持不变，要求明确定义企业文化，从企业文化出发，设计公司名称、标识和宣传语，相关设计与企业文化有高度贴合度 2. 清晰说明设计意涵 3. 评价标准更趋严格

续表

模拟任务	典型循环时段		
	基础模拟时段	循环模拟时段 1	循环模拟时段 2
公司成立仪式	1. 仪式形式基本规范 2. 高层发言基本符合情景要求	1. 仪式形式比较规范 2. 高层发言比较符合情景要求	1. 仪式形式严格规范 2. 高层发言严格符合情景要求
职责界定与培训	1. 每个角色分别制定负责的岗位职责，职责基本符合职位要求 2. 能明确上下级关系 3. 人力资源部门能给予个别指导 4. 人力资源部主动检查完成进度	1. 每个角色分别制定负责的岗位职责，职责比较符合职位要求 2. 有上下级管理意识 3. 人力资源部门能给予正确地指导 4. 人力资源部有序检查完成进度和质量	1. 每个角色分别制定负责的岗位职责，职责严格符合职位要求 2. 有明确的上下级管理意识 3. 人力资源部门能给予及时、正确地指导 4. 人力资源部有序控制完成进度和质量
总结反思	1. 指定两公司 CEO 分别代表公司对模拟阶段一进行总结反思；人力资源主管分别围绕岗位职责设计过程进行反思；准许两公司各有 2 位其他人员主动争取机会进行反思 2. 反思结果评判标准适度掌握，以鼓励为主	1. 指定两公司 CEO 代表公司对模拟阶段一进行总结反思；人力资源主管分别围绕岗位职责设计过程存在的明显进行反思；准许两公司各有 3 位其他人员主动争取机会进行反思 2. 反思结果评判标准适当提高，要求反思有一定深度	1. 指定两公司 CEO 代表公司对模拟阶段一进行全面总结反思；人力资源主管分别围绕岗位职责设计过程存在主要问题进行深入反思；准许两公司各有 4 位其他人员主动争取机会进行反思 2. 反思结果评判标准要从严掌握，力求反思有较高深度

（一）部分模拟任务适当增加难度

每个模拟阶段由于有规定学时约束，故基本保持五个核心模拟任务，模拟任务的改变主要从核心任务着手。任务改变有两种基本途径：第一种是量的变化，即通过改变原有任务的背景、内容、时间和要求，改变任务的模拟强度或难度；第二种是质的变化，即通过把某项任务替换成难度更大的任务，但前提条件是新任务必须符合管理业务逻辑，且能顺畅地融入原流程中。第一次循环时段建议采用第一种途径，第二次循环时段可以采取相对变化幅度较大的新任务置换方式，本阶段主要模拟任务变化设计如表 7－3 所示。

（二）绩效评价标准逐步严格

评价标准执行的宽严度在一定程度上会影响模拟的实施效果。在学生刚接触课程时，由于有一个了解和熟悉过程，可以适当以鼓励为主，不会造成因为评价标准过于严格而抑制了学生参与的积极性。但进入第二个模拟时段，已经熟悉了模拟基本流程的情况下，就需要变换为“鼓励为主，加适当要求”的教学原则。与此原则相适应需要适当提高评价标准要求，促进学生投入更多精力，更深入思考，以达到更好的实训效果，本阶段评价标准变化设计如表 7－3 所示。

（三）反思要求阶梯性提高

总结反思实训环节是本课程重要的教学环节，有了前期的反思训练，本模拟阶段就必须对反思的深度逐步提出更高的要求，目的是充分利用该环节，让更多的学生能从自身角色的失败与教训中悟出卓越管理的道理。这一环节要加强两个方面：一是适当提高评价要求，获得绩效分的难度增加，让反思更有深度；二是增加主动参与反思的人数，让更多的学生有机会参与反思，扩大反思受益范围。

第三节　订单获取与计划编制模拟阶段的梯度改进

一、阶段模拟产品调整变换

为了保证每个传统管理模拟循环之间既有相似性，又有一定的差异性和挑战性，不同模拟循环采用同类又不同型的模拟产品就是满足变化要求的途径之一。模拟过程中切忌对象单一和单调，需要多样化、丰富化，在不同模拟循环中通过模型汽车产品的变化也能使模拟过程变得更具新鲜感。为此，课程准备了系列汽车模型，同时准备了配套的工艺文件、物料清单等，可以将其用于不同的模拟循环时段，起到了较好的求变作用。

二、阶段其他模拟元素的梯度变化

该阶段的任务变化、目标变化、评价标准及反思要求变化如表 7－4 所示。

表 7－4　　订单获取与计划编制阶段在不同循环时段的梯度改进信息

模拟任务	典型循环时段		
	基础模拟时段	循环模拟时段 1	循环模拟时段 2
阶段内容介绍	模拟要求与阶段内容介绍，20 分钟	阶段内容介绍与模拟要求变化说明，15 分钟	阶段内容简介与模拟要求变化说明，10 分钟
纽约工会薪资谈判	1. 要求人力资源部设计企业方谈判预案 2. 工会成员由教师组担当 3. 谈判过程与结果评价标准适中，以鼓励为主	1. 要求人力资源部准备两方的谈判预案 2. 对手由两公司协商决定 3. 谈判过程与结果评价标准适当严格	1. 要求人力资源部设计两方详细谈判预案 2. 对手由两公司随机抽签决定 3. 谈判过程与结果评价标准严格要求
成本计划编制	1. 直接人工与材料费用相关资料直接搜集，间接费用分摊问题相对简单 2. 要求计划结果准确 3. 财会部人员基本掌握成本计划方法与相关概念并能清楚说明编制过程与依据	1. 人工与材料费用等相关资料间接提供，间接费用分摊问题有一定复杂性 2. 要求计划结果准确 3. 财会部人员掌握成本计划方法并能将方法较清楚地介绍给其他部门人员	1. 直接材料费用资料间接提供，直接人工费由现场测时后计算，间接费用分摊相对复杂 2. 要求计划结果准确无误 3. 财会部人员完全掌握成本计划方法并能将方法清楚地介绍给其他部门人员
销售订单协商	1. 要求销售人员围绕合同价格、交货期等关键条款在协商前制定好谈判预案 2. 客户由教师组担任 3. 谈判过程与结果评价标准适中，以鼓励为主	1. 要求销售人员围绕合同主要条款预先制定两方的谈判预案 2. 对手由两公司协商决定 3. 谈判过程与结果评价标准适当严格	1. 要求销售人员围绕全部合同条款预先制定两方详细谈判预案 2. 对手由两公司随机抽签决定 3. 谈判过程与结果评价标准严格要求
主生产计划编制	1. 要求生产部根据给定的单一产品的预测和订单数据，编制主生产计划 2. 要求计划结果准确 3. 生产部掌握主生产计划编制方法与相关概念，并能清楚说明编制过程	1. 根据给定的双产品预测和订单数据，编制主生产计划并讨论能力保证问题 2. 要求计划结果准确 3. 生产部掌握主生产计划编制方法与相关概念，并能清楚说明编制过程	1. 根据给定的多产品预测和订单数据，编制主生产计划，并讨论粗能力平衡问题 2. 要求计划结果准确 3. 生产部掌握主生产计划编制方法与粗能力平衡概念，并能清楚说明计划编制过程

续表

模拟任务	典型循环时段		
	基础模拟时段	循环模拟时段 1	循环模拟时段 2
物料需求计划编制	1. 要求分解单一产品物料需求计划 2. 清楚能力平衡概念 3. 能介绍清楚计划编制过程	1. 要求分解双产品物料需求计划 2. 清楚能力平衡概念 3. 能介绍清楚计划编制过程及其编制原理	1. 要求分解多产品物料需求计划 2. 清楚能力平衡概念 3. 能清楚说明计划编制过程、编制原理及能力需求计划概念
总结反思	1. 指定两公司生产部主管分别对计划编制过程进行总结反思；销售主管分别围绕订单协商过程进行反思；准许两公司各有 2 位其他人员主动争取机会进行反思 2. 反思结果评判标准适度掌握，以鼓励为主	1. 指定两公司生产部计划员分别对计划编制过程进行总结反思；财务主管分别围绕成本计划编制过程存在的问题进行反思；准许两公司各有 3 位其他人员主动争取机会进行模拟反思 2. 反思结果评判标准适当提高，要求反思有一定深度	1. 指定两公司 CEO 代表公司对整个模拟过程进行全面总结反思；生产主管分别围绕计划过程存在主要问题进行深度反思；准许两公司各有 4 位其他人员主动争取机会进行反思 2. 反思结果评判标准要从严掌握，力求反思有较高深度

如前所述，任务逐步增加难度，在逐步积累经验基础上，同一角色的模拟目标也要逐步提高要求，评价标准掌握程度也随着前期经验积累要逐步从严，反思要求也随之提升，这样做，完全符合教学过程从易到难的认知规律。

第四节　物料采购与库存管理模拟阶段的梯度改进

该阶段主要围绕物料采购相关业务和库存管理相关业务展开模拟，除前述一些改变之外，本阶段围绕核心任务主要发生如表 7 – 5 所示的变化。

表 7 – 5　物料采购与库存管理阶段在不同循环时段的梯度改进信息

模拟任务	典型循环时段		
	基础模拟时段	循环模拟时段 1	循环模拟时段 2
阶段内容介绍	模拟要求与阶段内容详细介绍，25 分钟	阶段内容介绍与模拟要求变化说明，15 分钟	阶段内容简介与模拟要求变化说明，10 分钟

续表

模拟任务	典型循环时段		
	基础模拟时段	循环模拟时段 1	循环模拟时段 2
供应商选择决策	1. 依据给定的三家供应商的历史数据与调查信息，由采购部建立供应商选择模型，并据此模型优选出一家合适供应商 2. 由两公司分别阐明模型建立依据 3. 竞争双方评价对方决策模型建立中目标与评价指标设置的合理性 4. 评价理由较充分一方获得加分	1. 依据给定的三家供应商的历史数据与调查信息，部分信息有所变化，由采购部建立供应商选择模型，并优选一家合适供应商 2. 由两公司分别阐明模型建立依据 3. 双方分别指出对方决策模型构建中存在的问题与不足 4. 评价理由较充分一方获得加分	1. 依据给定的三家供应商的历史数据与调查信息，部分信息有所变化，由采购部建立供应商选择模型，并优选一家合适供应商 2. 由两公司分别阐明模型建立依据 3. 双方展开辩论，分别指出对方决策模型构建中存在的问题与不足以及己方考虑合理地方 4. 评价理由相对更充分一方获得加分
物料采购谈判	1. 要求采购人员围绕合同价格、交货期等关键条款制定好谈判预案 2. 供应商由教师组担当 3. 谈判过程与结果评价标准适中，以鼓励为主	1. 要求采购人员围绕合同主要条款预先制定好两方谈判预案 2. 谈判对手由两公司协商决定 3. 谈判过程与结果评价标准适当严格	1. 要求采购人员围绕全部合同条款预先制定好两方谈判预案 2. 谈判对手由两公司随机抽签决定 3. 谈判过程与结果评价标准严格要求
产品组装知识培训	1. 要求人力资源部与生产部相关人员围绕培训目标、培训内容、组织过程、培训地点等制定简要培训预案 2. 观摩两公司培训过程 3. 由教师对双方培训过程合理成分进行评价 4. 评价以鼓励为主	1. 要求人力资源部与生产部相关人员围绕培训目标、培训内容、组织过程、培训地点等制定可行培训预案 2. 观摩两公司培训过程 3. 由教师重点指出双方培训过程可改进之处 4. 评价标准适当从严	1. 要求人力资源部与生产部相关人员围绕培训目标、培训内容、组织过程、培训地点等制定详实培训预案 2. 观摩两公司培训过程 3. 由对手公司的人力主管指出培训过程的优点和可改进之处 4. 评价标准从严
会计业务处理	1. 要求财会部人员根据具体的材料入、出库业务，完成记账凭证 2. 要求能正确填写凭证 3. 财会部了解凭证填写方法与相关概念，并能清楚说明填写过程	1. 要求财会部人员根据具体的材料入、出库业务，完成记账凭证 2. 要求能正确填写凭证 3. 财会部熟悉凭证填写方法与相关概念，能清楚说明填写注意事项	1. 要求财会部人员根据具体材料入、出库业务，完成记账凭证 2. 要求能正确填写凭证 3. 财会部掌握记账原理与相关概念，能清楚说明填写过程和注意事项

续表

模拟任务	典型循环时段		
	基础模拟时段	循环模拟时段 1	循环模拟时段 2
出纳货款支付业务	1. 要求出纳按照合同以支票方式支付供应商货款 2. 支票填写正确 3. 了解支票概念与其他支付方式的区别	1. 要求出纳按照合同以支票方式支付供应商货款 2. 支票填写正确 3. 熟悉支票概念，了解不同支付方式优缺点	1. 要求出纳按照合同以支票方式支付供应商货款 2. 支票填写正确 3. 理解支票概念，理解支票与其他支付方式的异同，清楚支票填写注意事项
总结反思	1. 指定两公司采购主管分别对供应商选择和采购谈判过程进行总结反思；工序长分别围绕培训过程进行反思；准许两公司各有 2 位其他人员主动争取机会进行反思 2. 反思结果评判标准适度掌握，以鼓励为主	1. 指定两公司采购员分别对供应商选择过程进行总结反思；财务主管分别围绕会计业务处理与出纳货款支付进行反思；准许两公司各有 3 位其他人员主动争取反思机会 2. 反思结果评判标准适当提高，要求反思有一定深度	1. 指定两公司 CEO 代表公司对阶段三整个模拟过程进行全面总结反思；采购主管和会计分别对各自业务处理过程存在主要问题进行深度反思；准许两公司各有 4 位其他人员主动争取机会进行反思 2. 反思结果评判标准要从严掌握，力求反思有较高深度

第五节　生产组织与交货结算模拟阶段的梯度改进

生产组织与交货结算模拟阶段主要设计了如表 7－6 所示的改变。

表 7－6　生产组织与交货结算模拟阶段在不同循环时段的梯度改进信息

模拟任务	典型循环时段		
	基础模拟时段	循环模拟时段 1	循环模拟时段 2
阶段内容介绍	模拟要求与阶段内容介绍，25 分钟	阶段内容介绍与模拟要求变化说明，20 分钟	阶段内容简介与模拟要求变化说明，15 分钟
生产领料材料出库	1. 工序长按照 P1 产品物料需求计划填写领料单 2. 各工序工人持领料单到模拟仓库有序领料 3. 库管员按领料单发料，并登记发料信息 4. 要求领料、发料按工序顺序有序进行，不允许发、领料过程出现零件型号与数量错误	1. 工序长按照 P2 产品物料需求计划填写领料单 2. 各工序工人持领料单到模拟仓库有序领料 3. 库管员按领料单发料，并登记发料信息 4. 要求领料、发料按工序顺序有序进行，不允许发、领料过程出现零件型号与数量错误	1. 工序长按照 P3 产品物料需求计划填写领料单 2. 各工序工人持领料单到模拟仓库有序领料 3. 库管员按领料单发料，并登记发料信息 4. 要求领料、发料按工序顺序有序进行，不允许发、领料过程出现零件型号与数量错误

续表

模拟任务	典型循环时段		
	基础模拟时段	循环模拟时段 1	循环模拟时段 2
产品生产线组装竞赛	1. 两公司同时在模拟流水线上按工序顺序依次完成模拟产品 P1 组装 2. 组装过程各工序间设置质量检验环节，防止产品组装错误流入下一道工序 3. 组装过程有序，产品 P1 组装质量完好且用时最短公司获胜	1. 两公司同时在模拟流水线上按工序顺序依次完成模拟产品 P2 组装 2. 组装过程各工序间设置质量检验环节，防止产品组装错误流入下一道工序 3. 组装过程有序、产品 P2 组装质量完好且用时最短公司获胜	1. 两公司同时在模拟流水线上按工序顺序依次完成模拟产品 P3 组装 2. 组装过程各工序间设置质量检验环节，防止产品组装错误流入下一道工序 3. 组装过程有序、产品 P3 组装质量完好且用时最短公司获胜
典型产品成本核算	1. 针对模拟产品 P1，直接材料费按领料数量和单价计算，直接人工费按组装过程测量时间与单位时间工资计算，间接费用要按提供的资料分摊，分摊相对简单 2. 要求核算结果准确 3. 财会部人员基本掌握成本核算方法与相关概念并能清楚说明核算过程与依据	1. 针对模拟产品 P2，直接材料费按领料数量和单价计算，直接人工费按组装过程测量时间与单位时间工资计算，间接费用按提供的资料分摊，分摊增加一定难度 2. 要求核算结果准确 3. 财会部人员掌握成本核算方法并能将方法较清楚地介绍给其他部门人员	1. 针对模拟产品 P3，直接材料费按领料数量和单价计算，直接人工费按组装过程测量时间与单位时间工资计算，间接费用按提供的资料分摊，分摊逐步增加难度 2. 要求核算结果准确 3. 财会部人员完全掌握成本核算方法并能将方法清楚地介绍给其他部门人员
发货交运与发票开出	1. 要求销售员按照订单 1 组织货源并完成发货业务，同时开出对应发票 2. 要求销售部清楚发货流程，正确开出发票 3. 销售部掌握发货相关概念，并能清楚说明发货一般流程，熟悉不同类型的发票，清楚发票开出相关注意事项	1. 要求销售员按照订单 2 组织货源并完成发货业务，同时开出对应发票 2. 要求销售部清楚发货流程，正确开出发票 3. 销售部掌握发货相关概念，并能清楚说明发货一般流程，熟悉不同类型的发票，清楚发票开出相关注意事项	1. 要求销售员按照订单 3 组织货源并完成发货业务，同时开出对应发票 2. 要求销售部清楚发货流程，正确开出发票 3. 销售部掌握发货相关概念，并能清楚说明发货一般流程，熟悉不同类型的发票，清楚发票开出相关注意事项
货款催付与财务结算	1. 完成《一次电话催款》情景剧剧本编写与表演，要一定程度地反映回收货款的重要性及催款的艰辛和技巧性 2. 回款后完成相应账务处理 3. 要求剧本角色明确，情节线索清楚，表演生动有内涵，由教师组评价表演的优点与不足。回款后，账务处理正确	1. 完成《一次货款催要》情景剧剧本编写与表演，要较好地反映回收货款对企业的重要性及催款的艰辛和技巧性 2. 回款后完成相应账务处理 3. 要求剧本角色明确，情节线索清楚，表演生动有内涵，由对方评价表演优点和可改进之处，教师组评价改进方案的可行性。回款后，账务处理正确	1. 完成《一次货款催要》情景剧剧本编写与表演，要充分反映回收货款的重要性及催款的艰辛和技巧性 2. 回款后完成相应账务处理 3. 要求剧本角色明确，情节线索清楚，表演生动有内涵，由竞争双方分别阐明自己的表演思路和表演长处，并评价对方表演优势和不足，由教师组评价双方观点是否正确、合理。回款后，账务处理正确

续表

模拟任务	典型循环时段		
	基础模拟时段	循环模拟时段 1	循环模拟时段 2
总结反思	1. 指定两公司财务主管分别对阶段四账务处理过程进行总结反思；工序长分别围绕组装过程出现的问题对前期培训工作进行反思；准许两公司各有 2 位其他人员主动争取机会进行反思 2. 反思结果评判标准适度掌握，以鼓励为主	1. 指定两公司销售主管分别对阶段四发运货物过程和货款回收过程进行总结反思；工序长分别围绕组装过程出现的问题对前期组装培训结果进行回顾反思；同时准许两公司各有 3 位其他人员主动争取机会进行模拟反思 2. 反思结果评判标准适当提高，要求反思有一定深度	1. 指定两公司 CEO 代表公司对阶段四整个模拟过程进行全面总结反思；工序长分别围绕组装过程出现的问题对前期组装工艺培训结果进行回顾反思；同时准许两公司各有 4 位其他人员主动争取机会进行反思 2. 反思结果评判标准要从严掌握，力求反思有较高深度

在各循环时段内各阶段将按照上述安排逐次展开模拟实训。

本章小结

本章首先提出了传统管理循环模拟实训时段中的模拟目标和模拟思路，提出了循环模拟不同时段的目标阶梯设定问题，即随着循环推进，目标要逐步阶梯性提升。其次结合模拟循环内四个阶段，本章分节提出了各自对应的改进办法。重点从学生角色转换、模拟目标强化、模拟产品变换、模拟任务置换、评价标准趋严和反思要求提高几个关键因素提出了相应的做法，对指导学生顺利完成循环模拟阶段的目标给出了具体的操作设计和方案。

思维拓展与阶段测评

1. 你的模拟角色变换后是否在模拟实训中产生了不同的管理感受？

2. 随着模拟进展评价标准有所提高，你认为合理吗？为什么？

3. 每一个模拟循环采用不同的模拟产品，是否增加了模拟的新鲜感？

4. 随着模拟进展，对反思的深度要求提高是否增加了课程的挑战性？

5. 同样管理模式下，同样的模拟阶段任务却随着模拟循环发生了变化，你能适应吗？对你的管理胜任力提高有作用吗？

6. 随着模拟进展，逐步让更多的人参与反思，对普遍受益有作用吗？

7. 你是否认可多次循环让你可以直接体验不同管理角色？模拟中的观摩和讨论以及反思也是你间接感受到了其他管理角色的管理体验？

8. 你对模拟循环设计有何改进建议？

表 7－7　　阶段____个人学习与教师教学评价

姓名：__________　学号：__________　扮演角色：__________　时间：______年____月____日

评价对象	评价结论
自我学习绩效评价	1. 你认为本模拟阶段自己已达成哪些学习目标？请简要归纳。
	2. 你认为本模拟阶段应用到的主要知识点有哪些？你掌握程度如何？
	3. 你认为本模拟阶段对自己哪些方面的技能和素质有所提升？理由是什么？
对课程和老师评价	1. 本阶段教学目标、内容选择、过程组织、绩效评价等方面有无存在问题？
	2. 本阶段模拟中最有价值的地方表现在哪里？
	3. 为使本阶段模拟教学效果更好，你有何改善建议？

表 7－8　　　　阶段____个人学习小结

姓名：__________　学号：__________　扮演角色：__________　时间：______年____月____日

第八章 高阶信息化实训

——ERP 应用环境下的管理模拟

第一节 信息化阶段的实训目标与模拟环境设置

一、信息化阶段的实训目标

（一）掌握信息化相关知识

信息化时代是人类继工业化时代发展而进入的一个新时代。人们普遍认为，进入信息化时代后，信息将成为第一生产要素，同时将构成信息化社会的重要技术物质基础。掌握企业信息化相关知识，是企业提升竞争力的必然要求。ERP 是企业信息化背景下的一种重要信息化应用平台，掌握 ERP 相关知识有利于学生未来的创新创业与择业就业。

（二）提高信息化操作技能

ERP 是企业级的集成管理信息系统，其功能十分强大和丰富，覆盖到企业的销售、计划、生产、物流、财务、人力资源等主要管理业务领域。为了让学生能在有限的课堂教学中更好地掌握 ERP 基本原理，熟练使用 ERP 软件，本章从信息系统使用者的角度结合模拟案例，有效提升学生的信息化操作技能，进一步强化对企业管理信息化的理解。

（三）培养信息化意识、理念

信息化意识、理念的形成需要在真实的信息化管理情景和具体的管理过程中不断积累和强化。借助 ERP 软件和建立的模拟企业数据环境开展企业管理信息化模拟，能够使学生在典型的案例应用和管理角色变换过程中逐步加深对企业信息化的认识，通过实训，熟悉信息化的问题解决之道，培养信息化的意识和理念，全面提升经管类学生的管理胜任力。

二、信息化阶段的模拟设计思路

（1）围绕一批销售订单的全生命周期展开信息化管理模拟设计。为保证模拟过程的系统性和连续性，需要从客户订单获取直到产品交付用户，围绕销售订单全生命周期分阶段、分角色进行企业信息化管理模拟，突出 ERP 在企业管理及其决策中的重要作用。

（2）通过与传统管理方式下的管理模拟的对照，充分体会信息化管理的优势。在前期传统管理模式下通过对企业管理流程的模拟，学生已经熟悉了企业的主要管理业务，发现了大量手工表单的编制和传递费时费工、效率低下等问题，也体会到了手工编制各类计划的艰辛。借助 ERP 软件将管理业务在信息化环境下进行模拟，许多传统管理方式下成本高、效率低下的问题能够得到有效解决，可以加深学生对信息化本质的理解。

（3）通过建立完整的模拟企业数据环境可以实现分阶段、分角色的信息化管理实训。一般工业企业的经营管理活动包括以下主要业务：

①财务管理，包括会计管理、存货核算管理、成本管理等；

②物流或供应链管理，包括营销管理、采购管理、库存管理等；

③生产管理，包括生产计划管理、生产任务管理、车间作业管理、质量管理等；

④人力资源管理，包括薪酬管理、人事管理、组织管理等；

⑤其他管理，包括供应商/客户关系管理、项目管理等。

本章选择其中一些重要且典型的管理活动作为关键模拟任务，结合模拟企业背景和典型化的数据进行信息化模拟实训。

（4）建立完整的实训循环流程和实训角色转换机制。模拟过程要分组以角色身份参与，通过设计循环模拟可实现学生多角色实训。学生借助角色扮演，增强其角色责任意识，激发角色认知能力和自主构建知识能力。因为单一的角色设置，无法使学生较为完整地理解不同角色、不同管理业务之间的内在联系，本教程采用了可变换角色进行循环模拟的模式，在第一轮模拟结束以后，相互交换角色进入下一次循环模拟。实训阶段结束后要通过实训报告等形式形成适当的绩效评价。

三、模拟企业背景资料

信息化管理实训是以一家典型的新能源汽车制造企业——X 汽车制造有限公司（企

业名称与手工模拟阶段的名称可保持一致）为背景进行模拟设计和实施的。实施过程中将学生进行分组，每组由6~8人组成，系统管理员（教师担任）为每个组新建一个账套，模拟运营一家公司，组内成员分别获得特定权限，可以分别扮演人事主管、财务主管、生产主管、营销主管等不同角色，既有分工，又有合作，共同完成本组的模拟实训任务，一轮模拟结束后，交换角色，完成第二轮的模拟实训。X汽车制造有限公司的公司基本情况及其产品结构如下：

（一）模拟企业基本情况

X汽车制造有限公司是一家高新技术企业，以制造、销售汽车和组装新能源汽车为主要业务，总资产逾800亿元人民币，2018年销售额达百亿元人民币，设有销售部、采购部、仓管部、生产车间、财务部和人事部等多个部门。公司的组织结构如图8－1所示。

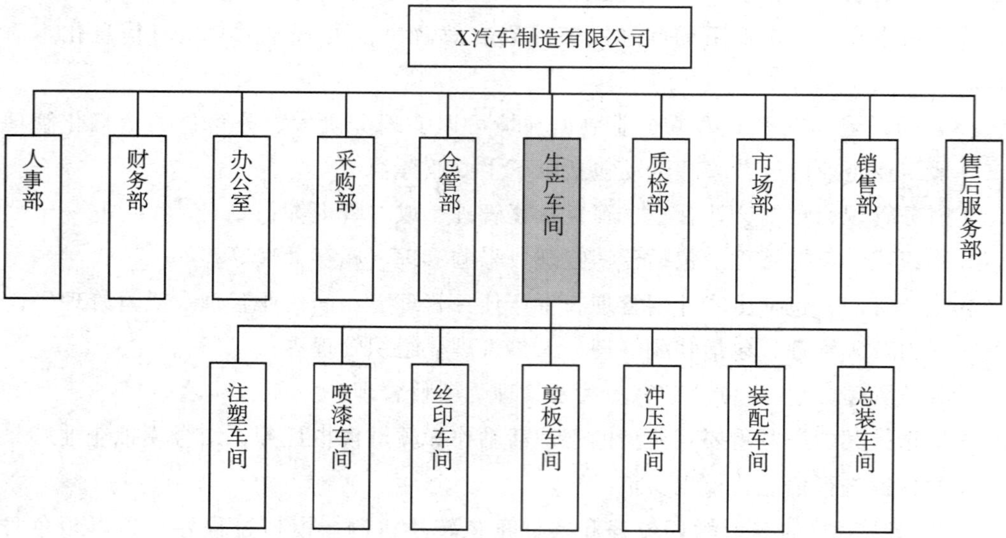

图8－1　模拟企业组织结构

公司有销售、采购、仓管、财务等部门及七个车间。注塑车间完成塑胶件注塑，喷漆车间完成板材件喷漆，丝印车间在塑胶件上印刷，剪板车间完成镀锌钢板剪裁，冲压车间完成剪裁后的不锈钢板冲压成外壳的过程，装配车间装配产品关键部件，总装车间总装产品。

（二）模拟企业产品结构

为便于教学，对用于模拟的企业产品做了典型化处理，其结构如图8－2所示。

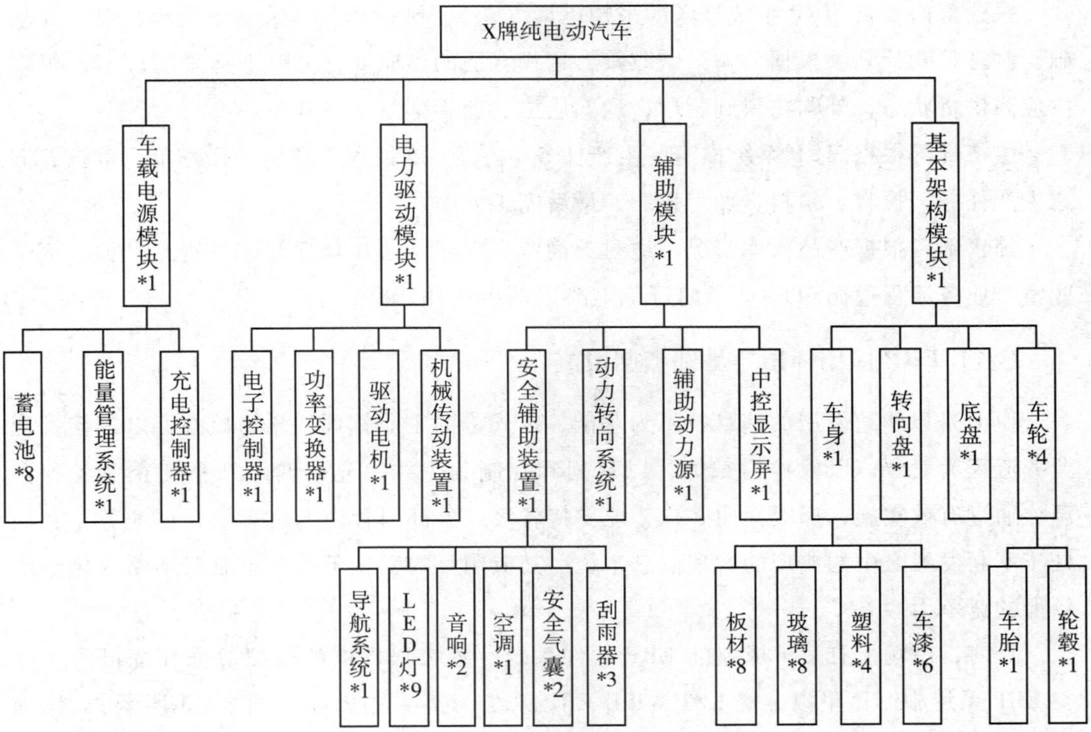

图 8－2　典型模拟产品结构

（三）企业信息化状况

由于以前各个部门之间存在信息难共享、交货不及时、库存过高、材料浪费、成本核算不清楚等问题，使企业的规模扩张遇到了较大的障碍。摆在管理层面前的难题不是技术问题，也不是资金问题，而是如何实现管理的科学化、规范化、现代化，提高对各种资源的利用率，才能提高企业对市场的应变能力，从而保持和提高公司的竞争力。

鉴于此，管理层决定实施 ERP 项目，借助 ERP 全面应用实现企业管理现代化。2017 年 12 月，X 汽车制造有限公司选择与金蝶公司合作，购买了金蝶 K/3 ERP 系统，2018 年 1 月正式启用 ERP 系统。

（四）企业业务流程描述

X 汽车制造有限公司的基本业务流程如下：

销售部门维护客户关系，接收客户订单，维护和管理销售订单；然后，查询产品库存，如果库存充足，则通知仓管部门备货、出货，否则待生产部门产品入库后再出货。

生产计划部门根据库存和销售订单制订物料需求计划，维护、审核、下达、跟踪生产计划。

采购部门根据MRP系统推送的采购申请（单），维护和管理采购申请单，以此为基础，制订采购计划，根据公司采购政策，选择合适的供应商，适时下达采购订单，跟踪供应商供货状态；外购物料到货后，通知质检、仓管部门验收入库。

生产部门根据MRP系统推送的生产任务（单），维护和管理生产任务单，审核、下达生产任务，投料、领料、加工生产，最后完工入库。

销售部门根据产品入库情况，适时查询产品库存，通知仓管部门备货、出货。该企业整个业务流程遵循MTO（面向订单生产）的生产计划模式。

（五）ERP应用环境与基础数据设置

ERP是以快速发展的信息技术为基础，以先进的企业管理理念为核心，以最佳管理业务流程为对象，以软件为载体，以计划和控制为主线，充分调配和平衡企业各种资源，通过有效实施，形成面向客户，能支持各级、各部门管理人员有效开展业务，其仍处于不断发展之中的典型的管理信息系统。其应用目的就在于提升企业在不断变化的市场上的竞争力。

目前，市场上有多种成熟的ERP软件系统，本教程提供的模拟数据环境可用于这类ERP系统中。这里以金蝶K/3 WISE ERP系统为例（主界面如图8－3所示），详细介绍了基于订单式生产（MTO）制造企业物料需求计划、采购管理、生产任务管理、销售管理等处理的主要功能和业务操作过程（也可采用其他ERP软件实现相应操作）。理解各功能模块的基本概念是用好ERP软件的前提，业务操作需求决定需要使用的功能模块。

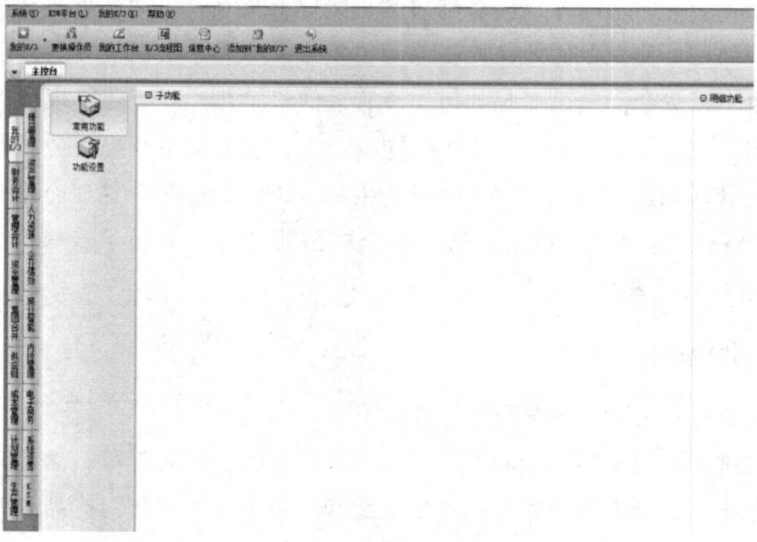

图8－3　金蝶K/3 WISE ERP主界面

在模拟之前，系统管理员必须首先新建账套，完成用户管理、权限设置以及当前账套的初始化、工厂日历设置等，并启用账套。账套很重要，是存放各种数据的载体，公司的所有业务操作都需要在账套下进行。ERP 模拟环境下使用的基础数据见本章附录一。为便于教学演示，对部分数据采取简化处理，其他数据可由学生自行设置。

信息化管理模拟将被划分为四个阶段进行，四个模拟阶段分别是：

（1）模拟阶段一：订单获取与计划编制；

（2）模拟阶段二：采购管理与库存管理；

（3）模拟阶段三：生产组织与过程控制；

（4）模拟阶段四：销售业务与应收管理。

每个阶段由多项模拟任务组成，大约需要 2 个学时，一个循环需要 8 个学时。

第二节 模拟阶段一：订单获取与计划编制

一、实训模拟准备

（一）实训目的

（1）理解销售订单与物料需求计划在 ERP 系统中的主要作用；

（2）掌握金蝶 K/3 WISE ERP 系统中销售订单与物料需求计划的主要内容；

（3）掌握金蝶 K/3 WISE ERP 系统中销售订单与物料需求计划系统的相关操作技能。

（二）实训内容

（1）任务一：新建和维护销售订单；

（2）任务二：编制物料需求计划。

（三）实训流程

在金蝶 K/3 WISE ERP 系统中，任务一主要涉及了【供应链】模块下的“销售管理”系统；任务二主要涉及了【计划管理】模块下的“物料需求计划”系统。

在进行系统设置和基础数据设置（详细基础数据见本章附录）的基础上，先从销售订单处理开始，然后编制物料需求计划（MRP），作为下一步物料采购和生产任务的依据。

订单获取与计划编制阶段模拟的应用流程如图 8－4 所示。

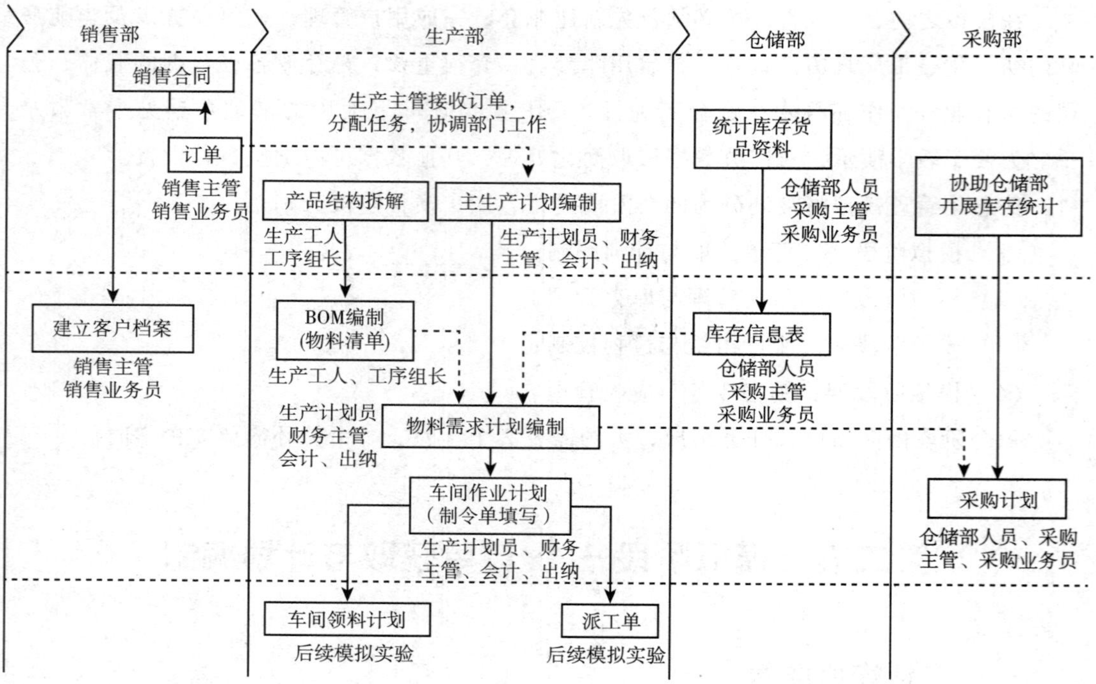

图 8－4　订单获取与计划编制业务流程

二、模拟任务一：销售订单管理

（一）实训情景

如果企业与客户通过商务谈判达成协议，那么随即需要签订销售合同。对于中小型企业，一般直接采用销售订单。通常，销售订单作为企业编制物料需求计划（MRP）的主要需求来源，也是企业整个供应链管理系统中的核心业务单据，与仓存管理、应收管理等 ERP 子系统密切关联。订单数据如表 8－1 所示。

表 8－1　　订单数据

交货日期	客户	产品代码	产品名称	订购数量	未交货量	订货价格
2018－6－15	武汉联运公司	03.001	X 牌纯电动汽车	200	200	60000
2018－6－15	无锡汽车销售公司	03.001	X 牌纯电动汽车	200	200	60000

（二）实训步骤

1. 新增销售订单

（1）依次选择【供应链管理】→【销售管理】→【销售订单】→【销售订单－新增】，双击【销售订单－新增】，如图 8－5 所示。

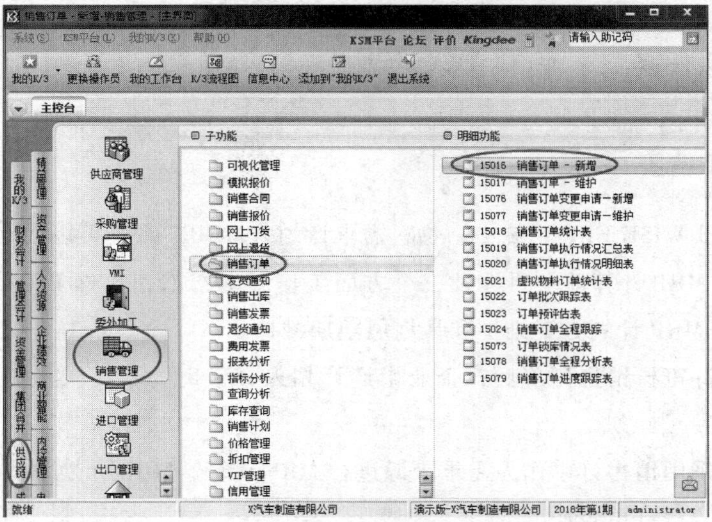

图 8－5 主控台—销售订单新增操作入口

（2）进入“销售订单－新增”界面，如图 8－6 所示。根据实验数据资料，录入销售订单数据。点击工具栏中的【保存】按保存销售订单数据。

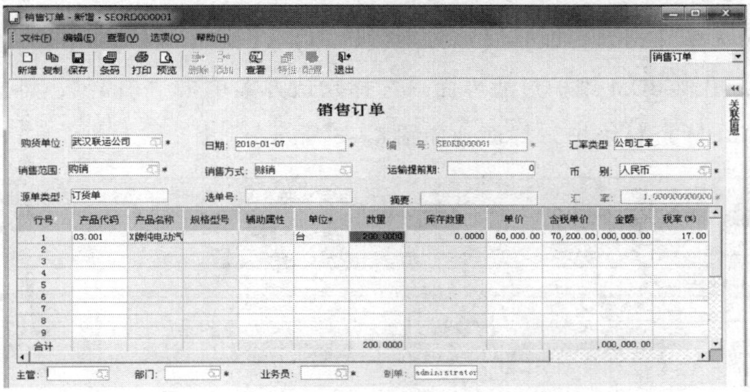

图 8－6 销售订单—新增

2. 维护销售订单

在图 8－5 界面中，双击【销售订单—维护】，进入“销售订单－维护”界面，如图 8－7 所示。销售订单维护操作包括查看、审核、修改和删除销售订单。

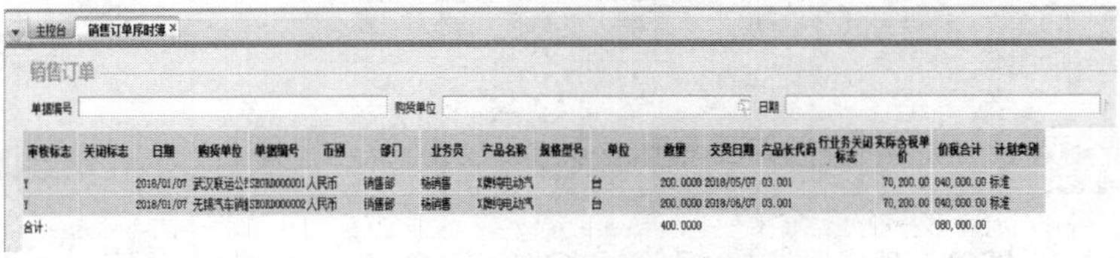

图 8－7 销售订单序时簿

三、模拟任务二：物料需求计划

（一）实训情景

在金蝶 K/3 WISE ERP 系统中，物料需求计划（MRP）系统可以独立于主生产计划（MPS）运行。MRP 计算前主要涉及三个方面工作：生产基础数据 BOM 单的维护（即审核和使用）、MRP 计划方案维护和计划展望期维护。

（1）录入并审核销售订单后，企业生产计划人员借助物料需求计划（MRP）系统编制生产计划。

（2）实验采用销售订单作为需求来源进行 MRP 计算，MRP 计划方案采用“MRP 简化方案”中的“按订单生产”。

（3）在账套中设置 1 个计划展望期，时区个数“4”，各时区天数“90”。

（二）实训步骤

1. BOM 维护

（1）依次选择【计划管理】→【生产数据管理】→【BOM 维护】→【BOM 维护】，双击“BOM 维护”，出现 BOM 维护过滤界面。选择默认方案单击“确定”，可进入“生产数据管理系统－BOM 资料维护”界面，如图 8－8 所示。

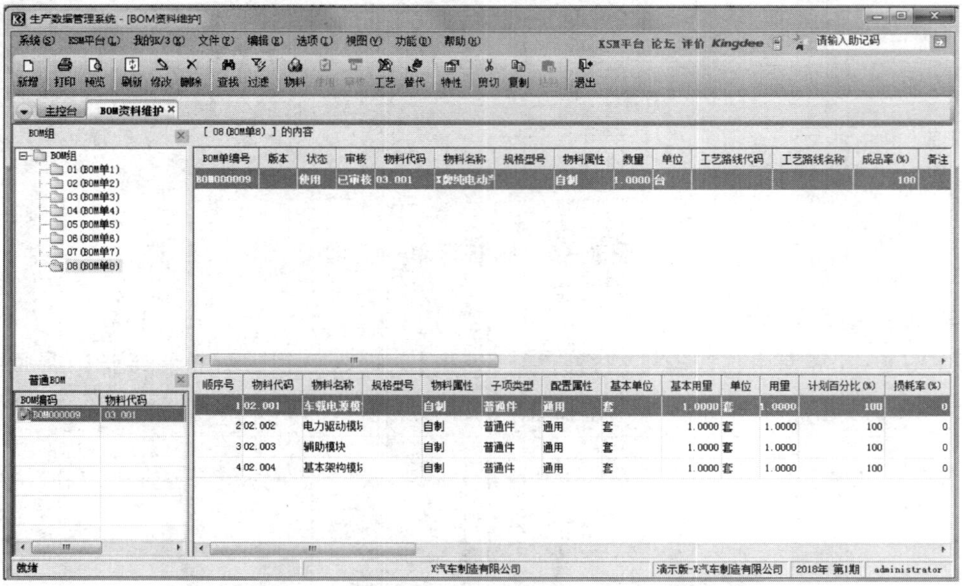

图 8－8　生产数据管理系统－BOM 资料维护界面

在此界面，仔细检查所有 BOM 单，一是看是否有遗漏（该建而未建）的 BOM 单，二是检查已建 BOM 单是否都已完成“审核”和“使用”操作。

（2）在图 8－7 界面左上窗口，双击 BOM 单编号，在新打开的界面中，审核处于“未审核”状态的 BOM 单。

（3）审核之后，点击工具栏中的【查看】→【使用】按钮，使处于“未使用”状态的 BOM 单处于“使用”状态。

2. MRP 计划方案维护

MRP 计划方案维护是针对不同的 MRP 计算方案进行设置，设置不同方案的需求来源，主要通过对现有库存和损耗率进行参数设置。

（1）选择【计划管理】→【物料需求计划】→【系统设置】→【MRP 计划方案维护】，进入“计划方案维护”界面，如图 8－9 所示。

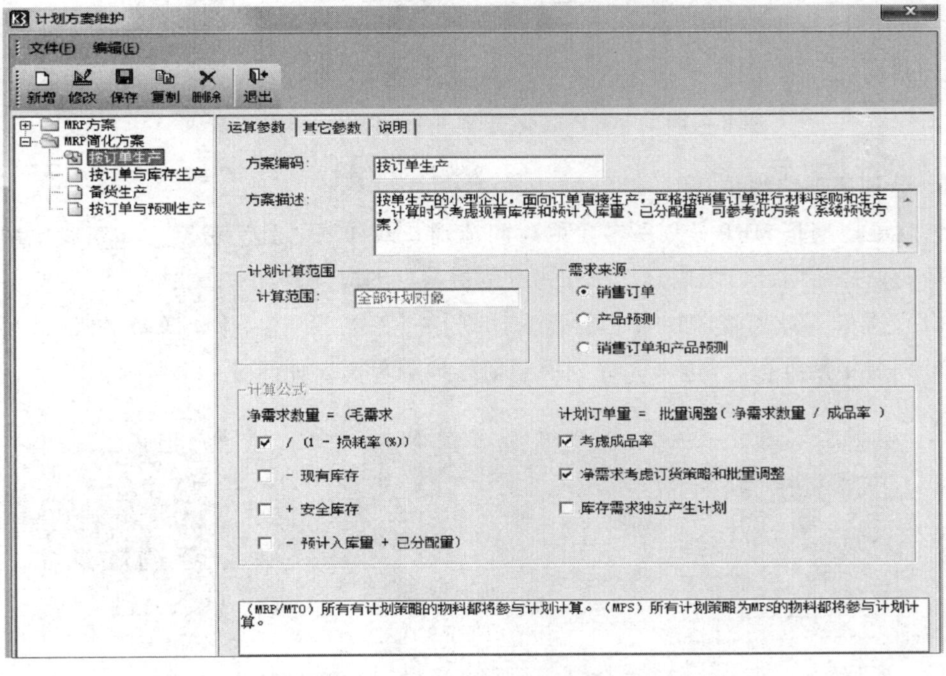

图 8－9　MRP 计划方案维护界面

金蝶 K/3WISE 系统内置有 MPS、MTE、MTO 和 MTS1 四种 MRP 方案。在“计划方案维护”界面中可以对方案进行新增、修改等常规操作；如须修改，要先点击工具栏中“修改”按钮，界面进入修改状态。

由于本实验采用销售订单作为需求来源进行 MRP 计算，因此，MRP 计划方案采用“MRP 简化方案”中的“按订单生产”。

（2）在“计划方案维护”界面，选中“MRP 简化方案”中的“按订单生产”，单击工具栏中“修改”按钮，如图 8 - 10 所示。按照实验数据完成参数设置，完成后，点击“保存”，并退出界面。

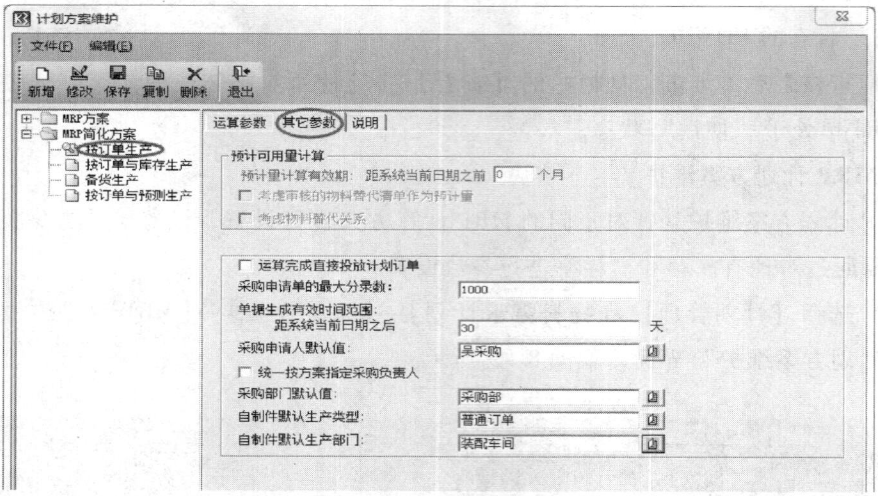

图 8 - 10 MRP 简化方案 - 按订单生产维护界面

3. 计划展望期维护

计划展望期是 MRP 计划所覆盖的时间范围，即计划的时间跨度。计划展望期应大于产品的总提前期，一般以月、季作为计划展望期的时间跨度。

(1) 选择【计划管理】→【物料需求计划】→【系统设置】→【计划展望期维护】，双击“计划展望期维护”，进入“计划展望期维护”界面，如图 8 - 11 所示。

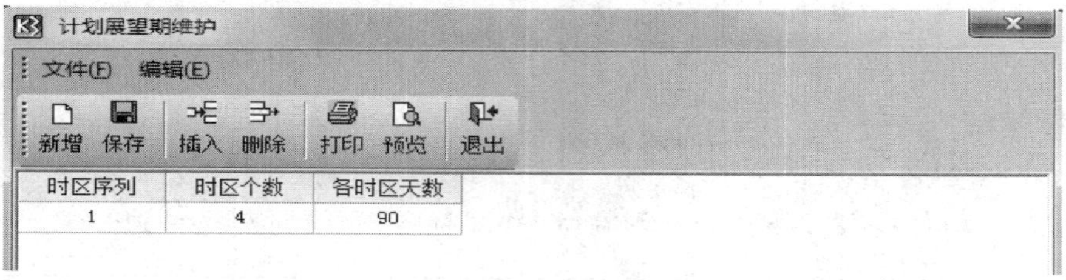

图 8 - 11 MRP 计划展望期维护界面

(2) 在“计划展望期维护”界面，点击“新增”，根据实验数据资料，输入时区个数、各时区天数。

4. MRP 计算

(1)【计划管理】→【物料需求计划】→【MRP 计算】→【MRP 计算】。

双击“MRP 计算”，进入“MRP 运算向导”界面，如图 8 - 12 所示。按照向导界面，用户可以轻松地完成 MRP 运算过程。

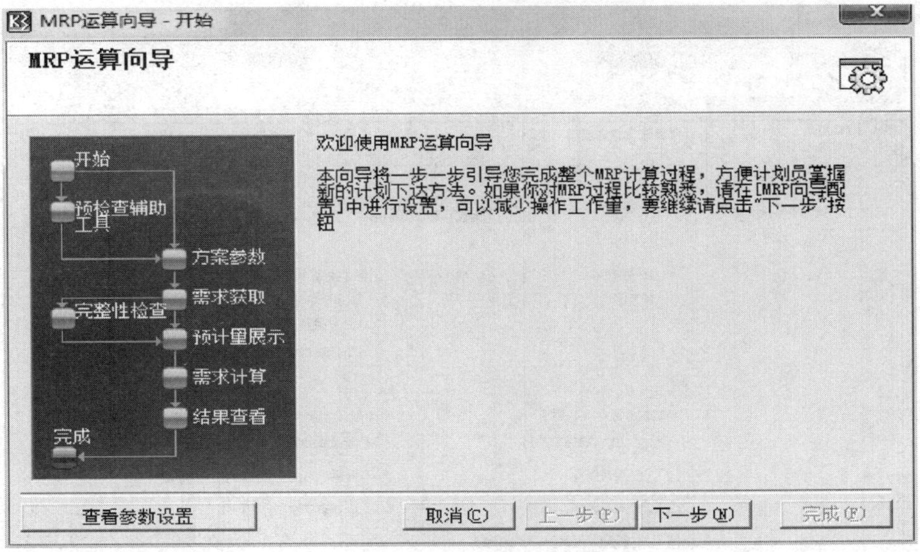

图 8－12　MRP 运算向导—开始

(2) 单击“下一步”，进入“预检查辅助工具”界面（见图 8－13），该界面可以完成“BOM 单嵌套检查”和“低位码维护”操作。

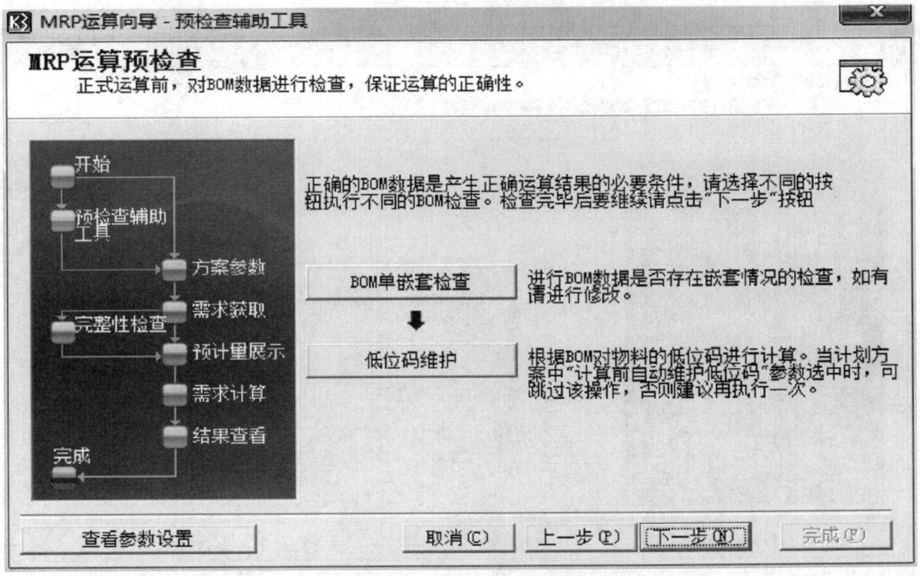

图 8－13　MRP 运算向导－预检查辅助工具界面

(3) 单击“下一步”，进入“方案参数”初始界面。点击运算方案右侧获取按钮，系统弹出“计划方案维护”界面，如图 8－14 所示。选中“按订单生产”方案，然后点击工具栏中“返回”按钮，可确定运算方案，如图 8－15 所示。

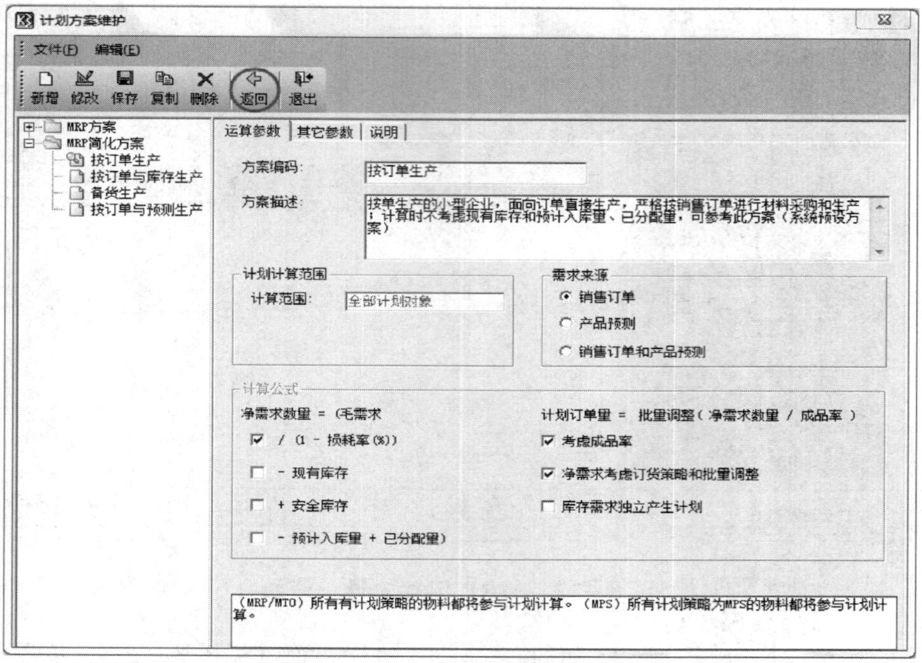

图 8-14　MRP 计划方案维护界面

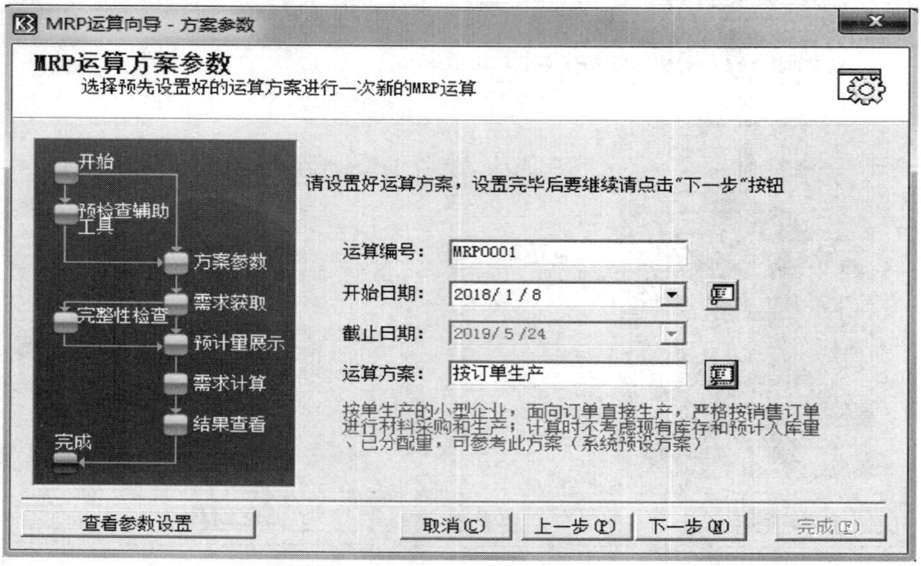

图 8-15　MRP 运算向导-方案参数选定界面

（4）点击“查看参数设置”，可以查阅“查看参数配置”界面中详细内容，点击“关闭”按钮，退出“查看参数配置”界面。

（5）单击“下一步”，进入“需求获取”界面，如图 8-16 所示。

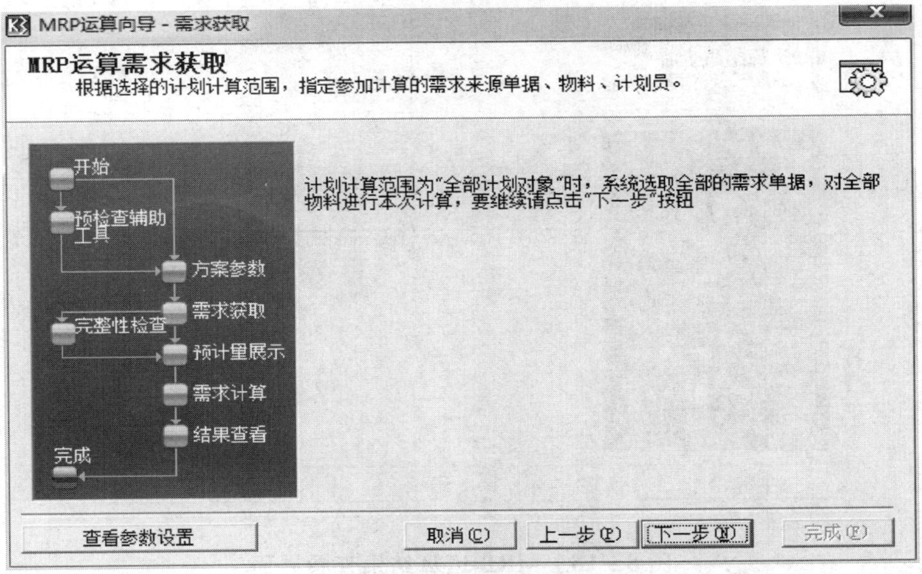

图 8－16　MRP 运算向导—需求获取

（6）单击“下一步”按钮，进入“MRP 运算预计量展示”界面，继续单击“下一步”，进入“MRP 运算需求计算”，如图 8－17 所示。

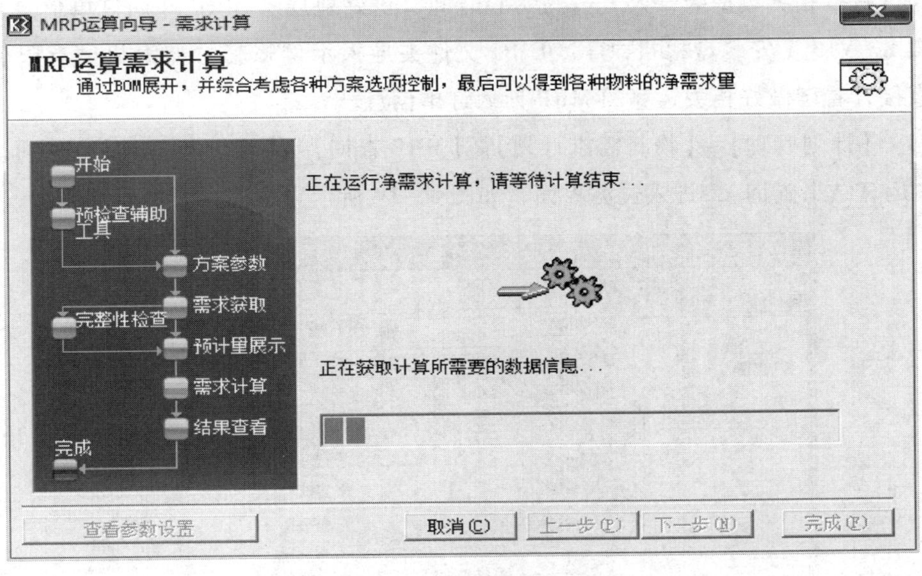

图 8－17　MRP 运算向导—需求计算

（7）MRP 计算完成后，系统进入“MRP 结果查看”界面，如图 8－18 所示，点击“查看报告”按钮可以查阅本次计算产生的报告。单击“查看结果”按钮可以查阅本次计算的结果，单击“完成”，结束 MRP 运算。

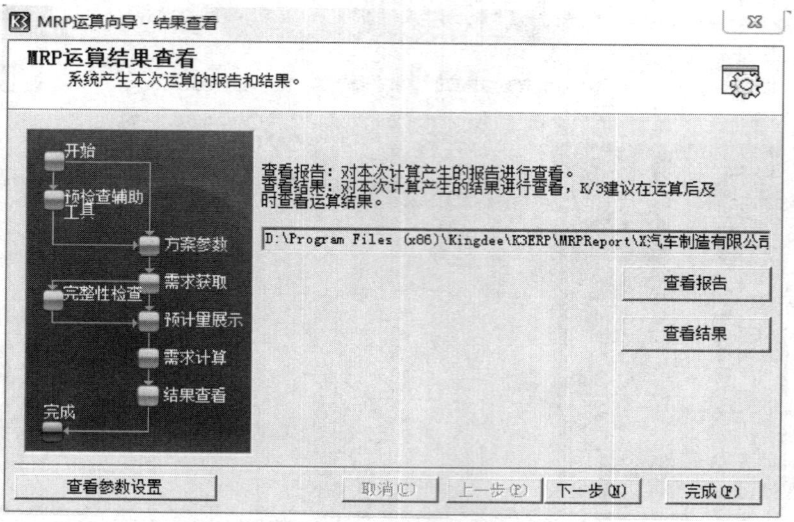

图 8－18　MRP 运算结果查看界面

5. MRP 计划订单查询

“MRP 运算结果查询”是查询 MRP 计算后物料的期初库存、毛需求、已分配量等信息，帮助 MRP 计划人员了解生成计划的产生来源，确定生产计划的准确性。

为了减少相关数据的录入，节约实验时间，更好地展示 MRP 计划订单信息，请打开金蝶 K3 V13.1 安装盘根目录下 DEMO 文件夹导入示例账套“蓝海机械有限公司”，以便直接查看已做好相关运算的 MRP 计划订单信息。

（1）【计划管理】→【物料需求计划】→【MRP 查询】→【MRP 运算结果查询】。双击“MRP 运算结果查询”，进入过滤界面，如图 8－19 所示。

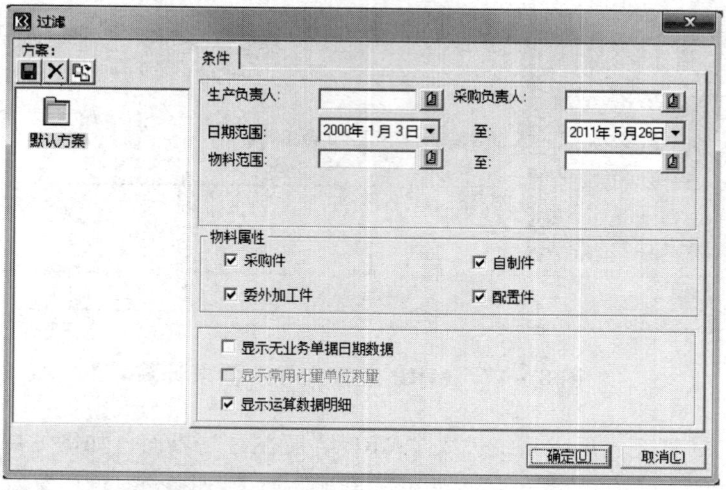

图 8－19　MRP 运算结果查询条件设置窗口

（2）在此界面中可以设置查询日期范围、物料范围，设置完成后，单击“确定”按钮，进入“MRP 运算结果查询”界面，如图 8－20 所示。

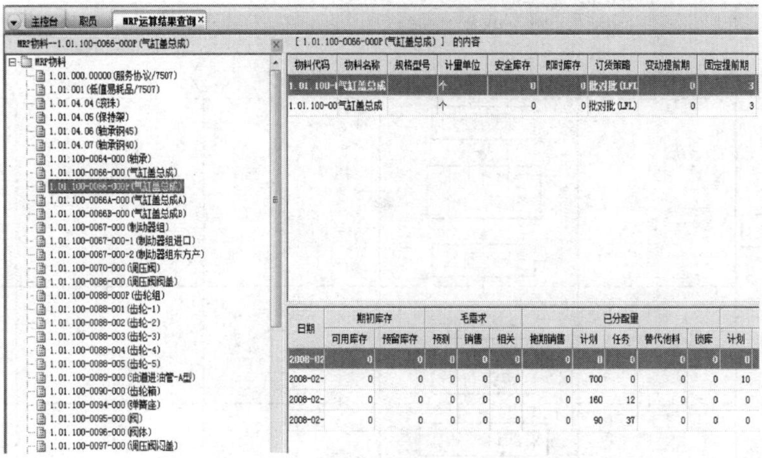

图 8－20 MRP 运算结果查询（示例账套）

第三节 模拟阶段二：采购管理与库存管理

一、实训模拟准备

（一）实训目的

（1）理解采购管理在 ERP 系统中的主要作用；
（2）掌握金蝶 K/3 WISE 系统中采购管理的主要内容；
（3）掌握金蝶 K/3 WISE 系统中采购管理系统的相关操作技能。

（二）实训内容

（1）任务一：采购申请管理；
（2）任务二：采购订单管理；
（3）任务三：收料通知管理；
（4）任务四：外购入库管理；
（5）任务五：采购发票管理。

（三）实训流程

在金蝶 K/3 WISE ERP 系统中，“采购管理与库存管理”实验是使用【供应链】模块下的“采购管理”系统处理物料采购与库存业务。

采购管理源自物料需求计划（MRP）系统输出的采购作业计划。

采购管理与库存管理业务流程如图 8－21 所示。

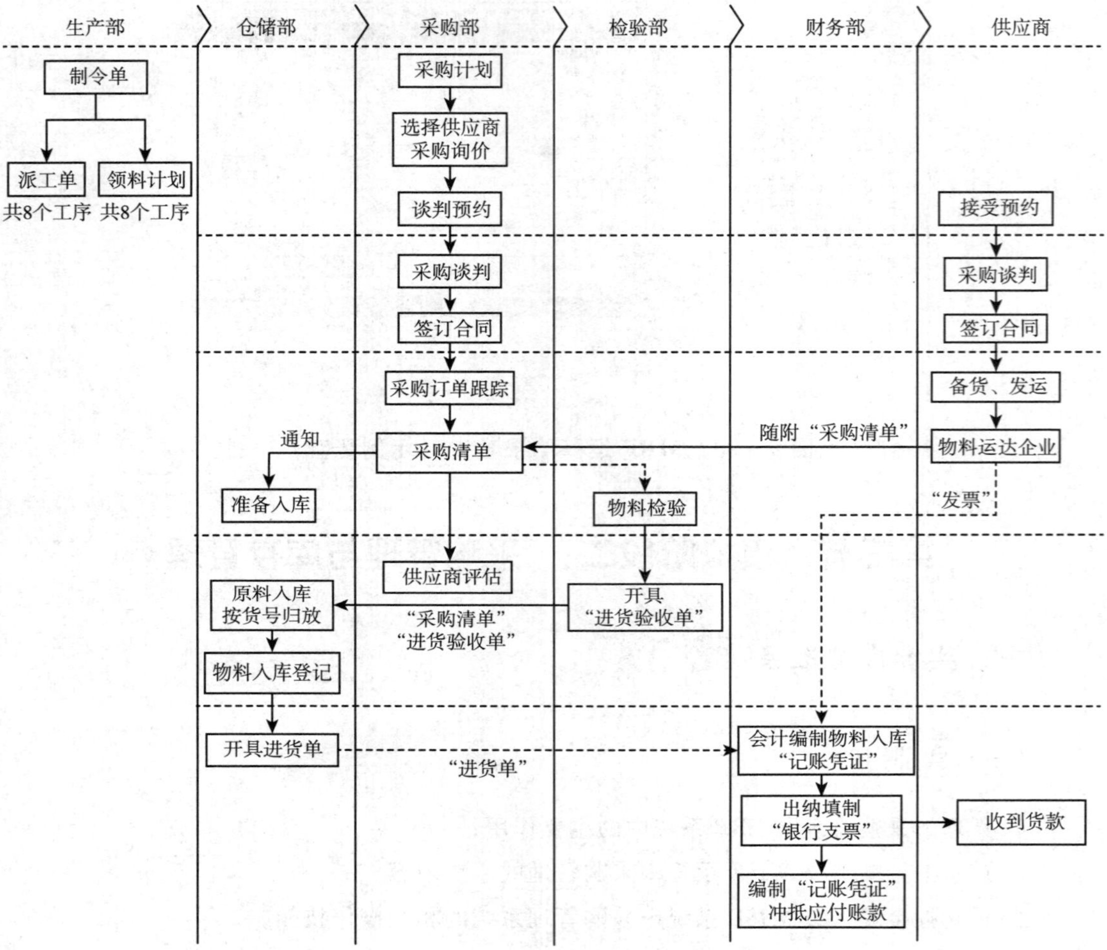

图 8－21　采购管理与库存管理业务流程

二、模拟任务一：采购申请管理

（一）实训情景

采购申请管理主要指新增采购申请单和维护采购申请单。采购申请单是各业务部门或计划部门根据主生产计划、物料需求计划、库存管理需要、销售订货或零星需求等实际情况，向采购部门申请购货，并可批准采购的业务单据。

采购申请的功能在【采购申请单-新增】和【采购申请单-维护】模块中都能实现：

在业务处理中是对购货申请进行业务操作；在单据序时簿中，除能实现业务处理操作之外，更重要的是对采购申请单进行批量处理和管理功能。

实训中，制造企业的采购申请单来源于生产计划部门的物料需求计划（MRP）系统，是自动生成的。采购部人员正式处理采购业务之前，需要对MRP系统投放的采购申请（单）进行管理（包括审核、确认和维护等）。

2018年1月8日，计划部钱计划新增采购申请单。采购产品：01.001-蓄电池，数量500；建议采购日期2018-01-15，用途：备料，到货日期：2018-01-18。

（二）实验步骤

1. 生成采购申请单

（1）采购申请单除了“物料需求计划”模块投放生成一种方法外，还可以直接手工录入采购申请单。手工录入时，可直接录入，也可以参照“销售订单”录入，如图8-22所示。

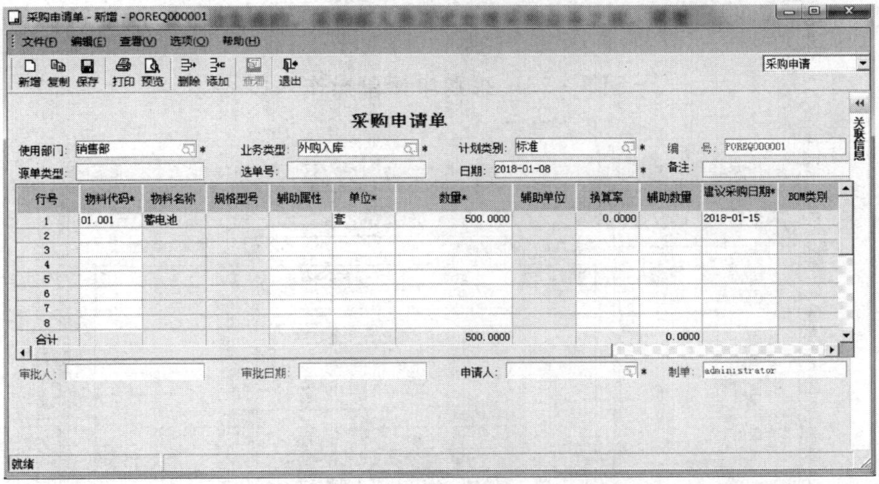

图8-22　采购申请单新增界面

采购申请单项目说明，表头部分：

使用部门：单击右侧小图标，可以查看部门列表，从中选择。功能键“F7”，弹出部门选择窗口。

源单类型：有空白和销售订单两种方式，“空白”即不参照任何单据录入。选择“销售订单”时，须在选单号处调出（功能键“F7”）销售订单，通过获取销售订单信息进行采购申请单填写。

申请人选择该申请单的申请人，表头其他部分，采用默认值即可。

（2）采购申请单填写完毕后，单击导航栏中“审核”按钮，填写审批人，完成审核。

2. 查询与维护采购申请单

（1）操作路径：【采购管理】→【采购申请】→【采购申请单－维护】，如图 8－23 所示，系统弹出“条件过滤”设置窗口，如图 8－24 所示。

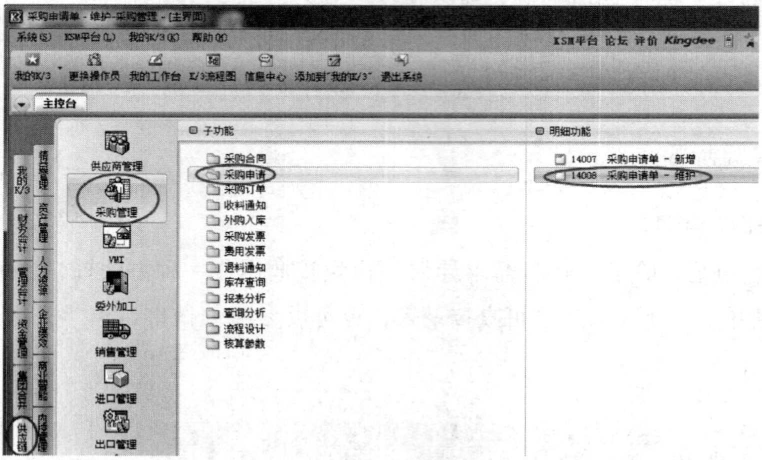

图 8－23　采购申请单操作入口

图 8－24　采购申请单条件过滤窗口

（2）在窗口中设置查询条件查询采购申请单，方案选择“默认方案”，时间选择“全部”，单击“确定”按钮，系统进入“采购申请单序时簿”，如图 8－25 所示。

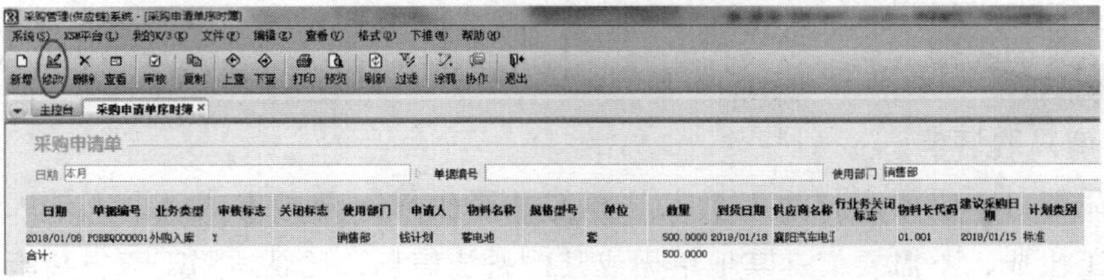

图 8－25 采购申请单序时簿

（3）在采购申请单序时簿上方工具栏中点击修改，可进入采购申请单修改界面，点击【查看】→【审核】后可进行修改（添加）如图 8－26 所示。

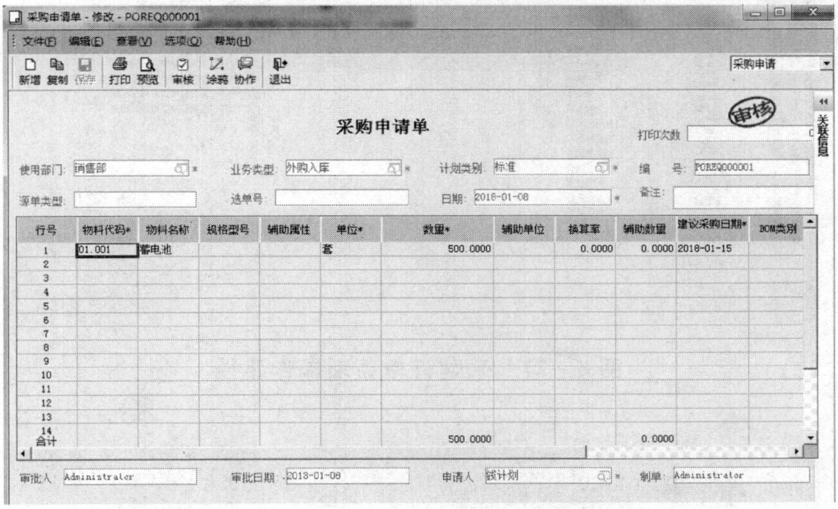

图 8－26 采购申请单修改界面

三、模拟任务二：采购订单管理

（一）实训情景

采购订单是购销双方共同签署的、以确认采购活动的标志。在金蝶 K/3 WISE ERP 系统中，采购订单处于采购管理的核心地位，主要表现在：（1）采购订单是物资在采购业务中流动的起点，是详细记录企业物资的循环流动轨迹、累积企业管理决策所需要的经营运作信息的关键；（2）采购订单是供需链的重要信息中心之一；（3）采购订单是联系应付款系统和采购系统的纽带。

根据审核后的采购申请，创建采购订单。审核后的采购订单信息将共享/传递到供应商、仓存管理、应付款系统。

（二）实训步骤

1. 新增采购订单

新增采购订单主要有“手工录入”和“关联生成”两种方式。手工录入就是整张单据由手工生成，不需要借助其他单据或其他系统信息，比较适用于双方传真交易等不涉及前期计划业务流程的订货，如图 8－27 和图 8－28 所示。

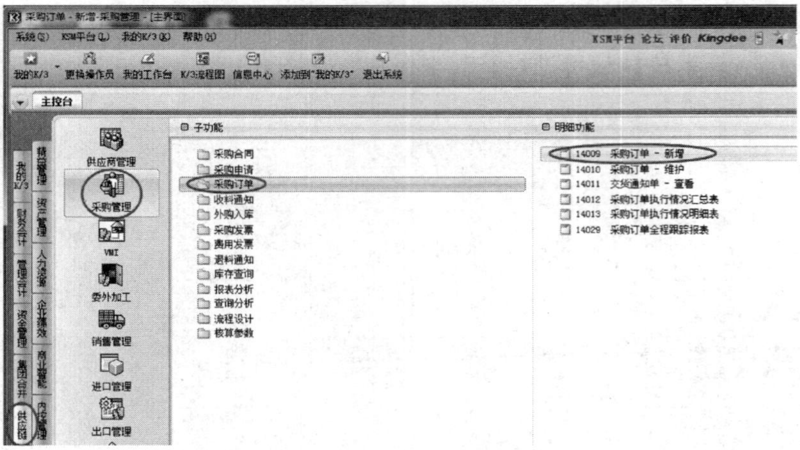

图 8－27　采购订单新增操作路径

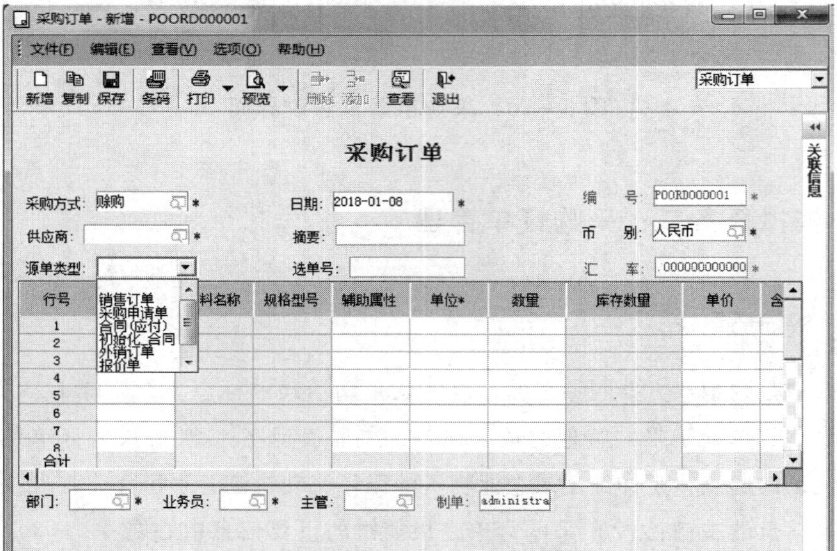

图 8－28　采购订单新增界面

采购订单可以通过关联采购申请单、采购合同以及销售订单、外销订单、报价单、样品需求申请单生成，即将以上单据作为源头单据，根据用户选择的源单据自动生成采购订单。此时要求源单必须是已经审核并且没有完全关联完毕采购申请单。通过关联采购申请单自动生成采购订单的操作步骤：

（1）在“采购申请单序时簿”窗口中，选择要生成采购订单的采购申请单，单击菜单【下推】→【生成采购订单】选项如图 8－29 所示。

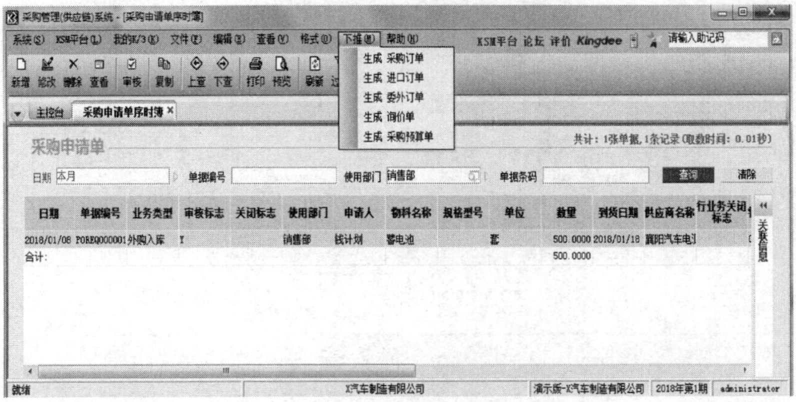

图 8－29　根据采购申请单生成采购订单

（2）在“采购申请单生成采购订单”窗口中，保持各项默认，单击“生成”按钮，进入“采购订单－新增”窗口，如图 8－30 所示。

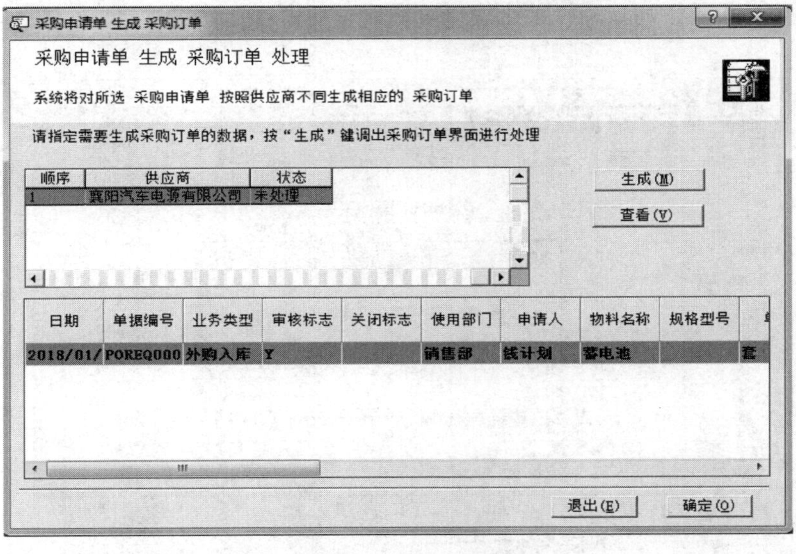

图 8－30　采购申请单生成采购订单向导

（3）在“采购订单 - 新增”窗口，供应商中选择“04.07—襄阳汽车电源有限公司”，单价录入“700”，部门选择“采购部”，业务员选择“吴采购”，其他项保持默认，单击“保存”按钮保存生成的采购订单，如图 8 - 31 所示。

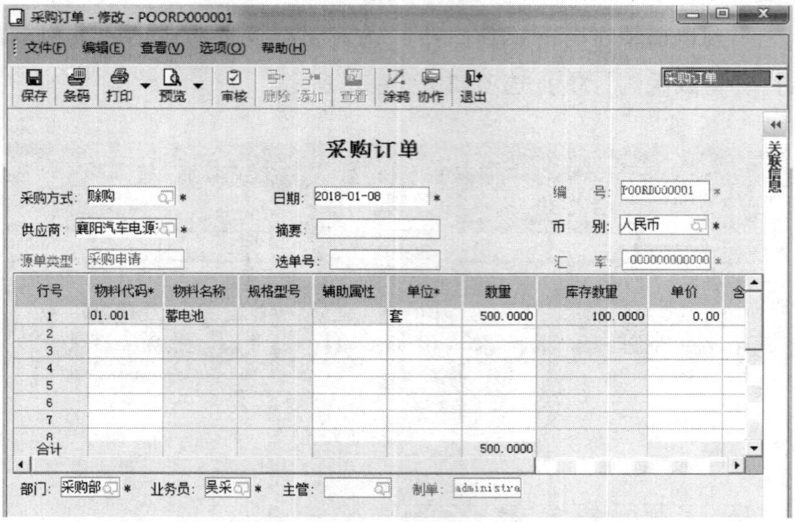

图 8 - 31　关联采购申请单自动生成采购订单

2. 审核采购订单

采购订单是物资在采购业务中流动的起点，是供需链的重要信息中心之一，是联系应付款系统和采购系统的纽带。采购订单审核操作是采购业务联系、信息互动的阀门。在采购订单修改界面点击审核按钮，即可完成采购订单的审核，如图 8 - 32 和图 8 - 33 所示。

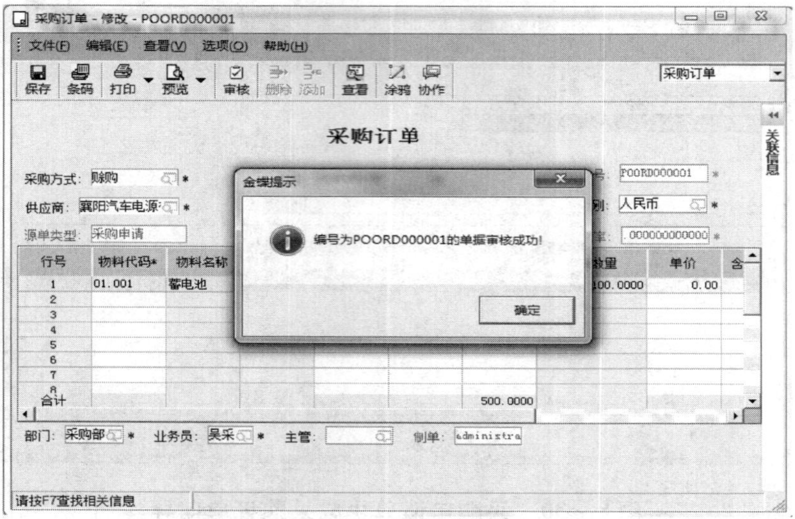

图 8 - 32　采购订单审核界面

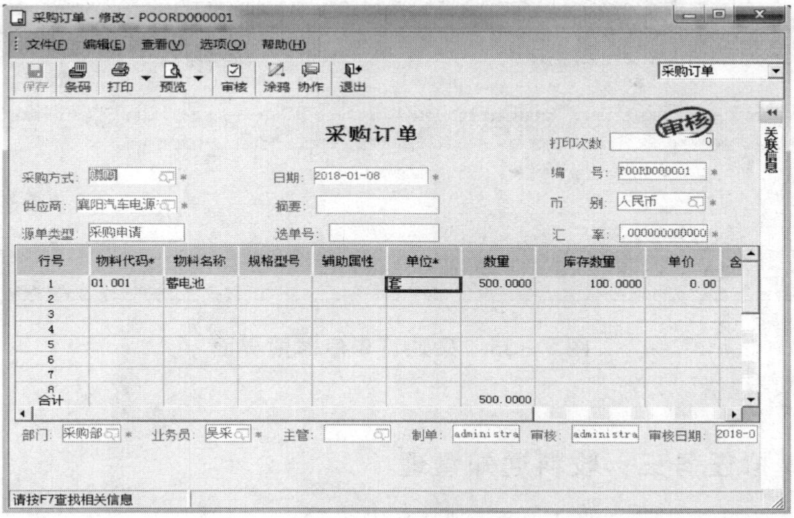

图 8－33　采购订单审核后界面

3. 维护采购订单

采购订单的操作，在菜单【编辑】下，主要包括：关闭、订单变更等。关闭是指某单据所反映的业务已经确认并得到实施，在系统中则表现单据通过关联、下达等方式，已被下级单据执行完毕。关闭分自动关闭和手工关闭两种。采购订单变更，就是指采购订单在执行过程中，或在已经执行完毕的情况下，因购货计划变动或其他原因，需要增加本次下单的订货数量、修改订货价格，或直接补货。

下推式单据关联：就是在源单据的序时簿上自动生成目标单据。针对采购订单，通过下推关联可以直接生成收料通知/请检单、外购入库单和采购发票（包括专用发票和普通发票）。通过下推式关联生成目标单据的采购订单必须是已审核、但尚未关闭的单据，如图 8－34 和图 8－35 所示。

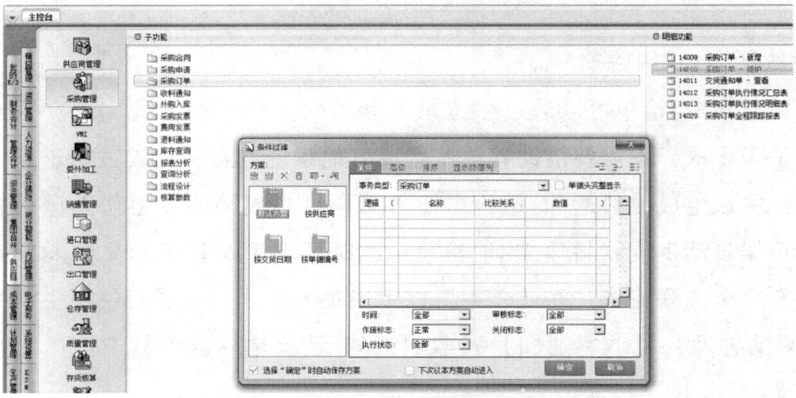

图 8－34　采购订单筛选过滤界面

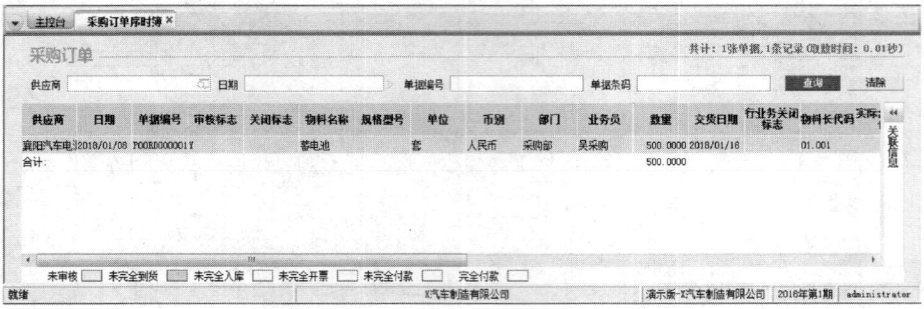

图 8-35　采购订单序时簿界面

四、模拟任务三：收料通知管理

（一）实训情景

收料通知/请检单在采购模块是物料到达企业后，登记由谁验收、由哪个仓库入库等情况的详细单据，便于物料的跟踪与查询。

收料通知/请检单是采购订单的重要执行单据，其不仅要处理与采购订单直接关联的执行情况，还要处理外购入库单与采购订单间接关联的执行情况，起到承上启下作用。

在金蝶 K/3 WISE 系统中，收料通知/请检单可以通过手工录入、订单确认、采购发票关联、由销售出库单自动生成等多途径生成。

转向盘供应商根据采购订单按期交货，物料到达企业且经过质检后，采购部吴采购将通知仓储收物料。2018-01-17 采购部吴采购收料，原采购数量 1000，本次收料数量 500。

（二）实验步骤

1. 新增收料通知/请检单

新增收料通知/请检单可以通过手工录入和关联生成两种方式实现。手工录入就是整张单据由手工生成，不需要借助其他单据或其他系统信息，比较适用于没有正式订单的零星交易；关联生成收料通知/请检单即将采购订单或采购发票作为源单据，根据用户选择的源单据自动生成收料通知/请检单，此时要求采购订单和采购发票必须是已经审核但还没有完全关联完毕。在此，主要以手工录入方式为例进行说明。

（1）【采购管理】→【收料通知】→【收料通知/请检单-新增】，进入“收料通知/请检单”窗口。

（2）源单类型选择“采购订单”，选单号处，选择采购订单（需要提前录入转向盘采购订单），选定后双击，进入如图 8－36 所示界面。双击相应的订单，将数量修改为 500，其他项目保持默认值，录入完成后，单击保存，如图 8－37 所示。

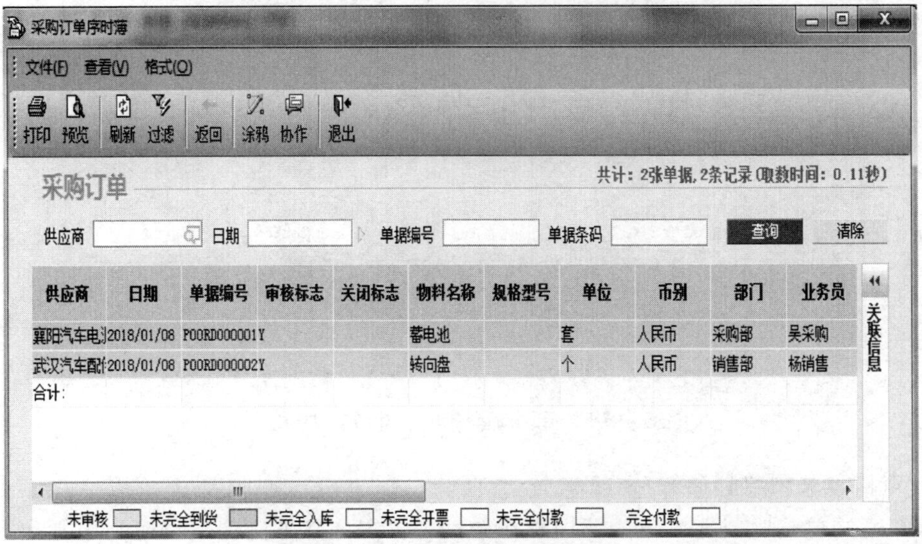

图 8－36　采购订单序时簿

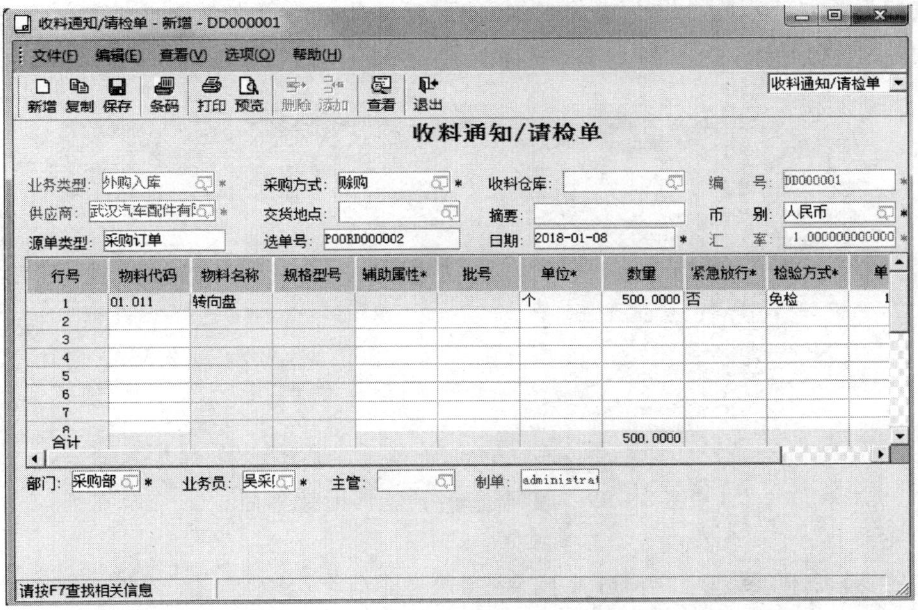

图 8－37　手工录入收料通知/请检单界面

（3）录入完成后，完成收料通知单的审核，单击导航栏中“审核”按钮即可，系统返回审核成功提示，审核后的收料通知/请检单如图 8－38 所示。

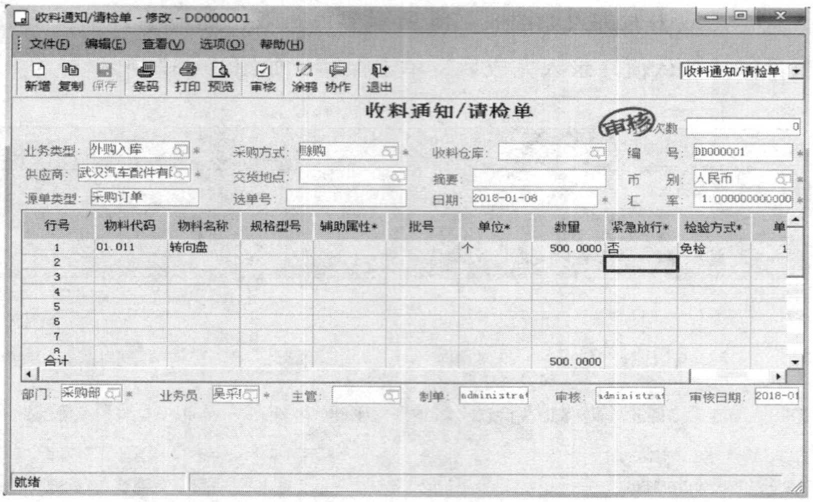

图 8－38　审核后的收料通知/请检单

2. 审核、关闭收料通知/请检单

退料通知单是收料通知单的反向操作单据，单据处理方法和收料通知单类似，操作结果相反。已审核的收料通知单不能修改，未审核的收料通知单双击所在行即可在弹出界面中进行修改。已审核的收料单，可以通过菜单【编辑】→【反审核】，将单据修改为未审核标志后方可修改。作废/反作废、关闭/反关闭，均可在菜单【编辑】下进行操作，如图 8－39 所示。

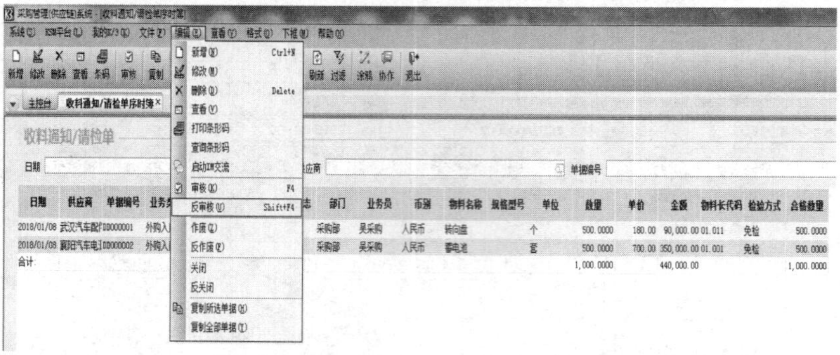

图 8－39　收料通知/请检序时簿界面

五、模拟任务四：外购入库管理

（一）实训情景

外购入库单，又称收货单、验收入库单等，是确认货物入库的书面证明。外购入库单在金蝶 K/3 供应链系统中具有非常重要的意义。

外购入库单实际上是库存类单据，但在金蝶 K/3 供应链系统中，将采购入库单、销售出库单等库存单据归入采购、销售等相应子系统处理。这是因为采购、销售管理等系统作为一个独立的系统，其订单、采购（或销售）、收货（或发货）等阶段是一个紧密联系、不可分割的整体。

系统将采购、销售的出入库单据，分别归入相应的采购、销售系统处理，以使流程清晰，方便用户处理，用户可以在相应的模块直接操作。库存子系统主要集中处理其他的各种出入库形式，如调拨、盘盈、盘亏等，但仍然保存采购入库、销售出库等单据的处理，以达到业务、库存对极其重要的出入库单据进行双重处理、共同控制的目的。一般来说，外购入库单可以通过手工录入、订单确认和采购发票关联等多途径生成。

供应商送交的物料到达制造企业后，通过验收后入库。通过外购入库单，确认外购物料入库。

（二）实训步骤

1. 新增外购入库单

【供应链】→【采购管理】→【外购入库】→【外购入库单 - 新增】，源单类型中选择“收料通知/请检单”，选单号选择“DD000001”（如果在收料通知管理中有多次操作，可能选单号不一致，根据实际情况选择即可），实收数量“499”，收料仓库选择“01 - 原料仓”，验收、负责人和保管均选择“17 - 何仓管”，其他项保持默认，完成后点击保存按钮，如图 8 - 40 所示。

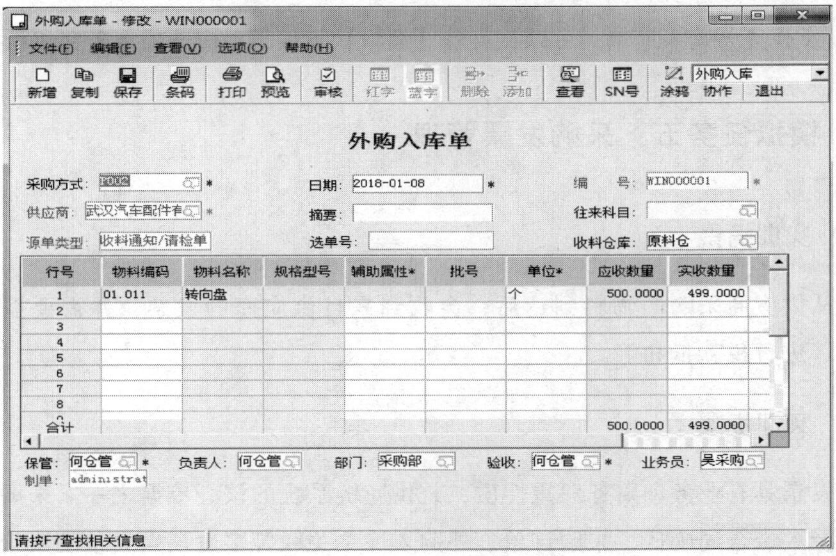

图 8 - 40　新增外购入库单

如果采购入库单无源单据引用时，可手工新增，并手工选择供应商、物料信息等。

2. 审核、作废外购入库单

外购入库单可以在保存后，直接点击工具栏中“审核”按钮审核，也可后期进行审核。调出外购入库序时簿，双击进入后，完成相关操作。审核后的外购入库单，如图 8－41 所示。

图 8－41　外购入库单修改界面

作废/反作废外购入库单，可以在菜单【编辑】下根据对应选项点击完成相关操作。

六、模拟任务五：采购发票管理

（一）实训情景

企业从供应商采购的物料到达后，会收到来自供应商的发票，并需要据此支付贷款、记账、进行税款抵扣等。

（二）实训步骤

采购发票具有业务和财务双重性质，是供应链系统的核心单据之一。采购发票可以通过手工录入、合同确认、采购订单、外购入库单关联等多途径生成，发票管理涉及财务核算，在生成发票前，需要启用“应付、应收款管理”模块。如果独立使用“采购管理”模块，不使用“应付、应收管理模块”，需要保存发票则需要设置系统参数，否则发票无法保存。

设置方法：【主控台】→【系统设置】→【系统设置】→【采购管理】→【系统设置】，如图 8－42 所示。

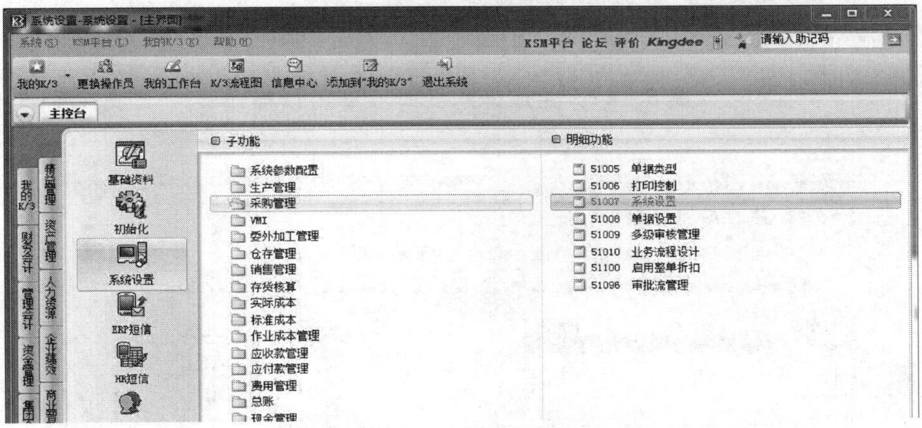

图 8－42　采购系统设置操作路径

在“系统参数维护”窗口中，点击“供应链整体选项”，将第 7 行“若应收应付未结束初始化，则业务系统发票不允许保存”右侧勾取消选中，如图 8－43 所示。

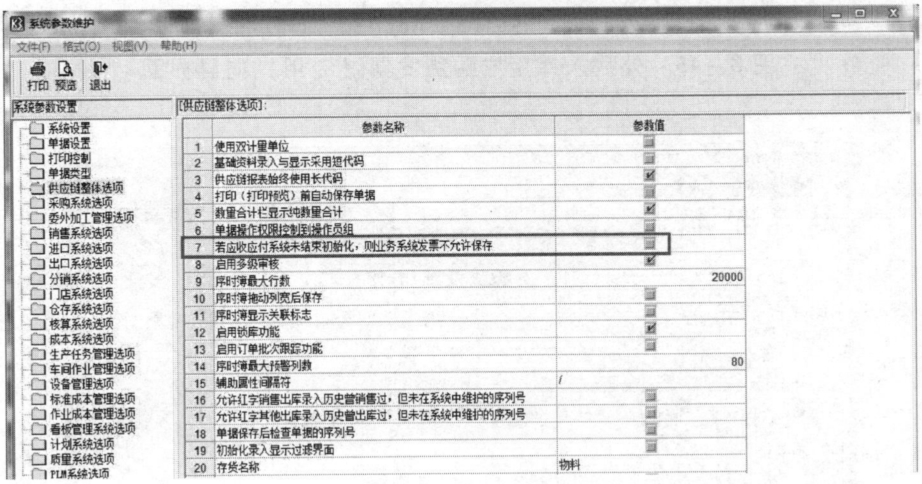

图 8－43　采购系统设置界面

1. 外购入库单生成发票

采购发票是财务核算，对供应商付款凭据，在“采购管理”录入正确的发票后，系统会自动将发票信息传递到“应付、应收管理模块”，可在外购入库单维护界面通过【下推】生成采购专用发票和采购普通发票，如图 8－44～图 8－46 所示。

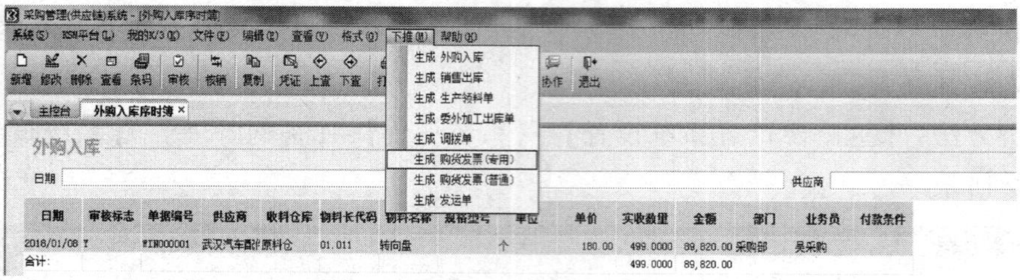

图 8－44　生成采购发票（专用）操作

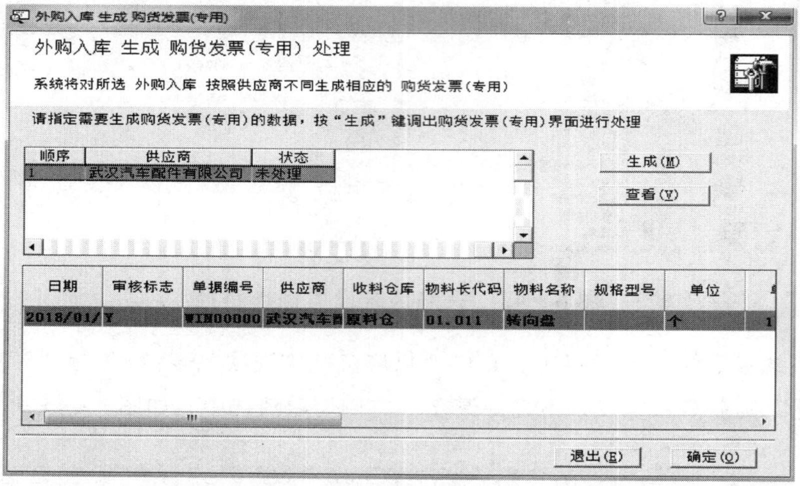

图 8－45　外购入库生成购货发票（专用）向导界面

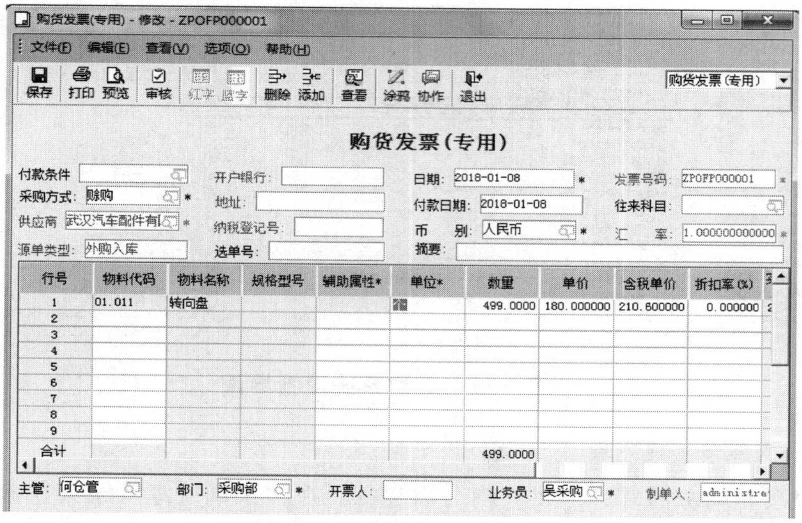

图 8－46　利用向导生成购货发票（专用）新增界面

2. 采购发票录入

可手动录入采购发票，操作路径：【采购管理】→【采购发票】→【采购发票 - 新增】，如图 8 - 47 所示。

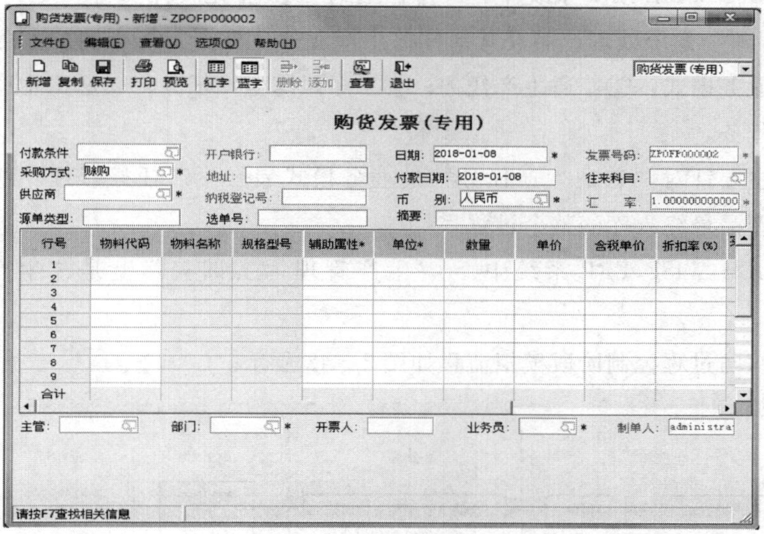

图 8 - 47 购货发票（专用）新增界面

第四节 模拟阶段三：生产组织与过程控制

一、实训模拟准备

（一）实训目的

（1）理解生产（任务）管理在 ERP 系统中的主要作用；
（2）掌握金蝶 K/3 WISE ERP 系统中生产（任务）管理的主要内容；
（3）掌握金蝶 K/3 WISE ERP 系统中生产（任务）管理系统的相关操作技能。

（二）实训内容

（1）任务一：生产任务管理；
（2）任务二：生产投料管理；
（3）任务三：生产领料管理；
（4）任务四：生产任务汇报；

（5）任务五：生产入库管理。

（三）实训流程

在金蝶 K/3 WISE ERP 系统中，“生产管理”实验是使用【生产管理】模块下的“生产任务管理”系统处理产品及其部件的生产业务。根据工厂不同的业务需求，划分为以下不同业务模式：①普通生产任务；②工序跟踪生产任务；③返工生产任务；④受托加工生产任务。

本实训主要针对“普通生产任务”的业务模式展开生产任务管理，以完成生产任务单产生到产品最终入库的整个过程。

在金蝶 K/3 WISE ERP 系统中，“生产管理”实训实际上是“生产任务管理”实训。

生产组织与过程控制阶段模拟流程如图 8－48 所示。

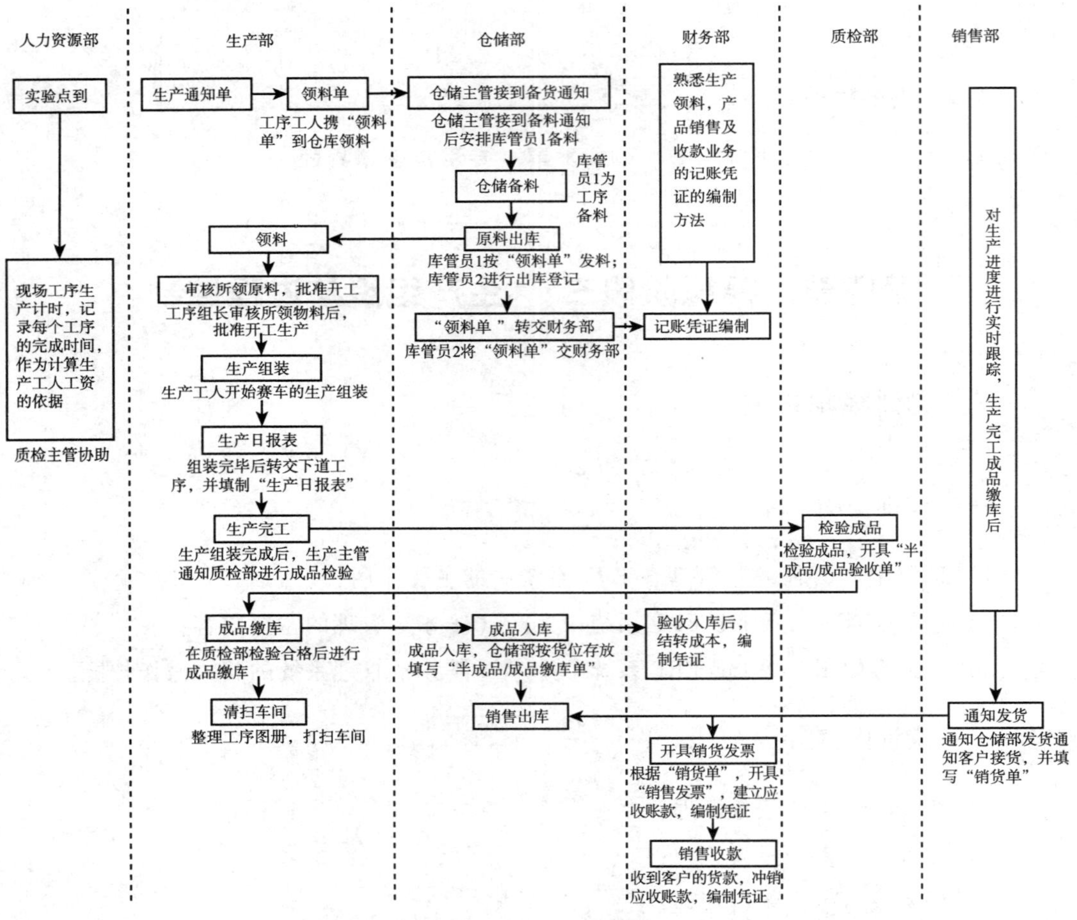

图 8－48　生产组织与过程控制阶段模拟流程

二、模拟任务一：生产任务管理

（一）实训情景

根据 MTO 计划模式，MRP 系统生成并输出两类计划：自制件的生产作业计划和外购件的采购作业计划。在金蝶 K/3 WISE ERP 系统中，它们分别对应生产任务单和采购申请单这两种单据。生产任务单在生产任务管理系统中作为车间/工作中心生产作业的基本依据，采购申请单在供应链/采购管理系统中作为采购部门采购作业的基本依据。简言之，创建和维护生产任务单是生产（任务）管理的起点，如表 8－2 所示。

表 8－2　生产任务数据

物料代码	物料名称	计划生产数量	开工日期	完工日期
02.001	车载电源模块	40	2018－01－10	2018－01－15
02.007	车轮	40	2018－01－10	2018－01－15

（二）实训步骤

1. 新增生产任务单

生产任务单功能可以完成合同的确认下达操作，并据此生产任务单，在投料、汇报和入库后实时跟踪到该笔任务单的执行情况。生产任务单新增有两种方式：一种是由“物料需求计划”系统产生出生产计划单，投放后，可在“生产任务单－维护”中进行管理，如确认、下达和结案等操作；另一种是手工录入，如未使用“物料需求计划”系统时，则只能使用手工方法录入生产任务单。

手工录入新增生产任务单有两种方式：批量新增和单张新增。

源单类型、源单编号：可以参照销售订单和外销订单两种源单类型生成生产任务单，也可以为空。当选择源单类型后，在源单编号处单击“资料”按钮或按功能键“F7”，获取并选择源单。

物料代码、物料名称、规格型号：当参照源单录入时自动带入表格；未参照源单时，单击“资料”或功能键“F7”获取物料代码。

生产类型：默认为“普通订单”，按功能键“F7”可以修改生产类型。如图 8－49 和图 8－50 所示，完成生产任务单批量新增，输入完成后，单击“保存”按钮。

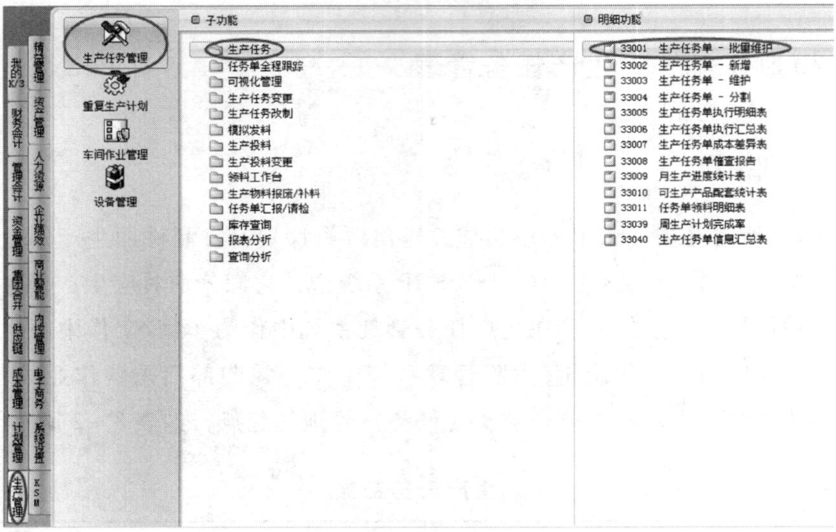

图 8-49　生产任务单批量维护操作入口

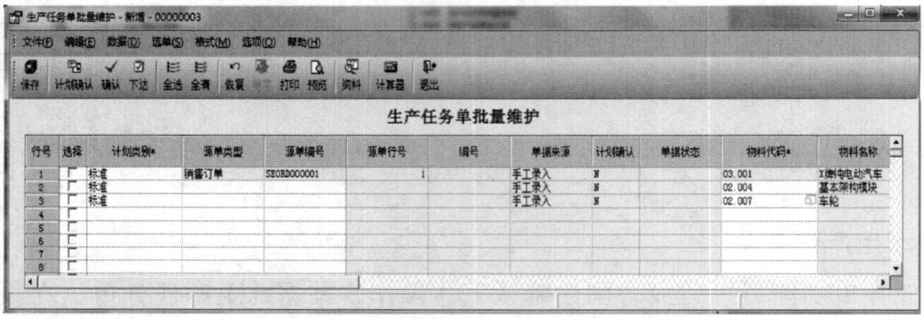

图 8-50　生产任务单批量维护界面

2. 确认生产任务单

保存后，单击工具栏“确认”按钮，待系统反馈确认成功提示，如图 8-51 所示。

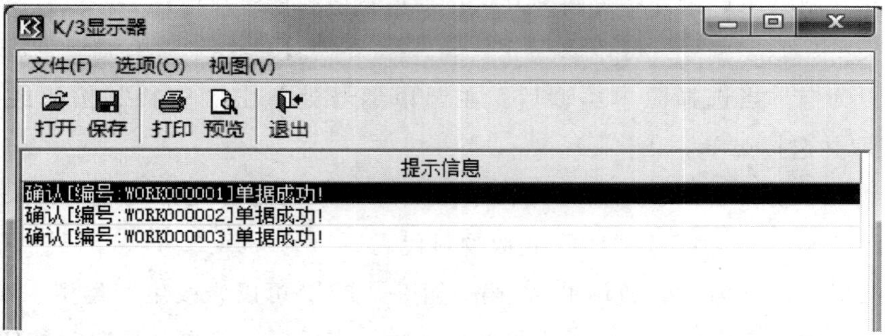

图 8-51　单据确认成功提示

3. 分割生产任务单

生产任务单分割就是把处于计划状态的生产任务单分割为两张以上的任务单（也可以分割为一个，任务单会发生变化），如一个车间无法完成时，将任务分割给两个车间生产。

操作路径：【生产任务管理】→【生产任务】→【生产任务单－分割】，系统弹出任务单分割工具向导窗口。单击“下一步”，系统进入“任务单分割工具”界面，如图 8－52 所示。

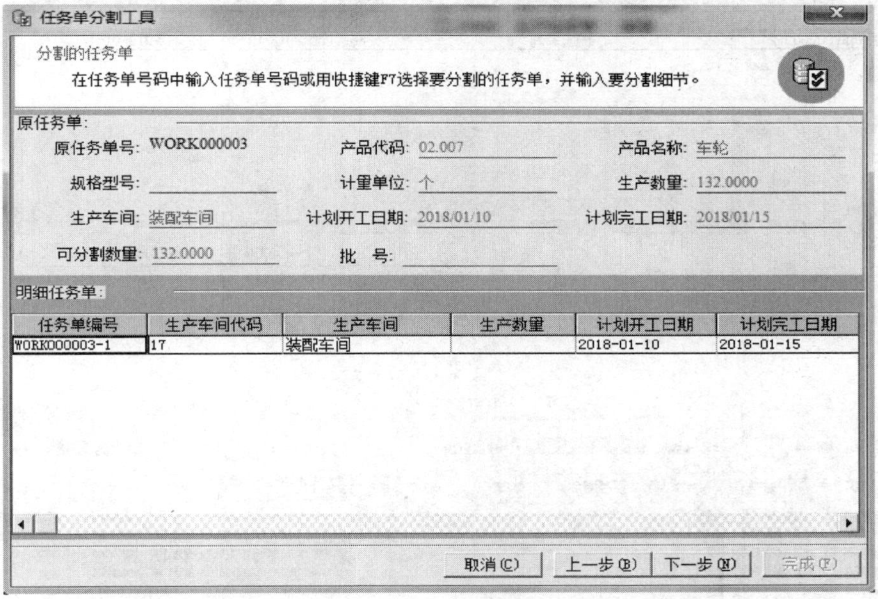

图 8－52　任务分割单工具界面（1）

表头“原任务单号”处，按功能键“F7”选取生产任务单。

表格中录入分割情况，在生产数量处录入分割数量，录入完成后，在最后一列“批号”处按“Enter”键，系统会自动新增一行，并在该行显示分割后的剩余数量，如图 8－53 所示。在分割操作时，可以分割多行，分割后的“生产任务单”可以再次进行分割。

录入完成后，点击“下一步”，完成分割结束操作。如需查询和维护分割后的任务单情况，点击【生产任务管理】→【生产任务】→【生成任务单－维护】，进入维护界面生产任务单序时簿，如图 8－54 所示。

4. 下达生产任务单

选中某一生产任务单后，单击工具栏中“下达”按钮，即可下达生产任务单，如图 8－55 所示。

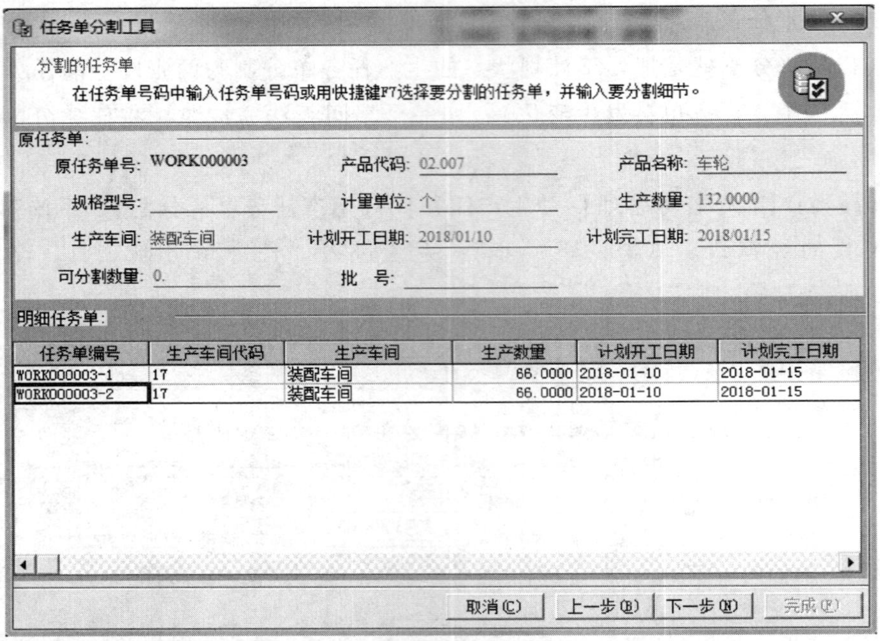

图 8－53 任务分割单工具界面（2）

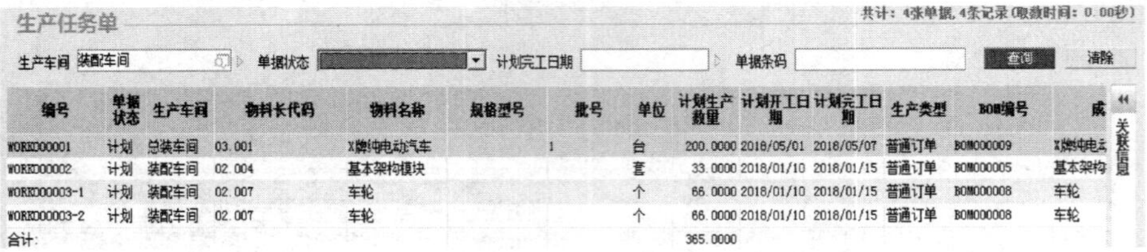

图 8－54 生产任务单序时簿

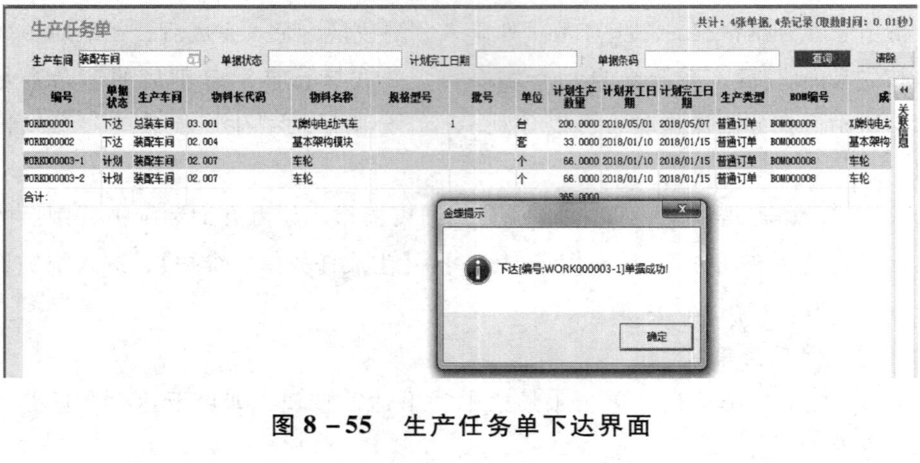

图 8－55 生产任务单下达界面

三、模拟任务二：生产投料管理

（一）实训情景

生产任务下达后，自动生成生产投料单。这也意味着生产车间/工作中心据此开始生产。由于投料单是由任务单在“确认”时自动生成，该功能下只有维护功能，没有新增界面。

（二）实训步骤

1. 查询生产投料单

查询生产投料单如图 8－56 和图 8－57 所示。

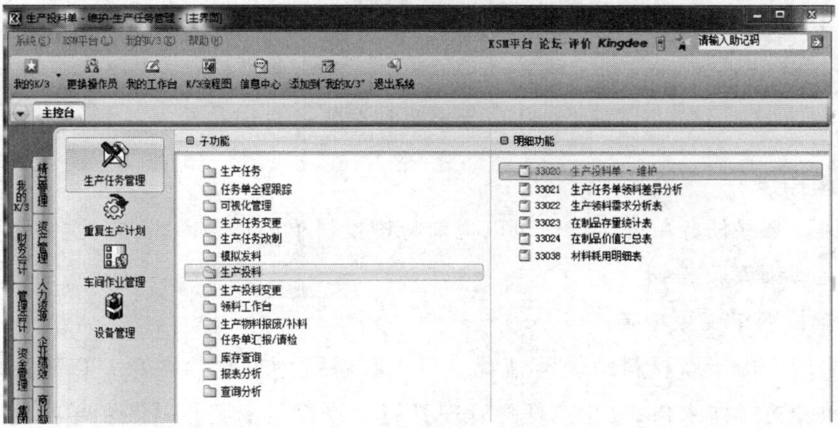

图 8－56　生产投料操作入口

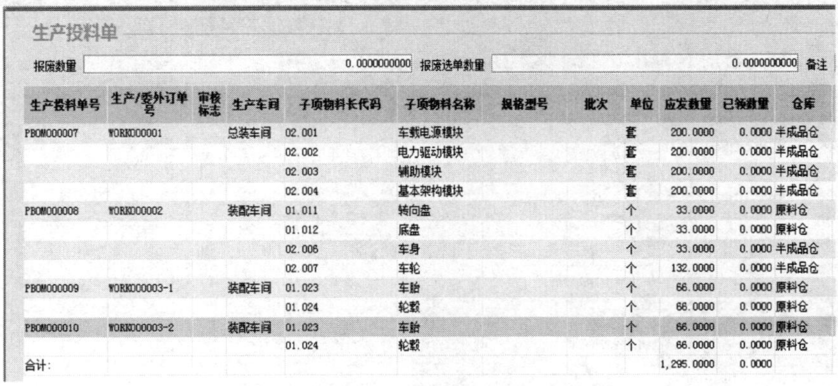

生产投料单

报废数量 0.0000000000　报废选单数量 0.0000000000　备注

生产投料单号	生产/委外订单号	审核标志	生产车间	子项物料长代码	子项物料名称	规格型号	批次	单位	应发数量	已领数量	仓库
PBOM000007	WORK000001		总装车间	02.001	车载电源模块			套	200.0000	0.0000	半成品仓
				02.002	电力驱动模块			套	200.0000	0.0000	半成品仓
				02.003	辅助模块			套	200.0000	0.0000	半成品仓
				02.004	基本架构模块			套	200.0000	0.0000	半成品仓
PBOM000008	WORK000002		装配车间	01.011	转向盘			个	33.0000	0.0000	原料仓
				01.012	底盘			个	33.0000	0.0000	原料仓
				02.006	车身			个	33.0000	0.0000	半成品仓
				02.007	车轮			个	132.0000	0.0000	半成品仓
PBOM000009	WORK000003-1		装配车间	01.023	车胎			个	66.0000	0.0000	原料仓
				01.024	轮毂			个	66.0000	0.0000	原料仓
PBOM000010	WORK000003-2		装配车间	01.023	车胎			个	66.0000	0.0000	原料仓
				01.024	轮毂			个	66.0000	0.0000	原料仓
合计:									1,295.0000	0.0000	

图 8－57　生成投料单

在生产投料单序时簿中，选中投料单，单击修改，即可弹出修改界面，可在修改界面进行修改和审核等操作，如图 8－58 所示。

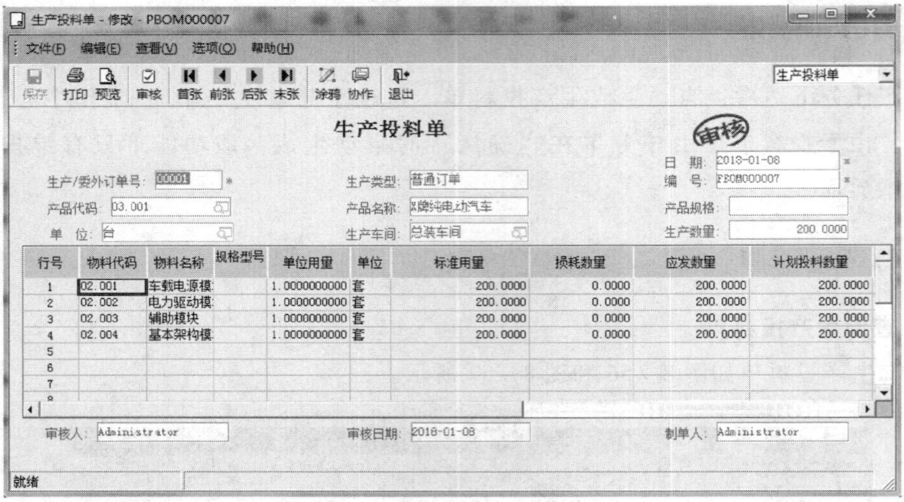

图 8－58　生产投料单修改界面

2. 锁库操作

为了保证某些任务单的生产，可以提前将该投料单进行锁库操作。选中单据后，单击工具栏上“锁库”按钮。

3. 生产投料单变更申请

实际生产中由于原材料短缺等情况，可以在系统中变更投料单，以不影响产品生产。投料单变更操作入口：【生产任务管理】→【生产投料变更】→【投料单变更－新增】，操作方法类似生产任务单。变更后必须审核，才能生效，如图 8－59 所示。

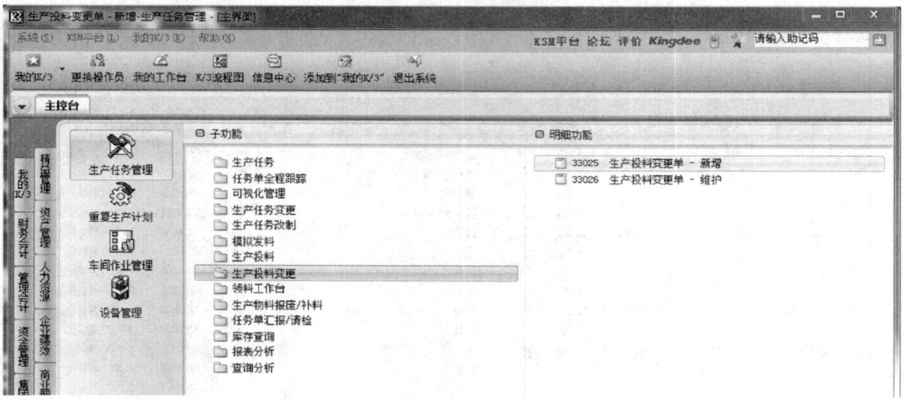

图 8－59　生产投料单变更

四、模拟任务三：生产领料管理

（一）实训情景

生产投料以后，正式开工生成之前，需要创建和维护生产领料单，凭单据到仓库领料。

（二）实验步骤

进入“生产领料新增”，如图 8－60 所示，参照图 8－61 完成领料单新增操作。

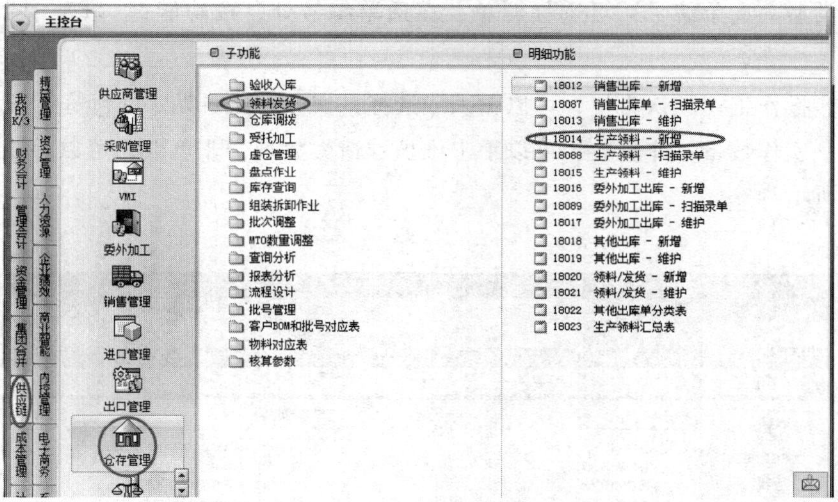

图 8－60　生产领料操作入口

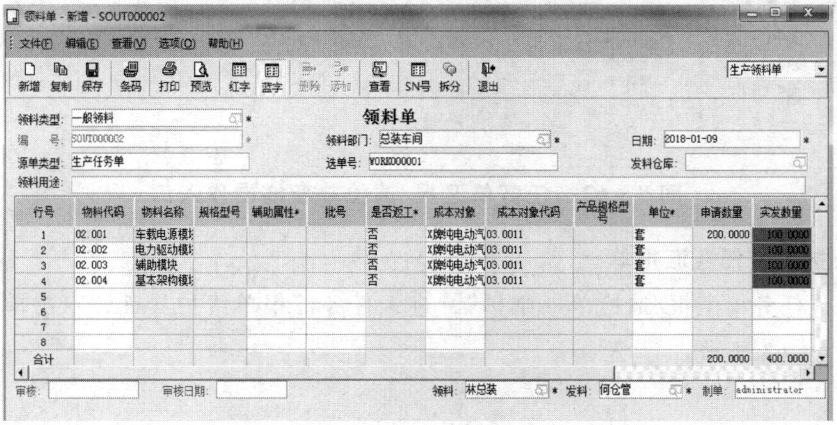

图 8－61　领料单新增界面

五、模拟任务四：生产任务汇报

（一）实训情景

生产过程中直至生产完工，需要适时进行生产任务汇报，以便生产主管或相关部门/领导掌握生产动态（即订单执行/完成情况）。

（二）实训步骤

1. 新建生产任务汇报单

选单类型、选单编号：可选择源单，在选单编号处，按功能键“F7”调出源单信息选择。

班组、操作工：默认为空，可以输入或选择；实际开工日期、实际完工日期：可以手工维护；实作数量：非负数，可以手工维护；遗失数量：非负数，可以手工维护，如图8－62所示。

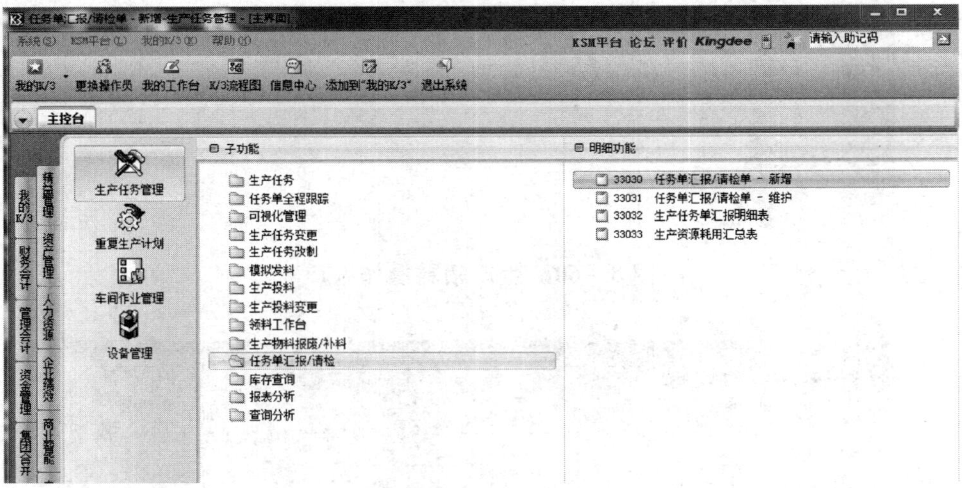

图8－62　任务单汇报/请检单新增操作入口

2. 维护生产任务汇报单

双击“任务单汇报/请检单－维护”，进入任务汇报单维护界面，双击单据可以修改，如图8－63所示。

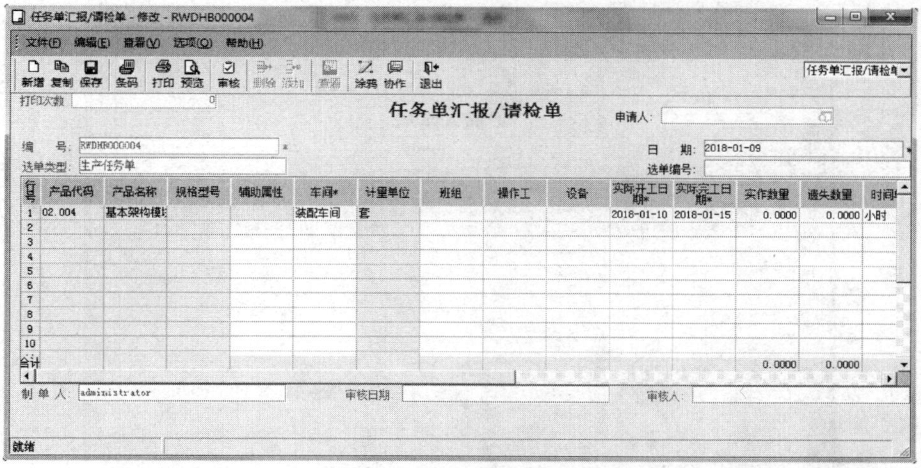

图 8－63　任务单汇报/请检单新增界面

六、模拟任务五：生产入库管理

（一）实训情景

生产完工以后，产品需要及时入库，以便执行销售订单，及时出货。此时需要开展生产入库管理，即新建和维护产品入库单。参照图 8－64 和图 8－65，完成产品入库单录入操作。

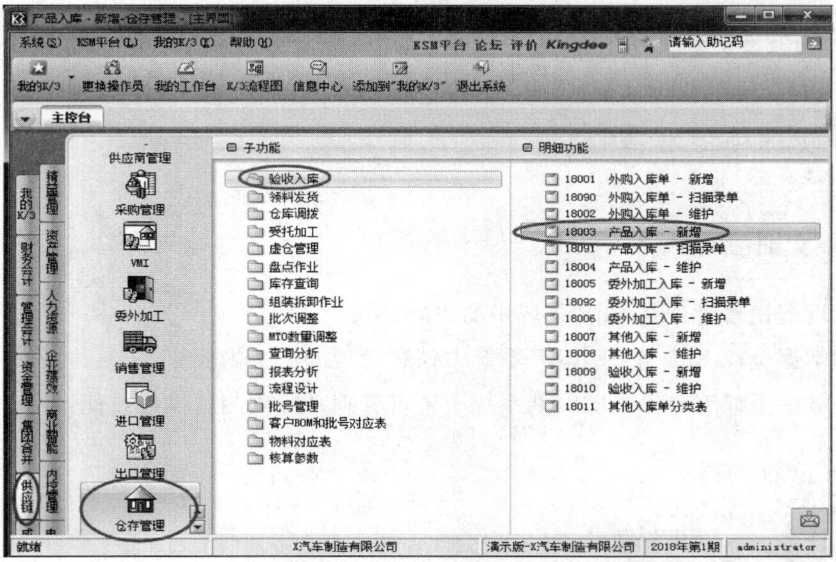

图 8－64　产品入库操作入口

图 8-65　产品入库单界面

（二）实训步骤

1. 新建产品入库单

“产品入库-新增”，进入产品入库新增界面，可新建产品入库单。

2. 维护产品入库单

“产品入库-维护”，进入产品入库维护界面，双击单据可进行修改。

第五节　模拟阶段四：销售业务与应收管理

一、实训模拟准备

（一）实训目的

（1）理解销售管理在 ERP 系统中的主要作用；

（2）掌握金蝶 K/3 WISE ERP 系统中销售管理的主要内容；

（3）掌握金蝶 K/3 WISE ERP 系统中销售管理系统的相关操作技能。

（二）实训内容

（1）任务一：销售订单管理；

（2）任务二：发货通知管理；

（3）任务三：销售出库管理；

（4）任务四：销退货管理；

（5）任务五：销售发票管理。

（三）实训流程

在金蝶 K/3 WISE ERP 系统中，“销售管理”实验是使用【供应链】模块下的“销售管理”系统处理产品的销售业务。

在金蝶 K/3 WISE ERP 系统中，“销售管理”既是按订单生产（MTO）模式的起点（即接收或识别客户需求——接单），也是它的终点（即满足客户需求——交货）。

销售业务与应收管理阶段模拟的业务流程如图 8－66 所示。

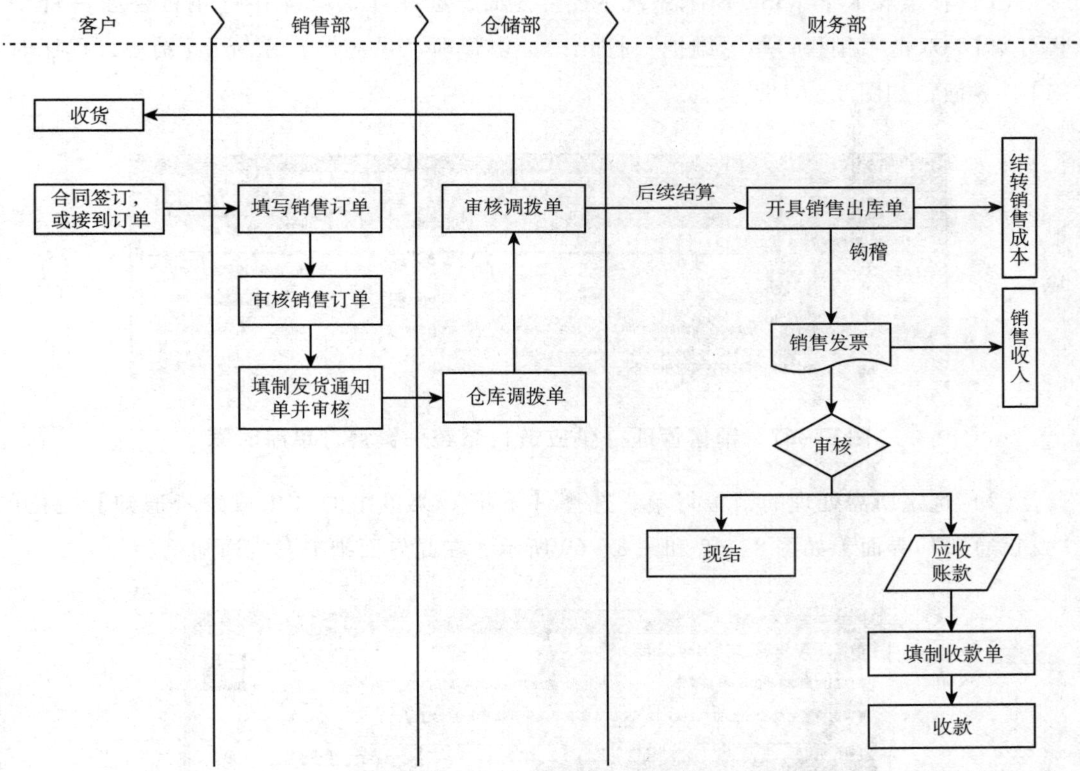

图 8－66 销售业务与应收管理业务流程

二、模拟任务一：销售订单管理

新建和维护销售订单相关操作已在“订单与物料需求计划”实验部分做了介绍，此处不再赘述，请参阅本章“模拟阶段一”相关内容。

三、模拟任务二：发货通知管理

（一）实训情景

销售部门通过系统查询得知产品生产完成后，销售人员在系统中录入发货通知单，向仓管部门发出发货通知，让仓管人员及时备货。

（二）实训步骤

1. 下推生成或手工录入发货通知单

（1）在金蝶 K/3 WISE ERP 系统主控台界面，选择【供应链】→【销售管理】→【销售订单】，双击“销售订单 - 维护”打开“销售管理（供应链）系统 -【销售订单序时簿】”界面，如图 8 - 67 所示。

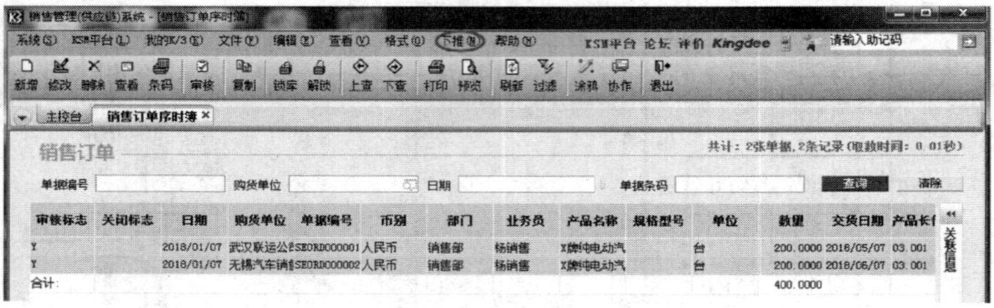

图 8 - 67　销售管理（供应链）系统—销售订单序时簿

（2）选定所需处理的销售订单，选择【下推】菜单中的【生成发货通知】，打开“发货通知”界面，如图 8 - 68 和图 8 - 69 所示，在此界面维护发货通知单。

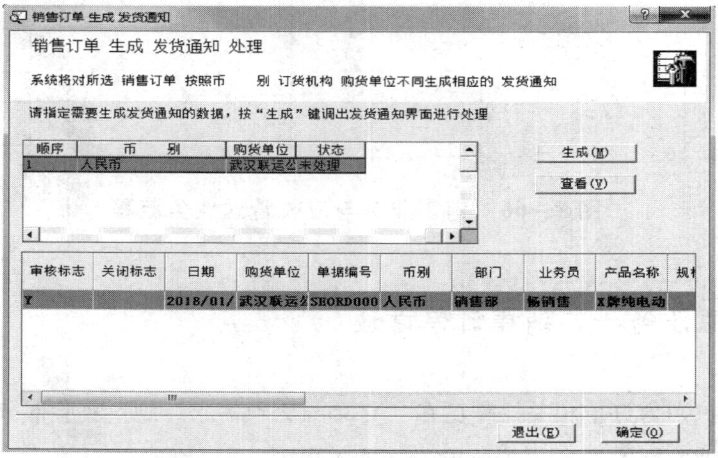

图 8 - 68　销售订单生成发货通知向导界面

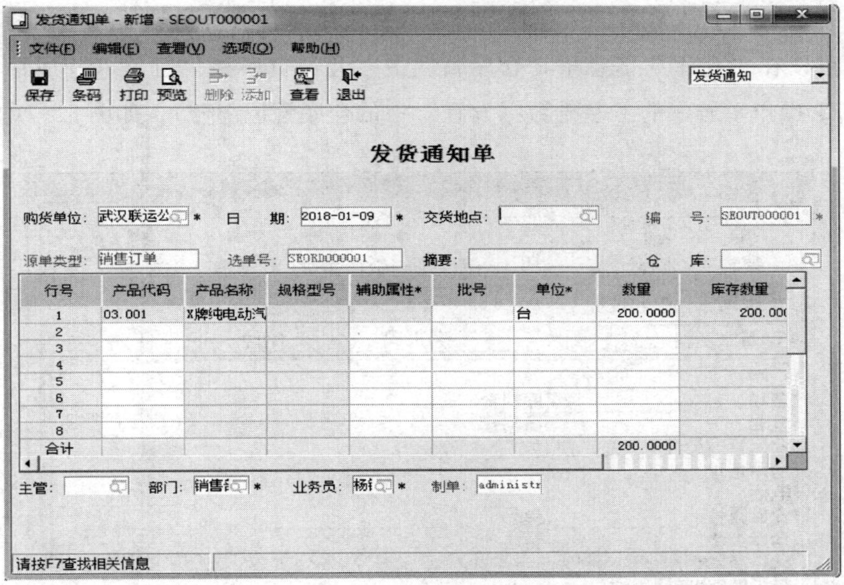

图 8-69 发货通知单新增界面

（3）手工录入发货通知单：【供应链】→【销售管理】→【发货通知】→【发货通知单-录入】，手工录入发货通知单。

2. 审核发货通知单

在发货通知单修改界面，点击【审核】快捷按钮，审核结果如图 8-70 所示。

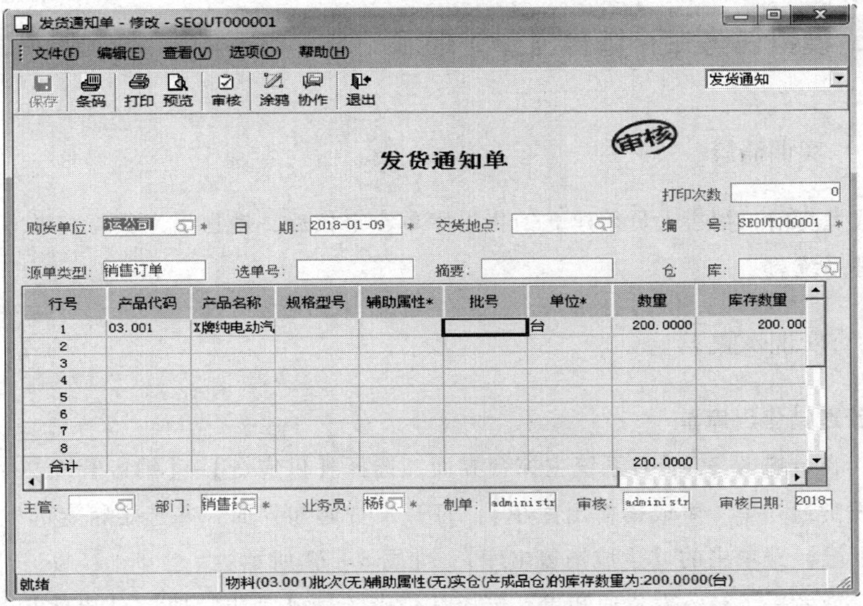

图 8-70 发货通知单审核结果

对于发货通知上的物料，保存时系统会校验仓库是否会有足够的库存出货。为了实验方便，可以在“仓库”信息中将仓库属性中“允许负库存”打勾（仓库信息修改详见金蝶 K/3 操作手册中的“基础数据设置”中的仓库管理部分），如图 8－71 所示。

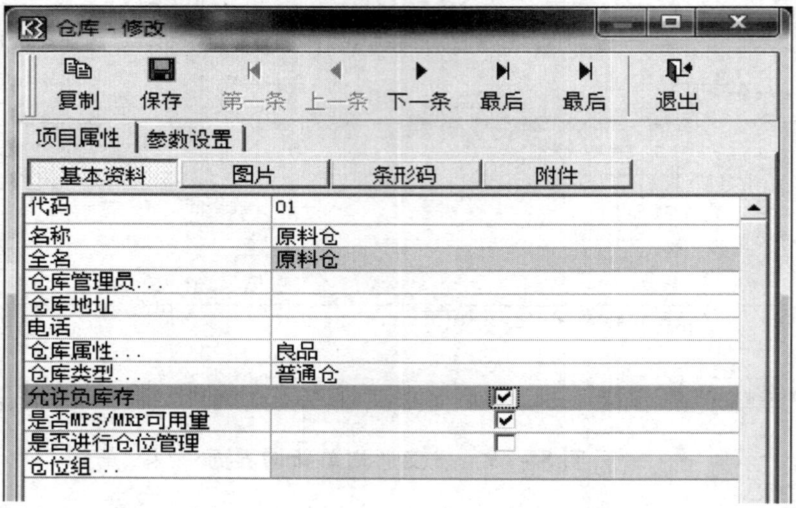

图 8－71　允许负库存设置

在允许负库存情况下新增发货通知单，系统会提示蓝色分录负库存，此时直接点击“是”即可。

四、模拟任务三：销售出库管理

（一）实训情景

正式发货前，销售人员须建立销售出库单，审核后，销售出库数据将共享/传递到仓存管理系统。

（二）实训步骤

1. 新建销售出库单

（1）在金蝶 K/3 WISE 系统主控台界面，选择【供应链】→【销售管理】→【发货通知】→【发货通知单－生成销售出库单】，打开发货通知界面，并选定特定的发货通知，选择【下推】菜单中的【生成销售出库】，如图 8－72 所示。

（2）或者手工录入发货通知单。选择【供应链】→【销售管理】→【出库】→【销售出库单－录入】，在销售出库单界面，手工录入销售出库数据，如图 8－73 所示。

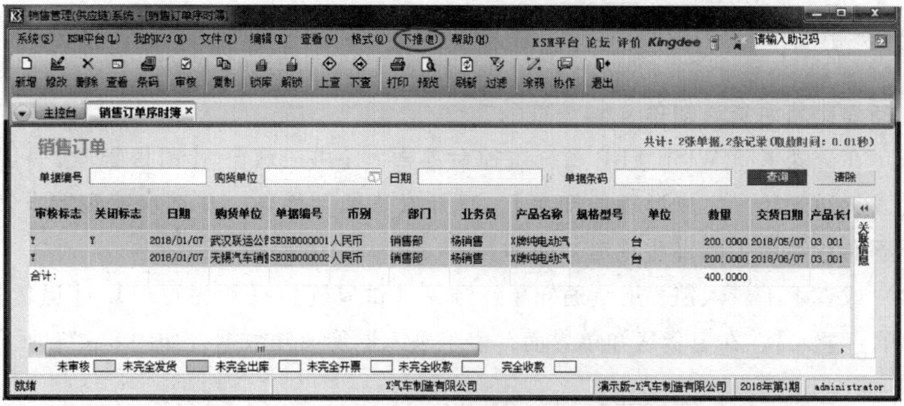

图 8－72 销售订单下推

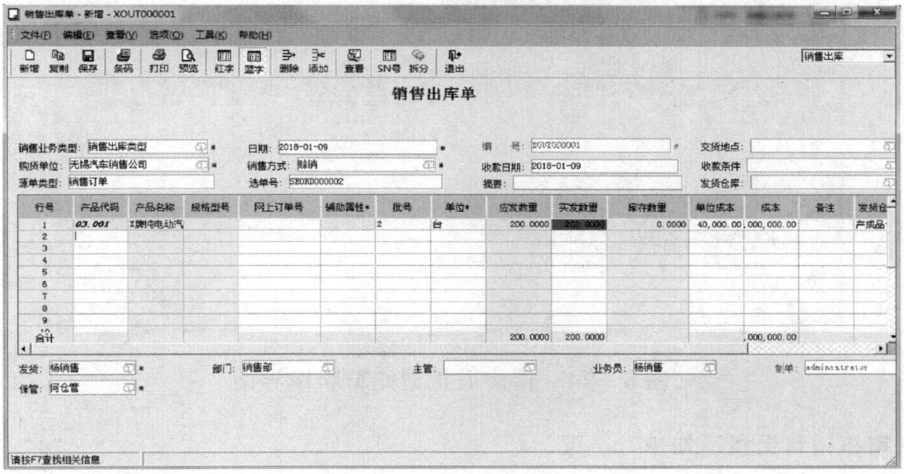

图 8－73 销售出库单新增界面

2. 审核销售出库单

选中销售出库单，在销售出库单界面，检查销售出库数据，确认无误后，点击工具栏中的“审核”按钮，审核销售出库单。在“金蝶提示”窗口，单击“确定”按钮。

五、模拟任务四：销退货管理

（一）实训情景

当客户申请退货时，产生销售退货业务。销售人员需要及时录入销售退货通知单，保存并审核后，相关数据会实时共享/传递到仓存管理等系统。

（二）实训步骤

1. 新建销售退货通知单

（1）在金蝶 K/3 WISE ERP 系统主控台界面，【供应链】→【销售管理】→【发货通知】→【发货通知单 - 生成退货通知单】，打开发货通知界面，并选定特定的发货通知，选择【下推】菜单中的【生成退货通知】。

（2）或者手工录入销售退货通知单：选择【供应链】→【销售管理】→【退货】→【退货通知单 - 录入】，在退货通知单界面，手工录入退货通知数据，如图 8 - 74 所示。

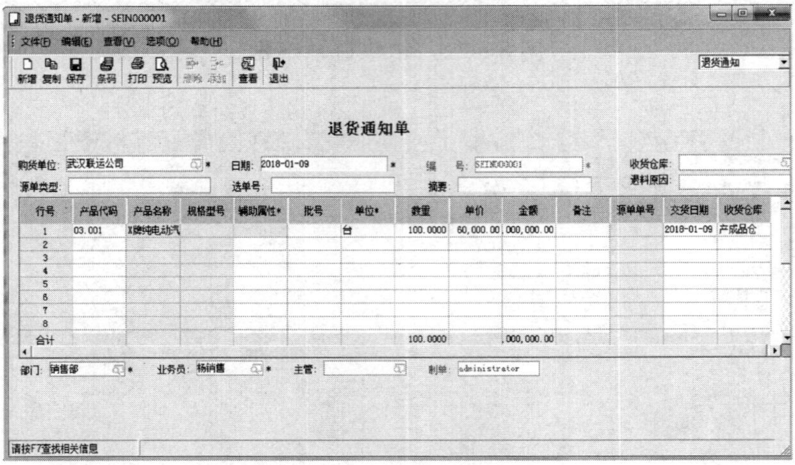

图 8 - 74　销售退货通知单新增界面

2. 审核销售退货通知单

单击工具栏中“审核”按钮，即可审核通过销售退货单，如图 8 - 75 所示。

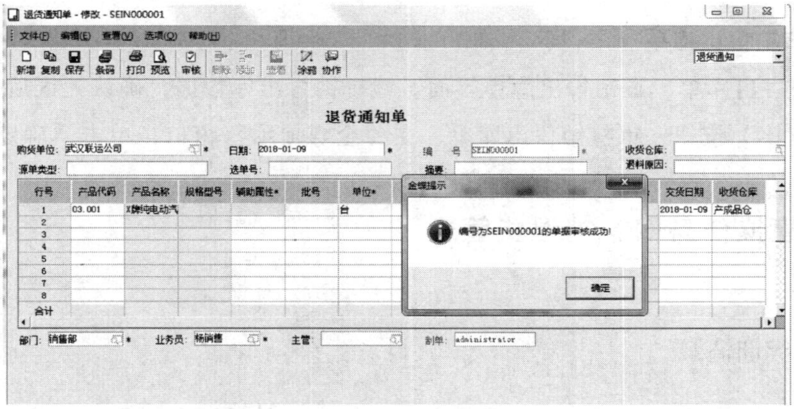

图 8 - 75　销售退货通知单审核界面

六、模拟任务五：销售发票管理

（1）在“销售出库单”序时簿窗口中，选择需要生成销售发票的出库单，单击菜单【下推】→【生成销售发票（专用）】，如图 8－76 所示。

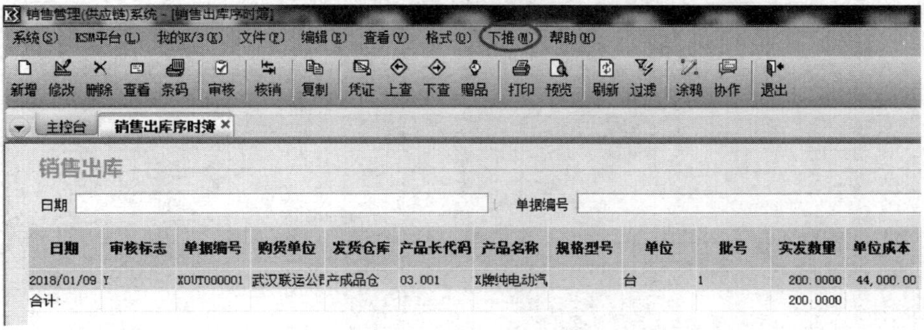

图 8－76 销售出库生成销售发票（专用）操作

（2）在系统弹出的“销售出库生成销售发票（专用）”窗口中单击“生成”按钮，系统进入“销售发票（专用）”窗口，如图 8－77 所示。

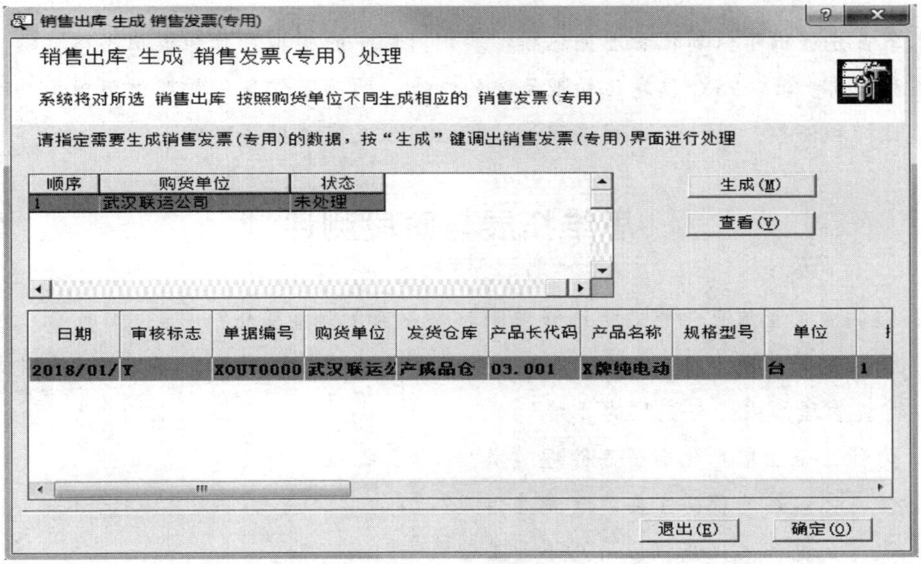

图 8－77 销售出库生成销售发票（专用）向导

（3）仔细检查单价、税率、金额等信息，确定无误后单击“保存”按钮，并审核该发票，如图 8－78 所示。

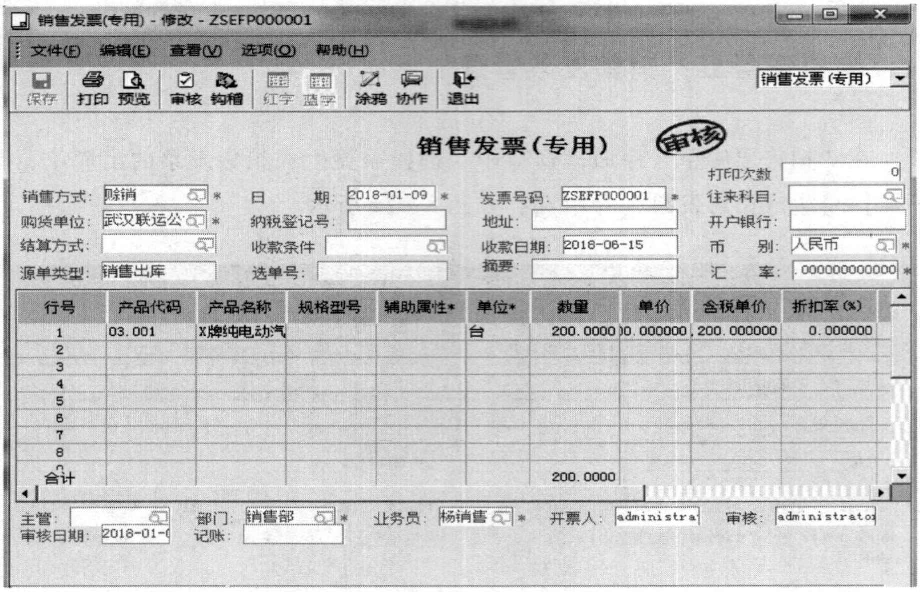

图 8－78　销售发票（专用）新

本章小结

本章首先提出了信息化管理循环模拟实训时段中的模拟目标和模拟思路，给出了模拟任务和安排。其次结合信息化管理系统的特点，明确了信息化管理循环模拟四个不同阶段的目标和任务，设计了实训流程、过程组织以及实训报告格式。

思维拓展与阶段测评

1. 你认为企业信息化相对传统管理能为企业带来哪些变化？

2. 试讨论以下观点：“信息化虽然不是简单的传统管理模拟，但理解信息化却需要从掌握传统管理的内涵与流程的开始”。

3. 为什么企业信息化会提高管理效率？

4. 信息化效益的获得主要源于哪些因素？

5. 为什么说信息化系统应用离不开基础数据？

6. 通过课程实训你对企业信息化本质有了哪些深入理解？

7. 为什么企业实施 ERP 这样的信息化系统常常要进行业务流程重组？

8. 你预期企业信息化将来会怎样发展？

表 8－3　　　　　　阶段____个人学习与教师教学评价

姓名：__________　学号：__________　扮演角色：__________　时间：______年____月____日

评价对象	评价结论
自我学习绩效评价	1. 你认为本模拟阶段自己已达成哪些学习目标？请简要归纳。
	2. 你认为本模拟阶段应用到的主要知识点有哪些？你掌握程度如何？
	3. 你认为本模拟阶段自己哪些方面的技能和素质有所提升？理由是什么？
对课程和老师评价	1. 本阶段教学目标、内容选择、过程组织、绩效评价等方面有无存在问题？
	2. 本阶段模拟中最有价值的地方表现在哪里？
	3. 为使本阶段模拟教学效果更好，你有何改善建议？

表 8－4　　阶段____个人学习小结

姓名：__________　学号：__________　扮演角色：__________　时间：______年____月____日

信息化模拟基础数据附录

（一）用户组数据资料

序号	用户组	说　明
1	采购组	采购订单下达与执行
2	工人组	工人、生产加工、管理设备
3	计划组	维护基础资料、生产计划
4	销售组	销售订单下达与执行
5	总账组	企业往来账管理、坏账计提、往来凭证制作

（二）公共基础数据资料

1. 客户资料

客户代码	客户名称
01	华北区
01.01	华北汽车销售公司
01.02	天津顺途汽车销售公司
02	东北区
02.01	沈阳汽车销售公司
02.02	铁岭汽车销售二公司
02.03	哈尔滨出租车运营有限公司
03	西南区
03.01	成都华宇汽车销售有限公司
03.02	重庆大帆汽车制造有限公司
03.03	贵州新技术公司
04	西北区
04.01	西安中兴公司
04.02	咸阳华夏公司
04.03	兰州汽车销售公司
05	华南区

续表

客户代码	客户名称
05.01	深圳荣普汽车销售公司
05.02	广州博雅汽车销售公司
05.03	惠州仲恺汽车销售公司
06	华东区
06.01	无锡汽车销售公司
06.02	上海汽车销售公司
07	华中区
07.01	武汉联运公司
07.02	长沙韦伯斯特汽车销售公司
07.03	郑州荣发汽车租赁公司

2. 供应商

供应商代码	供应商名称
01	华东区
01.01	上海电线电缆厂
01.02	苏州汽车差速器制造厂
02	西北区
02.01	西安汽车车桥制造厂
02.02	长安高科技公司
03	华北区
03.01	北京佳通轮胎有限公司
03.02	保定汽车装饰有限公司
04	华南区
04.01	广州钣金厂
04.02	深圳汽车制造有限公司
04.03	广州钢铁贸易总公司
05	华中区
04.06	武汉汽车配件有限公司
04.07	襄阳汽车电源有限公司

3. 部门

部门代码	部门名称	部门属性	成本核算类型
01	办公室	非车间	期间费用部门
02	质验部	非车间	期间费用部门
03	仓管部	非车间	期间费用部门
04	采购部	非车间	期间费用部门
05	销售部	非车间	期间费用部门
06	人事部	非车间	期间费用部门
07	行政部	非车间	期间费用部门
08	财务部	非车间	期间费用部门
09	计划部	非车间	期间费用部门
10	市场部	非车间	期间费用部门
11	注塑车间	车间	基本生产部门
12	喷漆车间	车间	基本生产部门
13	丝印车间	车间	基本生产部门
14	冲压车间	车间	基本生产部门
15	总装车间	车间	基本生产部门
16	剪板车间	车间	基本生产部门
17	装配车间	车间	基本生产部门

4. 职员

职员代码	姓名	部门属性	性别	用户组
01	张注塑	注塑车间	男	工人组
02	刘注塑	注塑车间	男	工人组
03	王喷漆	喷漆车间	女	工人组
04	李喷漆	喷漆车间	男	工人组
05	陈丝印	丝印车间	男	工人组
06	江丝印	丝印车间	男	工人组
07	吴采购	采购部	男	采购组
08	林总装	总装车间	男	工人组
09	李总装	总装车间	男	工人组

续表

职员代码	姓名	部门属性	性别	用户组
10	杨销售	销售部	男	销售组
11	赵冲压	冲压车间	男	工人组
12	江冲压	冲压车间	男	工人组
13	王剪板	剪板车间	男	工人组
14	王剪板 2	剪板车间	男	工人组
15	何仓管	仓管部	女	采购组
16	钱计划	计划部	男	计划组
17	周行政	行政部	男	计划组
18	黄财务	财务部	女	总账组

5. 计量单位

计量单位组	默认计量单位	辅助计量单位	换算率
数量组 1	件（010）	盒（011）	10
数量组 2	片（020）	盒（021）	12
数量组 3	个（030）	包（031）	20
		箱（032）	50
数量组 4	套（040）		
数量组 5	台（050）		
数量组 6	块（060）	盒（061）	20
重量组 1	克（070）	公斤（071）	1000

6. 物料

计价方法：原材料、半成品的计价方法采用加权平均法，产成品的计价方法采用分批认定法（批内移动平均）。所有物料的数量精度为 0，所有物料的单价精度为 2。

（1）会计科目。

项目	存货科目	销售收入科目	销售成本科目	物料属性	默认仓库
产成品类	1405	6001	6401	自制	产成品仓
半成品类	1405	6001	6401	自制	半成品仓
原材料类	1403	6051	6402	外购	原料仓

（2）物料汇总表。

代码	名称	物料属性	计量单位	计划策略	订货策略	固定提前期	变动提前期	变动提前期批量
01	原材料							
01.001	蓄电池	外购	套	MRP	批对批（LFL）	3	1	1000
01.002	能量管理系统	外购	套	MRP	批对批（LFL）	3	1	1000
01.003	充电控制器	外购	个	MRP	批对批（LFL）	3	1	1000
01.004	电子控制器	外购	个	MRP	批对批（LFL）	3	1	1000
01.005	功率变换器	外购	个	MRP	批对批（LFL）	3	1	1000
01.006	驱动电机	外购	个	MRP	批对批（LFL）	3	1	1000
01.007	机械传动装置	外购	套	MRP	批对批（LFL）	3	1	1000
01.008	动力转向系统	外购	套	MRP	批对批（LFL）	3	1	1000
01.009	辅助动力源	外购	个	MRP	批对批（LFL）	3	1	1000
01.010	中控显示屏	外购	块	MRP	批对批（LFL）	3	1	1000
01.011	转向盘	外购	个	MRP	批对批（LFL）	3	1	1000
01.012	底盘	外购	个	MRP	批对批（LFL）	3	1	1000
01.013	导航系统	外购	套	MRP	批对批（LFL）	3	1	1000
01.014	LED 灯	外购	个	MRP	批对批（LFL）	3	1	1000
01.015	音响	外购	个	MRP	批对批（LFL）	3	1	1000
01.016	空调	外购	个	MRP	批对批（LFL）	3	1	1000
01.017	安全气囊	外购	个	MRP	批对批（LFL）	3	1	1000
01.018	刮雨器	外购	个	MRP	批对批（LFL）	3	1	1000
01.019	板材	外购	块	MRP	批对批（LFL）	3	1	1000
01.020	玻璃	外购	块	MRP	批对批（LFL）	3	1	1000
01.021	塑料	外购	公斤	MRP	批对批（LFL）	3	1	1000
01.022	车漆	外购	公斤	MRP	批对批（LFL）	3	1	1000
01.023	车胎	外购	个	MRP	批对批（LFL）	3	1	1000
01.024	轮毂	外购	个	MRP	批对批（LFL）	3	1	1000
02	半成品							
02.001	车载电源模块	自制	套	MRP	批对批（LFL）	3	1	1000
02.002	电力驱动模块	自制	套	MRP	批对批（LFL）	3	1	1000
02.003	辅助模块	自制	套	MRP	批对批（LFL）	3	1	1000
02.004	基本架构模块	自制	套	MRP	批对批（LFL）	3	1	1000

续表

代码	名称	物料属性	计量单位	计划策略	订货策略	固定提前期	变动提前期	变动提前期批量
02.005	安全辅助装置	自制	套	MRP	批对批（LFL）	3	1	1000
02.006	车身	自制	个	MRP	批对批（LFL）	3	1	1000
02.007	车轮	自制	个	MRP	批对批（LFL）	3	1	1000
03	产成品							
03.001	X 牌纯电动汽车	自制	台	MPS	批对批（LFL）	3	1	1000

7. 仓库

库房代码	库房名称	仓库属性	仓库类型
01	原料仓	良品	普通仓
02	半成品仓	良品	普通仓
03	产成品仓	良品	普通仓
04	赠品仓	良品	赠品仓
05	代管仓	良品	代管仓
06	待检仓	在检品	待检仓

8. 工序

工序代码	工序名称
001	注塑
002	喷漆
003	丝印
004	装配
005	剪板
006	冲压
007	圆网印刷

9. 工作中心

工作中心代码	工作中心名称	工作中心全名	所属部门
01	注塑	注塑	注塑车间
02	喷漆	喷漆	喷漆车间

续表

工作中心代码	工作中心名称	工作中心全名	所属部门
03	丝印	丝印	丝印车间
04	装配	装配	装配车间
05	剪板	剪板	剪板车间
06	冲压	冲压	冲压车间

（三）生产基础数据资料

1. 资源清单

资源代码	名称	所属工作中心	类型	关键资源否	每日班次	每班工作小时	利用率	效率
10	冲压							
101	1号冲床	冲压	设备	是	1	8	100%	100%
102	2号冲床	冲压	设备	是	1	8	100%	100%
20	剪板							
201	剪板机	剪板	设备	是	1	8	100%	100%
30	喷漆							
301	1号喷漆线	喷漆	设备	是	1	8	100%	100%
302	2号喷漆线	喷漆	设备	是	1	8	100%	100%
40	丝印							
401	1号丝印机	丝印	设备	是	1	8	100%	100%
402	2号丝印机	丝印	设备	是	1	8	100%	100%
50	注塑							
501	1号注塑机	注塑	设备	是	1	8	100%	100%
502	2号注塑机	注塑	设备	是	1	8	100%	100%
60	装配							
601	1号装配线	装配	生产线	是	1	8	100%	100%
602	2号装配线	装配	生产线	是	1	8	100%	100%
603	3号装配线	装配	生产线	是	1	8	100%	100%

2. 生产类型

类型代码	类型名称	是否跟踪工序	属性	工序检验来源
LX1	普通订单	否	普通订单	生产任务
LX2	返工	否	返工	生产任务
LX3	委外加工	否	委外加工	生产任务
LX4	重复生产	否	重复生产	生产任务
LX5	工序跟踪普通订单	是	普通订单	工序汇报
LX6	受托生产	否	受托生产	生产任务

3. 工种

工种代码	工种名称	标准工资（元/小时）	备注
0001	注塑	5	
0002	喷漆	5	
0003	丝印	5	
0004	总装	5	
0005	冲压	4	

4. 班组与职员对应关系

业务组代码	业务组名称	对应职员
01	注塑车间 A 组	张注塑
02	注塑车间 B 组	刘注塑
03	喷漆车间 A 组	王喷漆
04	喷漆车间 B 组	李喷漆
05	丝印车间 A 组	陈丝印
06	丝印车间 B 组	江丝印
07	总装车间 A 组	林总装
08	总装车间 B 组	李总装
09	剪板车间 A 组	王剪板
10	剪板车间 B 组	王剪板 2
11	冲压车间 A 组	赵冲压
12	冲压车间 B 组	江冲压

5. 生产线与物料对应关系

（1）对应关系1。

物料代码	物料名称				
03.001	X牌纯电动汽车				
编码	生产线代码	名称	生产率	比例关系	优先级
1	601	1号装配线	100%	50%	1
2	602	2号装配线	100%	50%	2

（2）对应关系2。

物料代码	物料名称				
02.004	车载电源模块				
编码	生产线代码	名称	生产率	比例关系	优先级
3	601	1号装配线	95%	50%	1
4	602	2号装配线	90%	50%	2

（3）对应关系3。

物料代码	物料名称				
02.001	车身				
编码	生产线代码	名称	生产率	比例关系	优先级
5	603	3号装配线	50%	100%	1

6. 工艺路线

（1）工艺路线组别。

代码	名称
01	喷印工艺
02	剪冲工艺

（2）工艺路线01。

工艺名称：喷印工艺　　物料代码：02.006　　物料名称：车身

工序号	工序代码	工序名称	工作中心代码	加工批量	运行时间	移动批量	移动时间	班组	操作工	设备	单位计件工资
1	002	注塑	02	200	8	200	1	喷漆车间A组	王喷漆	1号喷漆线	0.5
2	003	丝印	03	200	8	200	1	丝印车间A组	陈丝印	1号丝印机	0.6

（3）工艺路线 02。

工艺名称：剪冲工艺　　物料代码：02.006　　物料名称：车身

工序号	工序代码	工序名称	工作中心代码	加工批量	运行时间	移动批量	移动时间	班组	操作工	设备	单位计件工资
1	005	剪板	05	200	8	200	1	剪板车间 A 组	王剪板	剪板机	0.6
2	006	冲压	06	200	8	200	1	冲压车间 A 组	赵冲压	1 号冲床	0.6

7. 物料清单（BOM）

（1）BOM 单 1（自制件 02.001 车载电源模块的 BOM）。

BOM 组别	父项物料代码	物料名称	数量	单位
半成品	02.001	车载电源模块	1	套
子项物料代码	物料名称	单位	用量	计划百分比（%）
01.001	蓄电池	套	8	—
01.002	能量管理系统	套	1	—
01.003	充电控制器	个	1	—

（2）BOM 单 2（自制件电力驱动模块 02.002 的 BOM）。

BOM 组别	父项物料代码	物料名称	数量	单位
半成品	02.002	电力驱动模块	1	套
子项物料代码	物料名称	单位	用量	计划百分比（%）
01.004	电子控制器	个	1	—
01.005	功率变换器	个	1	—
01.006	驱动电机	个	1	—
01.007	机械传动装置	套	1	—

（3）BOM 单 3（自制件辅助模块 02.003 的 BOM）。

BOM 组别	父项物料代码	物料名称	数量	单位
半成品	02.003	辅助模块	1	套
子项物料代码	物料名称	单位	用量	计划百分比（%）
02.005	安全辅助装置	套	1	—
01.008	动力转向系统	套	1	—

续表

BOM 组别	父项物料代码	物料名称	数量	单位
01.009	辅助动力源	个	1	—
01.010	中控显示屏	块	1	—

（4）BOM 单 4（自制件基本架构模块 02.004 的 BOM）。

BOM 组别	父项物料代码	物料名称	数量	单位
半成品	02.004	基本架构模块	1	套
子项物料代码	物料名称	单位	用量	计划百分比（%）
02.006	车身	个	1	—
01.011	转向盘	个	1	—
01.012	底盘	个	1	—
02.007	车轮	个	4	—

（5）BOM 单 5（自制件安全辅助装置 02.005 的 BOM）。

BOM 组别	父项物料代码	物料名称	数量	单位
半成品	02.005	安全辅助装置	1	套
子项物料代码	物料名称	单位	用量	计划百分比（%）
01.013	导航系统	套	1	—
01.014	LED 灯	个	9	—
01.015	音响	个	2	—
01.016	空调	个	1	—
01.017	安全气囊	个	2	—
01.018	刮雨器	个	3	—

（6）BOM 单 6（自制件车身 02.006 的 BOM）。

BOM 组别	父项物料代码	物料名称	数量	单位
半成品	02.006	车身	1	个
子项物料代码	物料名称	单位	用量	计划百分比（%）
01.019	板材	块	8	—
01.020	玻璃	块	8	—
01.021	塑料	公斤	4	—
01.022	车漆	公斤	6	—

（7）BOM 单 7（自制件车轮 02.007 的 BOM）。

BOM 组别	父项物料代码	物料名称	数量	单位
半成品	02.007	车轮	1	个
子项物料代码	物料名称	单位	用量	计划百分比（%）
01.023	车胎	个	1	—
01.024	轮毂	个	1	—

（8）BOM 单 8（自制件 X 牌纯电动汽车 03.001 的 BOM）。

BOM 组别	父项物料代码	物料名称	数量	单位
产成品	03.001	X 牌纯电动汽车	1	台
子项物料代码	物料名称	单位	用量	计划百分比（%）
02.001	车载电源模块	套	1	—
02.002	车载电源模块	套	1	—
02.003	辅助模块	套	1	—
02.004	基本架构模块	套	1	—

（四）初始数据资料（系统启用前的存货初始数据）

代码	名称	本年累计收入数量	本年累计收入金额	本年累计发出数量	本年累计发出金额	期初数量	期初金额
01	原材料		201400		2014000		2014000
01.001	蓄电池	10	10000	100	100000	100	100000
01.002	能量管理系统	10	5000	100	50000	100	50000
01.003	充电控制器	10	3000	100	30000	100	30000
01.004	电子控制器	10	500	100	5000	100	5000
01.005	功率变换器	10	4000	100	40000	100	40000
01.006	驱动电机	10	60000	100	600000	100	600000
01.007	机械传动装置	10	7000	100	70000	100	70000
01.008	动力转向系统	10	1000	100	10000	100	10000
01.009	辅助动力源	10	8000	100	80000	100	80000

续表

代码	名称	本年累计收入数量	本年累计收入金额	本年累计发出数量	本年累计发出金额	期初数量	期初金额
01.010	中控显示屏	10	5000	100	50000	100	50000
01.011	转向盘	10	2000	100	20000	100	20000
01.012	底盘	10	50000	100	500000	100	500000
01.013	导航系统	10	1000	100	10000	100	10000
01.014	LED 灯	10	300	100	3000	100	3000
01.015	音响	10	2000	100	20000	100	20000
01.016	空调	10	10000	100	100000	100	100000
01.017	安全气囊	10	2000	100	20000	100	20000
01.018	刮雨器	10	600	100	6000	100	6000
01.019	板材	10	7000	100	70000	100	70000
01.020	玻璃	10	4000	100	40000	100	40000
01.021	塑料	10	2000	100	20000	100	20000
01.022	车漆	10	5000	100	50000	100	50000
01.023	车胎	10	4000	100	40000	100	40000
01.024	轮毂	10	8000	100	80000	100	80000
02	半成品		131000		1310000		1310000
02.001	车载电源模块	10	5000	100	50000	100	50000
02.002	电力驱动模块	10	3000	100	30000	100	30000
02.003	辅助模块	10	4000	100	40000	100	40000
02.004	基本架构模块	10	25000	100	250000	100	250000
02.005	安全辅助装置	10	4000	100	40000	100	40000
02.006	车身	10	80000	100	800000	100	800000
02.007	车轮	10	10000	100	100000	100	100000
03	产成品		400000		4000000		4000000
03.001	X 牌纯电动汽车	10	400000	100	4000000	100	4000000

信息化模拟实训报告

信息化模拟实训报告

公司名称：________________

组长姓名：________________

组长学号：________________

公司得分：________________

序号	成员（学号/姓名）	角色与任务分工	个人得分

一、实训目的：

二、实训环境：

三、实训内容：

四、实训步骤：

五、实训结果：

六、实训小结：

注：以上各部分需要的空间大小，在报告撰写时可根据内容进行编辑。

第四部分

实训资料篇

——延伸学习资料与表单填写举例

附件一：阶段一延伸学习资料

资料一： 往届学生部分设计作品

（课堂手工绘制）

中威汽车股份有限公司 寓意：图形取自“中威”两个汉语拼音的首字母，将字母组合变形，形似“飞”字，寓意车的速度快。 广告语：一种车定义一种生活，一路有我更精彩 点评：图案与企业名称关联，也有动感，但标志如何放置车的前后，可行性尚待提升，只强调速度，似乎不够全面。	
布雷特汽车股份有限公司 寓意：图形以火箭、闪电、盾牌三种元素组合为主图案，寓意汽车速度快、性能好、安全。 广告语：世界从此无界 点评：图像简洁，寓意不错，火箭与闪电构成的“B”与公司名称第一个字有关，绿色环保概念尚有待融入。	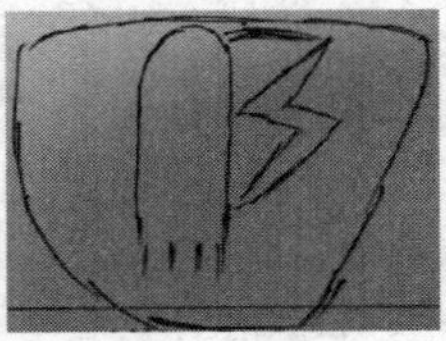
中国奇典汽车制造股份有限公司 寓意：“奇典”谐音“起点”，标志为两面旗帜，左半面由“Q”变形而来，黑白格象征赛道的起点，标志新征程的启航，右半面由“D”变形而来，寓意“Destination”，目标，两面旗帜相交，意在本公司将启航驶向目标。 广告语：奇典，没有终点 点评：两面旗帜设想很好，但汽车特点表现不够。	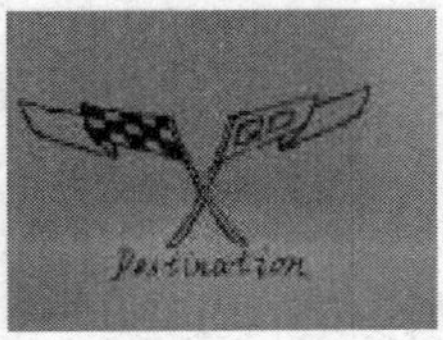
西安比弗尔汽车有限责任公司 寓意：闪电寓意速度迅捷，外围圆环表示我们完美的服务，公司简称融入图标。Be forever 代表最舒适的用车体验和最高端的用车服务。 广告语：纵享速度激情，极致舒适体验 点评：有意境，闪电有快的感觉，但也有不安全的感觉。	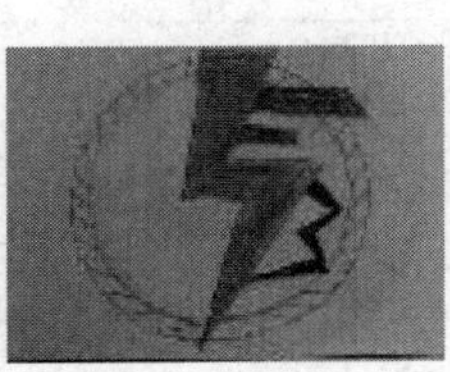

续表

奥特菲汽车有限公司 寓意：从左侧看像 q，代表 quick 快速，从右侧看代表 b，beyond。整个流线型标志寓意高速舒适的高端汽车。 广告语：起步即与世界同步 点评：乍一看像金鱼翱翔，细看还有细叶柔芽，有些意境。	
中国艾迪文斯汽车制造股份有限公司 寓意：由“advance”音译而来，译为超越，便于大众记忆，“A”为字母第一位，期望公司处于行业领先地位。Advance 更意味着追求进步，不断超越。 广告语：车有道，达天下 点评：超越、第一都是车的梦想，画面也有平衡感。	
伊格汽车有限公司 寓意：图标是展翅高飞的鹰，寓意鹏程万里、自由、速度和高度。代表汽车的速度快，品质高，行程远，同时外观像一个尾翼。意味汽车高速行驶具有稳定性，速度与激情同在，品质与安全齐肩。 广告语：品质赢得信赖，技术铸造辉煌 点评：有点鹰击长空的写意，但怎样与汽车紧密联系呢？	
泽尔瑞智能汽车有限公司 寓意：标志的外圈为“零”，也象征方向盘，中间为英文字母抽象图案。“Z”— zoom，极速上升，百公里加速时间短；“E”—energy - saving 节能，绿色低碳；“R”— radar 雷达 · 控制精准；“O”— obeisance 尊敬，以顾客为上帝 广告语：绿色出行，一触即发 点评：快速、节能，服务客户，有不错的意境。	
华翼安汽车股份有限公司 寓意：“锚”代表安全到家，两侧是翅膀的形状，暗含“翼”，同时翅膀富有机械感，科技感，代表“未来与智能”，最上面两片翅膀是树叶组成，代表公司的愿望—“绿色、节能、环保”。 广告语：悦享极致，绿动未来 点评：有不错的意境，但标志也有点像船员的帽徽。	
西安捷速汽车有限公司 寓意：有箭的执着，有弓的动力，便捷、快速是追求的理想，开弓没有回头箭，指向目标，努力超越。 广告语：目标指向，一往无前 点评：虽然有一往无前之意，但似乎也有失控之嫌。	

资料二：各部门主要管理职责

（详细职责需在此基础上扩展）

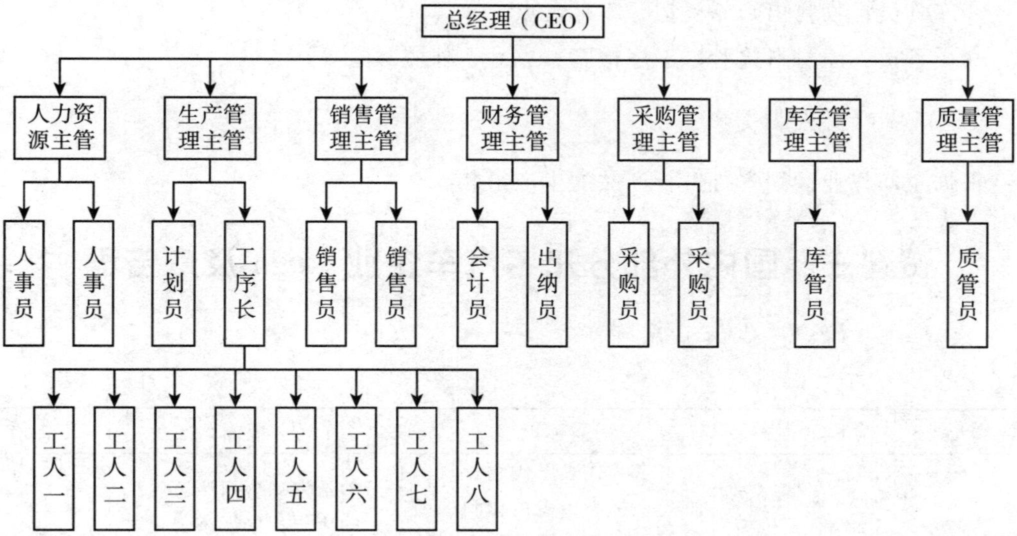

注：工人 i 将担当流水线上第 i 工序的工作。

（一）管理部门基本职责

①销售部：负责对公司产品价值实现过程中的各销售环节实行管理、监督、协调、服务的专职管理部门，对所承担的工作负责。

②采购部：合理组织采购，并及时供应生产所需的物资。

③生产部：组织公司产品生产过程，制定生产计划及执行生产作业计划。

④财务部：会计记账、财务核算、报表编制。

⑤仓储部：负责物资的出入库核算、保管、盘点工作。

⑥质检部：对采购入库、产成品入库进行检验，产品生产过程质量管理。

⑦人力资源部：对公司人事、劳动工资进行管理，以及出勤统计。

（二）一线管理人员职责

①工序长：保证生产计划的贯彻执行，产品生产领料安排，各工序工时平衡，发现并及时处理生产中的问题。

②计划员：绘制产品结构图（BOM 表），根据订单要求编制生产计划和物料需求清单。

③人事员：人员招聘、培训、考核、考勤等。

④销售员：与客户洽谈，争取订单；跟踪生产进程，待产品完工入库后及时发货给客户；负责售后服务。

⑤采购员：编制采购计划，与供应商洽谈，合理进行采购并跟踪物流，采购入库。

⑥会计员：日常账务处理，编制记账凭证，成本核算。

⑦出纳员：现金收支或银行存款收付管理。

⑧库管员：物料出入库登记，库存盘点。

⑨质管员：原材料检验、工序检验、成品、外协检验等。

（三）生产工人职责

根据车间作业计划安排进行产品的生产组装。

资料三：国内外部分知名汽车企业 Logo 及广告语

（供设计参考）

图标	全称（简称）	标识	寓意	广告语
	巴伐利亚机械制造厂股份公司（宝马）	B. M. W. 代表巴伐利亚汽车制造厂。标志中蓝白相间的图案是公司所在地巴伐利亚州的州徽，提醒宝马有来自巴伐利亚的纯正血统，也代表蓝天、白云和旋转不停的螺旋桨	喻示宝马公司渊源悠久的历史，象征该公司过去在航空发动机技术方面的领先地位，又象征公司一贯宗旨和目标	驾乘乐趣，创新极限
	奔驰汽车公司（奔驰）	奔驰的标志源于戴姆勒画在家里房子上的三叉星，认为会为他带来好运，1909 年他为三星标志申请了专利权，而本茨则属于一个圆形徽章	三叉星象征着奔驰汽车公司向海陆空三个方向发展	领导时代，驾驭未来
	凯迪拉克汽车公司（凯迪拉克）	商标图形主要由冠与盾组成。“盾”被两根深褐色棒平分为四个等分。第二和第三等分有两根相互交叉的褐色棒，表示十字军战士在遥远战场上富有骑士般的勇猛。第一和第四等分中各有三只黑色的鸟，这两等分又被黑色棒一分为二，并把三只相同的鸟分开，两只在上，一只在下。按照当时的风俗，没有腿和嘴的鸟，如果三只同时出现表示神圣	冠象征着凯迪拉克家族的纹章，冠上 7 颗珍珠喻示皇家的贵族血统。盾象征着凯迪拉克军队的英勇善战。“盾”中的各种颜色也有深刻的含义，它们分别表示婚姻、土地和丰收。如红色表示勇猛和赤胆；银色表示婚姻、纯洁、博爱和美德；黄色表示丰收和富有；蓝色表示创新和探险；黑色表示土地	将力量、速度和豪华融为一体

续表

图标	全称（简称）	标识	寓意	广告语
	大众汽车集团（奥迪）	四个圆环代表着合并之前的四家公司。它们是自行车、摩托车及小客车生产厂家。四家公司 1932 年合并为汽车联盟股份公司（auto unionag）	商品标志为四个连接的圆环，代表参与合并的四家汽车公司，每一环象征着其中一个公司	突破科技，启迪未来
	美国通用汽车有限公司（别克）	别克的商标图案以一个圆圈中包含三个盾为基本图案。商标中那形似“三颗子弹”的图案为其图形商标，它是别克分部的标志。图中那三颗颜色不同的子弹（红、白、蓝三种颜色）依次排列在不同高度	子弹排列给人们一种起点高并不断攀登的感觉，象征着一种积极进取，不断登攀的精神；表示别克采用顶级技术，刀刀见锋，培养的人才是无坚不摧、勇于登峰的勇士	当代精神，当代车
	阿尔法－罗密欧汽车公司（阿尔法）	是综合了两种米兰市的标识而设计的标志：红色的十字是米兰城盾形徽章的一部分，龙形蛇图案则来自当地一个古老贵族家族的家徽	两个代表米兰传统图案合并成阿尔法·罗密欧品牌标志，寓意品牌能承继米兰光荣历史，继续发扬光大，且能青出于蓝	阿尔法·罗密欧，运动的心
	沃尔沃集团（沃尔沃）	Volvo 车标由三部分图形组成：第一部分的圆圈代表古罗马战神玛尔斯，箭头呈对角线方向指向右上角。第二部分是对角线，在散热器上设置的从左上方向右下方倾斜的一条对角线彩带。第三部分是 Volvo 公司注册商标，采用古埃及字体书写的 VOLVO 字样	寓意火星、罗马战神和男性阳刚气质三个不同概念，体现了火星与当时用来制造大多数兵器的钢铁之间的最初渊源，是钢铁工业的象征，是为了让人们联想起有着光辉传统的瑞典钢铁工业，以及钢铁般坚强的实力	关爱生命，享受生活
	日产汽车公司（日产）	“NISSAN”（ニッサン）是日语“日产”两个字的罗马音形式，是日本产业的简称，图形商标是将 NISSAN 放在一个火红的太阳上	其含义是“以人和汽车的明天为目标”。表明了公司名称，突出了所在国家的形象，这在汽车商标文化中独树一帜	超越未来

续表

图标	全称（简称）	标识	寓意	广告语
	马自达汽车有限公司（马自达）	公司名称源自一古老宗教中的一个神叫“Ahura Mazda 阿胡拉·马兹达”。而马自达公司的车标则由椭圆中展翅飞翔的海鸥组成了“M”字样	有追逐光明、善良之意，也有聪明、理性和协调之意。“M”是“MAZDA”第一个字母，预示公司将展翅高飞，以无穷的创意和真诚的服务，迈向新世纪	一辆车，定义一种生活
	现代汽车股份有限公司（现代）	椭圆内的斜字母 H 是现代公司英文名 HYUNDAI 的首个字母，椭圆既代表汽车方向盘，又可看作地球	两者结合寓意了现代汽车遍布世界	驾驭现代成就未来
	中国第一汽车集团有限公司（一汽）	标识：取第一汽车中“一汽”为核心元素，经组合、演变，构成“雄鹰”视觉景象	寓意：第一汽车搏击长空、展翅翱翔	一汽，让中国动起来
	东风汽车股份有限公司（东风）	用一对旋转的春燕，夸张地表现出“双燕舞东风”的意境，使人自然联想到东风送暖，春光明媚，生机盎然，以示企业欣欣向荣	两个“人”字，蕴涵着企业以人为本的管理思想；戏闹翻飞的春燕，象征着东风汽车的车轮飞转，奔驰在神州大地，奔向全球	标新，致远
	海马汽车有限公司（海马）	海马汽车的标志是太阳的圆上嵌一个抽象的鹰隼形状	寓意“旭日东升，鲲鹏展翅”，代表了奋发向上、矢志腾飞的企业形象	海马，动力领袖
	金杯汽车股份有限公司（金杯）	主体是一个杯子，酒杯的外壁上还刻了一个酒壶	寓意“汇融天下，精铸金杯，卓越品质，回报社会”的经营理念	相伴一路，成功一生

附件二：阶段二表单填写举例

J2－9　　员工薪资标准

公司名称：通力汽车公司　　编　号：RL－001

制定部门：人力资源部　　制定日期：2018－3－27

序号	岗位类型	计薪方式		金额（元）
		按月	按日	
1	CEO	✓		9000.00
2	部门主管	✓		6000.00
3	采购员	✓		4000.00
	……			
7	会计	✓		3500.00
8	高级技工		✓	200.00
9	生产工人		✓	100.00

制单人：张烨　　审核人：李宏光

注：张烨为人力资源主管，李宏光为CEO。

J2－10　　员工工资预算

公司名称：通力汽车公司　　编　号：RL－002

预算部门：人力资源部　　预算日期：2018－3－27

序号	岗位类型	计薪方式		预计工日	人数	薪资标准（元/日）	金额（元）
		按月	按日				
1	生产工人		✓	3	8	100.00	2400.00
2							
3							
4							

制单人：张烨　　审核人：李宏光

J2－11 　　工序 1 物料清单　　整理人：王迪友

序号	代号	物料名称	单位	用量	单价	金额（元）
1	00010	红色双孔长方形按钮	件	2	500	1000
2	00019	红色扇形板	件	2	600	1200
3	00024	红色 4 孔长方形体按钮	件	2	650	1300
		……				
8	00045	双轴 6 孔长方形体	件	2	400	800

J2－12 　　历史物料采购价格信息

部　　门：采购部　　单据编号：CG－001

序号	代号	名称	类型	单位	单价（元/件）	备注
1	YL0001	单孔绿色小方柱	原材料	件	41	
2	YL0002	两孔绿色按钮	原材料	件	56	
3	YL0003	三孔直角绿色板	原材料	件	23	
		……			……	

J2－13 　　报价单

报价日期：2018. 3. 28　　报价单号：BJ001　　公　　司：通力汽车公司

客　　户：诚达公司　　税　　别：应税内含　　有效日期：2018－3－25—2018－4－24

序号	货品号	货品名称	单位	单价	数量	税率	未税本位币	税　额	金额
1	3#	F3 赛车	辆	200000. 00	1	17%	170940. 17	29059. 83	200000. 00
2									
3									
备注：								无税金额	170940. 17
								税　额	29059. 83
								合　计	200000. 00

制单人：王庚五　　审核人：张超三

J2－14 　　客户档案表

编号	全称	负责人	联系方式	备注
01	北京诚达汽车销售公司	赵宇	15265984668	购买 F3 赛车
	……		……	

制表：张古三　　审核：赵集六

J2－15

受订单

受订日期：2018－3－28　受订单号：SD01　报价单号：BJ01　销售员：张现实

客　　户：诚达公司　部　门：销售部　预交日期：2018－4－11　扣税类别：应税内含

项	货品号	货品名称	单位	单价	数量	税率	未税本位币	税　额	金额
1	PCH01	F3 赛车	辆	200000.00	1	17%	170940.17	29059.83	200000.00
2									
3									
4									
备注：								无税金额	170940.17
								税额	29059.83
								合计	200000.00

制单人：张经营　　　审核人：王延长

J2－16

主生产计划

计划日期：2018－3－28　　计划单号：ZJ01

受订单号：SD01　　计划部门：生产部门

序号	品号	品名	单位	数量	开工日期	交货日期	备注
1	PCH01	F3 赛车	辆	1	2018－4－11	2018－4－18	
2							
3							
4							
5							

制单人：张三虎　　　审核人：王九州

J2－17

物料清单

产品品号：30062　产品名称：3#F1 赛车　版本：v－001

制造部门：生产部　仓　库：制成品库　数量：1

序号	代号	名称	仓库	单位	用量	工序	备注
1	00010	红色双孔长方形按钮	原材料库	件	2	01	
…	…	…	…	…	…	…	…
53	00075	黑色轮胎	原材料库	件	4	08	

制单：李丽　　　审核：赵涛

J2－18 物料库存表

统计日期：2018－3－28　统计人：陈山　统计方式：实地清点

序号	品号	品　名	单位	库位	数量	备注
1	00010	红色双孔长方形按钮	件	25	1	
2	00028	双排6孔红色板	件	10	1	
3	00003	红色带孔柱状按钮	件	30	3	
4	00075	黑色轮胎	件	12	2	
		……				

制单：张雪　审核：陈山

J2－19 物料需求计划

计划日期：2018－3－28　计划单号：WL01　经办：张海刚

计划受订：SD01　计划部门：生产部　备注：

序号	代号	名称	仓库	单位	库存量	毛需求	净需求	需求日
1	YL0001	单孔绿色小方柱	原材料库	件	2	3	1	2018－4－11
2	YL0002	两孔绿色按钮	原材料库	件	0	3	3	2018－4－11
3	YL0003	三孔直角绿色板	原材料库	件	2	1	0	2018－4－11
		……						……

J2－20 制令单

制令日期：2018－3－28　制令单号：ZL－001　制造部门：生产部

交货日期：2018－4－11　生产产品：F3赛车　制造数量：1

预开工日：2018－4－10　预完工日：2018－4－11　备　注：

序号	品号	品名	单位	应发数	实发数	工序代号
1	PCH01	F3赛车	辆	1	0	01—08
2						
3						

制单：李丽　审核：赵涛

J2－21

采购计划

计划日期：2018－3－30　　计划单号：CG01　　经办：张才贵

计划受订：SD01　　计划部门：采购部　　备注：

序号	代号	名称	单位	数量	需求日	提前期	订购日	备注
1	YL0001	单孔绿色小方柱	件	1	2018－4－11	7	2018－4－11	
2	YL0002	两孔绿色按钮	件	3	2018－4－11	9	2018－4－11	
3	YL0003	三孔直角绿色板	件	0	2018－4－11	8	2018－4－11	
4	YL0004	单孔绿色小方块	件	1	2018－4－11	7	2018－4－11	
		……			……			

附件三：阶段三表单填写举例

1200514000　　　　**西安增值税普通发票**　　　　NO 00845548

开票日期：2018 - 4 - 7

购货单位	名　称：A 公司 纳税人识别号： 地 址、电 话： 开户行与账号：工行城阳区支行 3803027345642008286					密码区	（略）
货物或应税劳务、服务名称	规格型号	单位	数量	单价	金额	税率	税额
赛车配件	SCH01 - F3	件	75	144.00	10800.00	17%	1836.00
合　计					10800.00		1836.00
价税合计（大写）	壹万贰仟陆佰叁拾陆元整				（小写）¥12636.00		
销货单位	名　称：德力西汽车配件有限公司 纳税人识别号： 地 址、电 话： 开户行与账号：工行高科园支行 380327309811002052					备注	

收款人：姚守宽　　复核：张启山　　开票人：李红梅　　销货单位：（章）

注：供应商提供的采购发票。

J3 - 9

进货单

进货日期：2018 - 4 - 7　　进货单号：JH - 001　　业务人员：张雪

供 应 商：德力西汽车配件有限公司　　部　门：采购部　　扣税类别：应税内含

项	品号	品名	库位	单位	单价	数量	税率	税额	未税金额	金额
1	00010	红色双孔长方形按钮	原料仓库	件	360.00	1	17%	52.31	307.69	360.00
2	00003	红色带孔柱状按钮	原料仓库	件	334.00	1	17%	48.53	285.47	334.00
	…	…	…	…		…	…	…	…	…
61	00075	黑色轮胎	原料仓库	件	400.00	2	17%	116.24	683.76	800.00

备注：

无税金额	10800.00
税　额	1836.00
合　计	12363.00

制单：张雪　　　　审核：陈山

J3－11 **到货验收单**

验收日期：2018－4－7　　验收单号：YS－001

供 应 商：德力西汽车配件有限公司　　验货部门：质检部

项	品号	品名	仓库	单位	验货量	合格量	不合格量	处理建议	采购单号
1	00010	红色双孔长方形按钮	原料仓库	件	1	1			CG－001
2	00003	红色带孔柱状按钮	原料仓库	件	1	1			CG－001
…	…	…	…	…	…	…	…	…	…
61	00075	黑色轮胎	原料仓库	件	2	1	1	让步接收	CG－001

制单：王明　　审核：苏强

不合格建议：1. 验收退回　2. 让步接收。

J3－13 **记账凭证（1）**

业务日期：2018－4－7

摘　要	科　目 总账科目/明细科目	借方金额	贷方金额
原材料入库	原材料	10800.00	
原材料入库	应交税费	1836.00	
原材料入库	应付账款		12636.00
合　计		12636.00	12636.00

附件2张

会计主管：魏云　　复核：李正　　记账：方芳

中国工商银行 支票（粤）　BC …2115342

出票日期（大写）贰零壹捌 年 零肆 月 零柒 日　付款行名称：工行城阳区支行

收款人：德力西汽车配件有限公司　出票人账号：3803027345642008286

本票付款期限十天

人民币（大写）	亿	千	百	十	万	千	百	十	元	角	分
壹万贰仟陆佰叁拾陆元整				¥	1	2	6	3	6	0	0

用途 支付原料货款

上列款项请从

我帐户内支付

出票人签章　[redacted] 财务专用章　李晖 印　复核　记账

J3 – 13 记账凭证（2）

业务日期：2018 – 4 – 7

摘要	科目 总账科目/明细科目	借方金额	贷方金额
支付应付款	应付账款	12636.00	
支付应付款	银行存款		12636.00
合计		12636.00	12636.00

附件 2 张

会计主管：魏云　　复核：李正　　记账：方芳

附件四：阶段四表单填写举例

【实验情景】2018 年 4 月 11 日，生产主管将“生产通知单”和“领料单”转交工序组长，并通知仓储部做好备料。2018 年 4 月 12 日，各工序工人根据“领料单”到仓库领料。领料完毕后，财务部编制生产领料的记账凭证。各工序领料后经工序组长审核，才可开工生产组装。每道工序的工人及时填制“生产日报表”。2018 年 4 月 12 日，生产完工经检验后缴库。缴库后，销售部通知仓储部发货，客户准备接货，并通知财务部开具“销售发票”。2018 年 4 月 12 日，客户送来货款，财务部冲销应收账款。

J4 –2　　　　生产通知单

通知日期：2018 –4 –11　　通知单号：TZ –001　　成品名称：F3 跑车

制令单号：ZL –001　　工 序 号：1　　下道工序：2

预开工日：2018 –4 –12　　预完工日：2018 –4 –18

项	品号	品名	单位	库位	预计提领数量	已提领数量
1	YL0033	双排八孔黑色体	件	33	1	0
2	YL0014	双排八孔绿色板	件	14	1	0
3	YL0067	32 孔银灰色长方体	件	67	1	0
4	YL0016	双排 16 孔绿色板	件	16	2	0
5	YL0064	24 孔银灰色长方体	件	64	1	0
6	YL0044	六孔银灰色长方体	件	44	1	0

制单：计划员　　审核：生产主管

J4 –3　　　　领料单

领料日期：2018 –4 –12　　领料单号：LL –001　　领料部门：汽车组装线

生产成品：F3 跑车　　制令单号：ZL –001　　工 序 号：工序 1

项	品号	品名	单位	仓库	应领数	实际提领数量
1	YL0033	双排八孔黑色体	件	原材料库	1	1
2	YL0014	双排八孔绿色板	件	原材料库	1	1
3	YL0067	32 孔银灰色长方体	件	原材料库	1	1
4	YL0016	双排 16 孔绿色板	件	原材料库	2	2
5	YL0064	24 孔银灰色长方体	件	原材料库	1	1
6	YL0044	六孔银灰色长方体	件	原材料库	1	1

制单：工序长　　领料人：生产主管

J4 -4

原材料 仓库出库登记单

品号	品名	单位	库存量	出库时间/数量	出库时间/数量	出库时间/数量
YL0001	单孔绿色小方柱	件	2	2013 -4 -12/2		
YL0002	两孔绿色按钮	件	4	2013 -4 -12/1		
YL0003	三孔直角绿色板	件	2	2013 -4 -12/2		
YL0004	单孔绿色小方块	件	6	2013 -4 -12/3		

制单：库管员　　审核：仓储主管

J4 -5

记账凭证

业务日期：2018 -4 -12

摘　要	科　目 总账科目/明细科目	借方金额	贷方金额
工序1生产领料	生产成本——F3 跑车	3600.00	
工序1生产领料	原材料		3600.00
合　计		3600.00	3600.00

附件1张

会计主管：会计主管　　复核：出纳　　记账：会计员

J4 -6

生产日报表

生产日期：2018 -4 -12　生产日报单号：RB -001　部门：生产车间　工序号：1

机台	制令单号	通知单号	生产成品	开始时间	截止时间	应生产量	产出数量
生产部	ZL -001	TZ -001	F3 跑车	8：00	8：05	1	1

J4 -7

半成品和产成品验收单

验收日期：2018 -4 -12　验收单号：YS -001　验 收 员：

销货客户：自制　进货单号：　验收部门：质检部

品号	品名	仓库	单位	验货数量	合格量	不合格量	原因	处理建议
PCH001	F3 跑车	成品库	辆	1	1	0		

制单：质检员　　审核：质检主管

不合格处理建议：1. 报废　2. 重开制令单　3. 强制缴库。

J4－8 **半成品/产成品缴库单**

项	缴库日期	生产部门	缴库单号	制令单号	生产成品	成品仓库	数量
1	2018－4－12	F3 组装线	JK－001	ZL－001	F3 跑车	制成品库	1
2							
3							

制单：工序8工人　　车间签字：工序长　　仓库签字：仓储主管

J4－5 **记账凭证**

业务日期：2018－4－12

摘　　要	科　　目 总账科目/明细科目	借方金额	贷方金额
产成品入库	库存商品——F3 跑车	66107.69	
产成品入库	生产成本		66107.69
合　　计		66107.69	66107.69

附件　张

会计主管：会计主管　　复核：出纳　　记账：会计员

J4－9 **销货单**

销货日期：2018－4－12　　销货单号：XH－001　　销售员：张琪

销货客户：　　扣税类别：应税内含

项	品号	品名	库位	单位	单价	数量	税率	未税本位币	税额	金额
1	F3	跑车	70	辆	234000.00	1	17%	200000.00	34000.00	234000.00
2										
3										
备　注：									无税金额	200000.00
									税　额	34000.00
									合　计	234000.00

制单：销售业务员　　审核：销售主管

J4 -5

记账凭证

业务日期：2018 -4 -12

摘　　要	科　　目 总账科目/明细科目	借方金额	贷方金额
产成品销售	应收账款——成达公司	200000.00	
产成品销售	主营业务收入		170940.17
产成品销售	应交税费——应交增值税		29059.83
合　　计		200000.00	200000.00

附件1张

会计主管：会计主管　　复核：出纳　　记账：会计员

J4 -5

记账凭证

业务日期：2018 -4 -12

摘　　要	科　　目 总账科目/明细科目	借方金额	贷方金额
产成品销售	主营业务成本	66107.69	
产成品销售	库存商品		66107.69
合　　计		66107.69	66107.69

附件1张

会计主管：会计主管　　复核：出纳　　记账：会计员

J4 -5

记账凭证

业务日期：2018 -4 -12

摘　　要	科　　目 总账科目/明细科目	借方金额	贷方金额
销售收款	银行存款	200000.00	
销售收款	应收账款		200000.00
合　　计		200000.00	200000.00

附件张

会计主管：会计主管　　复核：出纳　　记账：会计员

1200514000

西安增值税普通发票

No 00845548

开票日期：2018－4－12

<table>
<tr><td>购货单位</td><td colspan="4">名　　　称：北京成达汽车销售有限公司
纳税人识别号：
地 址、电 话：
开户行与账号：工行城阳区支行 3803027345642008286</td><td>密码区</td><td colspan="2"></td></tr>
<tr><td>货物或应税劳务名称</td><td>规格型号</td><td>单位</td><td>数量</td><td>单价</td><td>金额</td><td>税率</td><td>税额</td></tr>
<tr><td>F3 跑车</td><td>F3</td><td>件</td><td>1</td><td>170940.17</td><td>170940.17</td><td>17%</td><td>29059.83</td></tr>
<tr><td>合　　计</td><td></td><td></td><td></td><td></td><td>170940.17</td><td></td><td>29059.83</td></tr>
<tr><td colspan="8">价税合计（大写）　贰拾万元整　　　　（小写）￥200000.00</td></tr>
<tr><td>销货单位</td><td colspan="4">名　　　称：A 公司
纳税人识别号：
地 址、电 话：
开户行与账号：工行高科园支行 380327309811002052</td><td>备注</td><td colspan="2"></td></tr>
</table>

收款人：王守坤　　　复核：付可欣　　　开票人：李红梅　　　销货单位：（章）

第五部分

总结调研篇

——课程总结与效果调查

附件五：《企业管理情景模拟》教学总结报告

一、《企业管理情景模拟》课程学习成果总结

（主要说明你在模拟教学中学会了什么？理解了哪些知识点？对企业岗位职责及职业素养的认识，模拟教学后自己在哪些方面有所提高？你在情景模拟实验中遇到了哪些问题，怎么解决的？如果还有机会参加此类的情景模拟教学，你更愿意以哪种方式参与？）

学习收获：

二、《企业管理情景模拟》教学的优、缺点分析

可以从教学形式、培养目标（如企业管理业务实战能力、分析解决问题能力、沟通协调能力、职业素养）、教学效果、课堂气氛等方面予以分析说明。

优点说明：

缺点分析：

三、对情景模拟教学的改进建议

为使情景模拟教学效果更好，针对教学形式、教学内容、模拟场景、角色安排、模拟流程、课程成绩评定等方面存在的问题提出改善建议；或者情景模拟教学在哪些方面做得较好的，应该继续坚持，不断完善等，提出自己的详细看法。

改进建议：

四、其他说明事项

附件六：《企业管理情景模拟》课程调查问卷

这份调查问卷想了解同学们参与《企业管理情景模拟》课程的基本情况，帮助我们进行调查研究。希望同学们认真填写。谢谢你的合作！选择时请在符合你的情况的选项下打“√”，如果没有特殊说明，每题只有一个选项，如果所给选项没有完全表达你的意思，也可增加选项。

年级：______ 专业：______ 学号：______ 年龄：______ 性别：______

1. 在选课时你选择了这门选修课。当时你对这个课程确实感兴趣吗？

A. 非常感兴趣 B. 有兴趣 C. 无感觉 D. 没兴趣

E. 很讨厌

2. 你学完之后对这个课程确实感兴趣了吗？

A. 非常感兴趣 B. 有兴趣 C. 无感觉 D. 没兴趣

E. 很讨厌

3. 你在学习过程中，遇到的最大的困惑是：

A. 对谈判环节无所适从 B. 对角色职责无法把控

C. 对管理流程无法理解 D. 报表填写无法适应

E. 对想担当的职责安排，自己感到无能为力

4. 你学完这门课后，对企业管理的理解发生了怎样的变化？

A. 有非常明显的提高 B. 一定程度上得到了提高

C. 没有提高 D. 反而不如以前

5. 你学习这门课最初的主要动机是出于：

A. 提高管理职业技能 B. 增加管理知识

C. 仅为获得学分 D. 学有余力，利用课余时间

6. 你学习过这门课后，最初的学习动机变化为：

A. 提高管理职业技能 B. 增加管理知识

C. 仅为获得学分 D. 学有余力，利用课余时间

7. 你认为在学习过程中哪些教学环节设计得相对比较严谨？（可多选）

A. 谈判环节　　B. 设计企业文化环节
C. 职位竞争环节　　D. 总结与反思环节
E. 表单填写环节　　F. 领料与装配环节

8. 你认为在学习过程中哪些环节最为有趣，可以在娱乐中学习？（可多选）
A. 谈判环节　　B. 设计企业文化环节
C. 职位竞争环节　　D. 总结与反思环节
E. 表单填写环节　　F. 领料与装配环节

9. 你认为在学习过程中哪些环节对你今后学习最为有用？（可多选）
A. 谈判环节　　B. 设计企业文化环节
C. 职位竞争环节　　D. 总结与反思环节
E. 表单填写环节　　F. 领料与装配环节
G. 部门协作与业务流程环节　　H. 全部环节

10. 你认为在学习过程中哪些环节最需要进一步改进？（可多选）
A. 谈判环节　　B. 设计企业文化环节
C. 职位竞争环节　　D. 总结与反思环节
E. 表单填写环节　　F. 领料与装配环节

11. 你学习这门可最大的收获是？（可多选）
A. 锻炼个人能力　　B. 提高了职业素养
C. 了解了企业的管理活动　　D. 为今后学习打下了管理实践基础

12. 在学习过程中，以往的知识积累对你的情景模拟课程学习有帮助吗？
A. 非常明显　　B. 明显　　C. 不确定　　D. 不明显

13. 要想更好地参与到模拟学习过程中去，你认为个人最应当具备的条件是（可多选）
A. 心理素质好，胆子大　　B. 有扎实的管理知识
C. 沟通能力强，有领导力　　D. 有企业与社会实践知识
E. 细致、认真、踏实

14. 在上课之前，你的准备时间为：
A. 从不准备，随意发挥　　B. 偶尔看看资料，翻翻书
C. 保持一定的课前准备时间　　D. 搜集大量资料，认真做好课前准备

15. 你在学习过程中，是否能够很好理解每次的课堂学习流程及内容？
A. 能很好理解　　B. 能基本理解
C. 不太能理解　　D. 理解很困难

16. 学过这门课后，是否愿将该课程主动推荐给师弟师妹？
A. 非常愿意主动推荐　　B. 如果有人问，则愿意
C. 不大愿意　　D. 绝不推荐

17. 通过这门课程的专业学习。你是否初步具备了做管理人员的专业素养和管理能力？

A. 具备了　B. 有所增强　C. 不清楚　D. 不具备

18. 根据你的学习经历，你认为这门课与其他课程最大的不同是（可多选）

A. 课堂教学方式的大改变　B. 有更多的实践动手机会

C. 有趣的课堂教学风格　D. 相较其他选修课，学习压力大

E. 参与度高，没有传统教学方式的纪律束缚

19. 你是否需要学校在其他实践性强的课程方面也提供与这门课程类似的技能指导和培训？

A. 强烈的需要　B. 需要　C. 不需要　D. 无所谓

20. 评估你现在的综合素养，你认为自己今后能顺利找到满意的管理工作？

A. 顺利　B. 会有难度　C. 很难　D. 不确定